en activo

practical business spanish

'I find the book practical, up to date and well structured. The organisation of each unit works well and is user-friendly. The text incorporates different varieties and registers of Spanish which is a very welcome and useful feature. I found the debates and group activities particularly relevant and interesting.'

Carmen Usategui, *University of Chester, UK*

en activo

practical business spanish

esther santamaría iglesias and helen jones

LONDON AND NEW YORK

First published 2008
by Routledge
2 Park Square, Milton Park, Abingdon, Oxon OX14 4RN

Simultaneously published in the USA and Canada
by Routledge
270 Madison Ave, New York, NY 10016

Routledge is an imprint of the Taylor & Francis Group, an informa business

Typeset in New Baskerville by
RefineCatch Limited, Bungay, Suffolk
Printed and bound in Great Britain by
Bell & Bain Ltd, Glasgow

British Library Cataloguing in Publication Data
A catalogue record for this book is available from the British Library

Library of Congress Cataloging-in-Publication Data
En activo : practical business Spanish / Esther Santamaría Iglesias and Helen Jones.
p. cm.
1. Spanish language–Conversation and phrase books (for business people).
2. Spanish language–Conversation and phrase books–English. I. Jones, Helen. II. Title.
PC4120.C6I45 2007
468.3′42102465–dc22 2007042976

ISBN10: 0–415–40885–7 (pbk)
ISBN10: 0–415–40886–5 (audio cds)
ISBN10: 0–203–92818–0 (ebk)

ISBN13: 978–0–415–40885–1 (pbk)
ISBN13: 978–0–415–40886–8 (audio cds)
ISBN13: 978–0–203–92818–9 (ebk)

To Rob and Edu

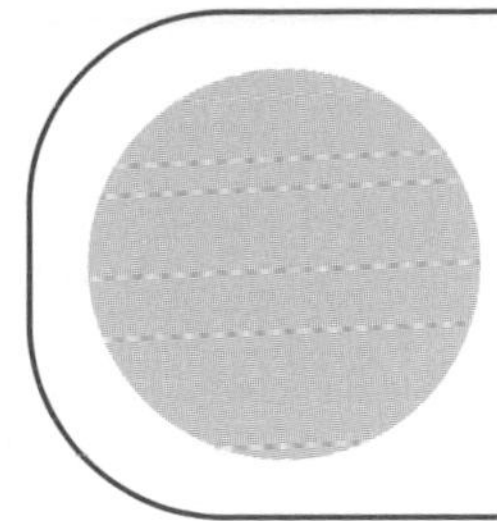

Contenidos

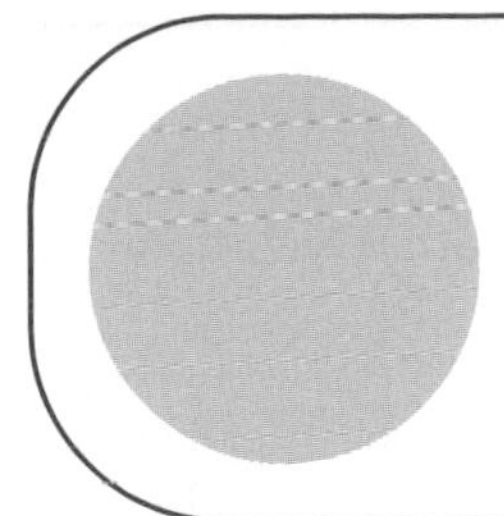

Introduction

en activo: practical business spanish is intended to provide intermediate-level students with a structured development of written and spoken business language skills in Spanish. In a rapidly changing business environment, where new technologies demand new language skills and international dealings can seem increasingly anonymous, en activo aims to take the fear out of learning to survive in a Spanish-speaking business world by providing students with the required skills and putting them in touch with the kind of people with whom they are likely to do business.

en activo is about real business people in real business situations. Its twenty units are based on wide-ranging themes that incorporate contextual information on the business environment of Spain and Latin America, role-plays, illustrative dialogues, dedicated written exercises, relevant grammar instruction, practical communicative exercises, up-to-date practical advice, model items of written and spoken business protocol, and links to numerous carefully selected and integrated websites. Moreover, en activo incorporates a wealth of authentic materials, including real business people from Spanish-speaking countries writing and speaking about their work. Thus, as you work through the units you will be presented to a real-life banker, fund manager, travel agent, physiotherapist, curator, exporter, manager, jobseeker and journalist amongst others. It is their experiences and business environments that are explored in order to illustrate the thematic focus of each unit. Because these are exactly the kind of people and situations that you will meet at work in Spain or Latin America, en activo analyses their experiences and their business environment, and responds with dedicated language instruction and exercises that aim to equip students with the language skills required for success in business through the medium of Spanish.

Application

en activo: practical business spanish is designed to meet the needs of undergraduate students with an intermediate level of Spanish who wish to employ their language skills for business purposes. en activo is designed to offer flexibility in its deployment and may be utilised to structure two 10-credit modules or one 20-credit module in Spanish for business purposes. Ideally, the text will suit a 20-credit module offering two hours per week of tuition and class interaction, but dividing its use between one 10-credit module in year 2 (before the intercalary year) and one 10-credit module in the final year (after the intercalary year and before employment) will also work well. Of course, it can also be adapted to supplement general grammar classes and modules or courses of different durations.

en activo is also suitable for students of business studies with at least an intermediate knowledge of Spanish who wish to prepare, practise and perfect their language skills in a Spanish business environment. Degree schemes linking business studies with a modern language will find this book ideal. The considerable road-testing of **en activo** during its writing has also demonstrated its worth for independent learners who wish to practise and revise their Spanish for business purposes, and the students of language academies who offer intensive courses in Spanish for business.

Primarily, however, **en activo** is designed to meet the needs of language tutors who are, in the majority of cases, not experts in business studies and may therefore be intimidated by their responsibility and ill-assisted by over-complicated and too-technical textbooks. With this in mind, **en activo** develops a gradual, logical immersion in the world of business that incorporates the complex language of, for example, the Stock Exchange and import/export, while integrating increasingly specialised information, vocabulary and communicative exercises, with an emphasis on the Internet as a key resource of education and commerce.

How to use *en activo*

The title of the book is deliberately echoed in each of the twenty unit headings – *En persona, En contacto, En conflicto*, etc. – thus contributing to the unified and progressive nature of this course in Spanish for business purposes. **en activo** is not set in an abstract business world, but very firmly in contemporary Spain and Latin America. This is why progressive immersion in this world is achieved by a close focus on contemporary language use, real professionals, informative texts, authentic materials and practical exercises. **en activo** also focuses on the types of business language that other books do not mention, including the language of the Internet, that of mobile phone texting in Spanish, and even the increasing influence of Spanglish. Each unit has approximately fifteen pages and includes the following sections:

A: Le presento a . . .

The first section introduces students to professionals in Spain and Latin America who work in particular areas and levels of industry and commerce. The profiles employ specific terminology and concepts that will be developed throughout the chapter. The profiles are followed by comprehension exercises and a variety of short exercises that provide contextual information and specialised vocabulary, and test the knowledge, understanding and communicative ability of students.

B: Escuche, por favor

The section dedicated to listening comprehension relates primarily to the recordings to be downloaded from www.enactivo.info that accompany **en activo**. Each of the professionals are either interviewed about their professional activities or engage in conversation with colleagues, clients or other business people. Comprehension exercises lead on to communicative activities that may be procedural or discursive.

C: Recuerde que . . .

This section provides refresher summaries of key elements of Spanish grammar and focuses specifically on those elements that can cause students to stumble in a professional environment, such as formal language, the passive, pronouns and the subjunctive. The instruction is developed in practical grammar exercises that lead into communicative activities that sharpen practical business language skills.

D: Para saber más

Here students will find detailed, informative and thought-provoking texts on a wide variety of issues that aim to provide an appreciation of the historical, social and political context of the Spanish-speaking business world. As always, comprehension is checked and reinforced before students are led into varied and integrated, written and oral exercises that allow for expression, communication and further investigation and reflection.

E: Así se hace

As the title suggests, this section provides instruction on practical business activities that may require specific know-how that, moreover, often affects and reflects the social and business context of the task. Thus, instruction in such tasks as letter-writing, holding meetings, protocol, form-filling, compiling a CV and reading and writing advertisements are placed within the context of business activities in Spain and Latin America. Clear guidance and examples take students through the practicalities of such business tasks before suggesting writing exercises and communicative activities that confirm the ability of students to function in a business environment.

F: ¿Sabe navegar?

en activo hosts a deliberate focus on web-based research and activities throughout many of its chapters, and dedicates the final section of each chapter to investigative and communicative activities that make use of the potential of the World Wide Web. The addresses of numerous tried and tested websites, many of which are used by the protagonists of the chapters in their everyday working lives, are provided, often with clear objectives that steer students to a useful and constructive use of the Internet. Other addresses are linked to specific research objectives and function as prompts for further study, development and communication.

En esencia

Units 5, 10, 15 and 20 use a different format from the others as they touch on all themes from the previous four units. The aim of En esencia is to provide a strategic change of learning dynamic through the introduction of debates and contemporary, and at times controversial, subjects related to the world of business. Students are guided by an introductory text that leads to two debating options and are presented with new phrases that should be employed in the debating sessions. Through En esencia, skills learnt in previous units may be put into practice in a realistic business situation.

Website: www.enactivo.info

The en activo website offers a complementary focus for the course and beyond. As you work through the book, you will see that each unit is supported by a detailed selection of URLs for selected websites and web-based content that relates to the themes of each unit. These carefully chosen URLs will be from reliable, long-running websites, thereby avoiding the risk of obsolescence (though the authors and students must accept that this is always a possibility and that students finding the occasional dead URL will not be discouraged but will search for a website's new URL or an equivalent website). The website will feature all the links already contained within the book and additional web and learning resources.

In addition, students who carry out those activities in the book based on information retrieval from the World Wide Web will find that the book's regularly updated website, hosted by the Department of Modern Languages in collaboration with the Department of Media, Film and Communication at Swansea University, provides a homepage for their web searches, with its links to relevant companies, search engines and a wide variety of resources including currency converters, national newspapers and stock exchanges, etc.

Authors

Esther Santamaría Iglesias is Language Tutor in Hispanic Studies in the Department of Modern Languages at Swansea University, where she teaches Spanish language acquisition in all undergraduate degree courses and has particular responsibility for developing and teaching courses in practical business language skills. She was language tutor in Hispanic Studies in the Department of European Languages at the University of Wales at Aberystwyth from 1995 to 2003 and has taught extensively in language academies in Spain as well as continuing education courses for adults in the UK and GCSE Spanish in a British school. She studied at the Complutense University in Madrid and the Open University in the UK and also worked in several companies in Spain, including Dorna S.A. (the marketing company for Real Madrid F.C.). She is the author of *A Spanish Grammar Workbook* (Blackwell, 2003).

Helen Jones has lived in Spain since 2004. She worked as a teacher and translator before joining the marketing department of a holding company of international communications agencies, researching and devising nation branding strategies. She is currently a freelance writer, translator and editor and also works as a project manager and creative consultant for several companies in Spain. She achieved her first class degree in Hispanic Studies and International Politics from the University of Wales, Aberystwyth, in 2000, where she went on to complete her doctoral thesis on Spanish literature in 2005. She has taught translation and Spanish language, culture and literature to students at undergraduate level and her business Spanish experience is essentially practical, having found herself in the same position as the users of en activo when she first started working in Spain. She frequently appears on BBC radio as an expert on Spanish affairs and contributes regularly to Welsh-language publications.

Acknowledgements

Many individuals, friends, colleagues and companies collaborated in the production of en activo.

The authors would especially like to thank Professor Rob Stone, Dr Elaine Canning and Sr. D. F. Gabriel Sánchez Alonso for their generous and skilled teamwork.

At Routledge, Sophie Oliver, Anna Hines and Sonja van Leeuwen for their wise guidance and kind collaboration.

Mil gracias a the individuals who gave us their time in order to make our book a reality in all senses: Joseba Goikoetxea Imatz, Lucía Rydzewska, Belén Castillo Iglesias, Ena Garay, Yolanda Martín Martín, Cameron McCool, Fernando Carricajo Garrido, Eduardo Sánchez Alonso, Susana Vega Daumen, Alfredo Santamaría Iglesias, Jimena Rueda-Hernández, Paola Ugaz, Juan Santiváñez, Concepción Castellanos, Lola Sánchez Carro and Andrés Cevallos.

Gracias también a la ONCE, Kosko Iberia, Grupo Santiváñez, IBDP, Museo Nacional del Ejército de Tierra y Grupo Sol Meliá.

Thanks also to the Santamaría and Jones families, Gabriel Arrisueño, Gema Gómez, Brendan Hayes, Caridad Iglesias, Enid Jones, Huw Jones, Mostyn Jones, Tamara Mandl, Tomás Mandl, Emma Martín Ruano, Diya Naeck, Ana Nuchowich, Raquel Picornell, Elisabet Queralt, Yolanda Sánchez Baglietto, Israel Terrones, Professor Kevin Williams, Enrique, and María Eugenia Zurrita.

All photographs that appear in Unit 6 are courtesy of Javier Regueros – ONCE.

Disclaimer

All the chapters in en activo are based on profiles, interviews and input from real professionals in Spain and Latin America, although the names of some individuals and companies have been changed at their request and as a courtesy to them. The authors have taken every care with their selection of the many websites that are included in this book and all are active and contemporary at the time of publication. However, neither the authors or Routledge accept any responsibility for changes in the content and provision of these websites, nor for their deletion. The inclusion of the names of real persons, companies, brands and products in this book does not in any way constitute an endorsement of any of the products or services provided by these individuals or commercial activities.

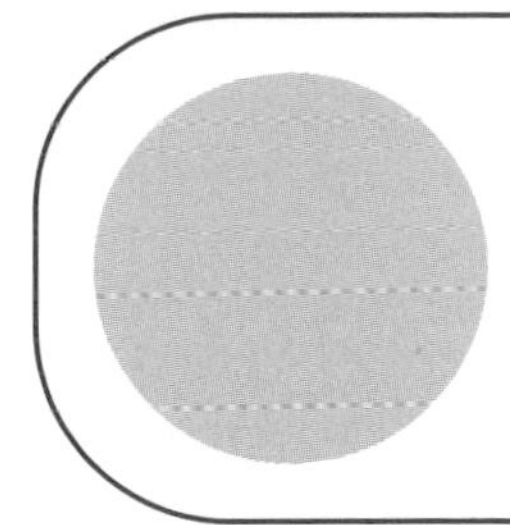

Introducción

La intención de en activo: practical business spanish es proporcionar al estudiante con un nivel intermedio de español un desarrollo estructurado de sus conocimientos de la lengua española hablada y escrita. En un ambiente de negocios donde las nuevas tecnologías piden nuevos conocimientos lingüísticos y las relaciones internacionales pueden parecer anónimas, en activo intenta alejar el temor de aprender a sobrevivir en un ambiente de negocios hispanoparlante, dando al estudiante los recursos necesarios a la vez de ponerle en contacto con personas que, fácilmente, podría conocer a la hora de hacer negocios en España o Latinoamérica.

en activo trata con personajes y situaciones de negocios reales. Sus 20 unidades se basan en una amplia gama de temas que incorporan información contextual sobre el mundo de los negocios en España y Latinoamérica con juegos de rol, diálogos ilustrativos, ejercicios escritos interactivos, instrucciones gramaticales adaptadas, ejercicios comunicativos, consejos prácticos actualizados, modelos de protocolo escritos y hablados y enlaces a numerosas páginas web especialmente seleccionadas. Además, en activo incorpora una amplia gama de material auténtico, incluyendo la forma de hablar y escribir de los hombres y mujeres que hacen negocios en Latinoamérica. Así, según avanza el estudiante por las unidades, conocerá a personajes tan diversos como un banquero, un analista de fondos, una profesional del turismo, una fisioterapeuta, una directora de museo, un exportador, un gestor, una periodista y una persona que busca trabajo. La manera de enseñar el enfoque temático de cada unidad se hará explorando las experiencias y situaciones de trabajo de estas personas, como un fiel reflejo de las que podría encontrar el estudiante que trabaje en España o en Latinoamérica. en activo analiza la experiencia y la forma de trabajo de cada una de ellas y responde con ejemplos y ejercicios lingüísticos enfocados, que proporcionarán al estudiante las destrezas necesarias para hacer negocios con éxito en español.

A quién va dirigido *en activo*

en activo: practical business spanish está diseñado para cumplir con las necesidades de los estudiantes universitarios con un nivel intermedio de español que deseen emplear sus conocimientos lingüísticos en un contexto empresarial. El diseño de en activo ofrece flexibilidad a la hora de enseñar y se puede utilizar para estructurar dos módulos de

10 créditos o uno de 20 créditos. Lo ideal sería que el texto se utilizara en un módulo de 20 créditos, es decir 2 horas de clase a la semana. Sin embargo, la división del libro entre un módulo de 10 créditos durante el segundo curso (antes del año en el extranjero) y otro módulo de 10 créditos durante el último curso de la carrera (después del año en el extranjero y antes de empezar a trabajar) también funcionará. Por supuesto, se puede adaptar a otros módulos, utilizando material del libro como suplemento a una clase de gramática o a módulos de diferente duración.

en activo sirve también para aquellos estudiantes de ciencias empresariales con un nivel intermedio de español que deseen mejorar sus conocimientos sobre el mundo empresarial hispanoparlante. Este libro también es ideal para las carreras que vinculan estudios empresariales con un idioma. Los ejercicios de **en activo**, que se han probado en diferentes niveles, también han mostrado su valor para estudiantes independientes que deseen estudiar español o revisar sus conocimientos en un contexto empresarial, además de estudiantes de academias que ofrezcan cursos intensivos de español de negocios.

en activo está diseñado, ante todo, para satisfacer las necesidades de tutores de lengua española que no son, en su gran mayoría, expertos en estudios empresariales, que pueden sentirse intimidados por la responsabilidad de enseñar español de negocios y confundidos por libros de texto complicados y demasiado técnicos. Con este perfil en mente, **en activo** desarrolla una inmersión paulatina en el mundo de los negocios que incorpora el complejo lenguaje, por ejemplo, de la Bolsa y de la exportación e importación, y a la vez, incluye información, vocabulario y ejercicios comunicativos especializados, poniendo énfasis en Internet como un recurso educativo y comercial.

Cómo utilizar *en activo*

El eco del título del libro se vuelve a escuchar en cada una de las 20 unidades – *En persona, En contacto, En conflicto,* etc. – lo cual contribuye a dar una forma unificada y progresiva de este curso de español comercial. El contexto de **en activo** no es el de un mundo de negocios abstracto, sino que está claramente vinculado al mundo contemporáneo tanto de España como de Latinoamérica. Así, se consigue una inmersión progresiva, mediante una exposición del uso más actual del español y la presentación de profesionales reales, mediante textos informativos, material auténtico y ejercicios prácticos. **en activo** también muestra los tipos de lenguaje que otros libros ignoran, como el lenguaje de Internet y los móviles y el creciente uso del Spanglish. Cada unidad consiste en, approximadamente, 15 páginas que incluyen las siguientes secciones:

A: Le presento a . . .

La primera sección presenta al estudiante profesionales españoles y latinoamericanos que trabajan en áreas determinadas de la industria y el comercio. Estas biografías emplean terminología y conceptos específicos, que se desarrollarán a lo largo de la unidad. Acto seguido, se presentan ejercicios de comprensión y una gama de ejercicios cortos que proporcionan información y vocabulario especializado, y que ponen a prueba el conocimiento y las habilidades comunicativas de los estudiantes.

B: Escuche por favor . . .

Ésta es la sección que se dedica a la comprensión auditiva y utiliza las grabaciones que acompañan **en activo**. Aquí, todos los profesionales hablan en una entrevista sobre sus actividades profesionales o tienen conversaciones con compañeros, clientes u otros personajes. Los ejercicios de comprensión llevan al estudiante hacia actividades comunicativas discursivas o relacionadas con procedimientos específicos.

C: Recuerde que . . .

Esta sección sirve de recordatorio de aquellos aspectos claves de la gramática española, y se enfoca en aspectos que pueden hacer que el estudiante tenga problemas a la hora de expresarse en un ambiente de negocios, como es el caso del uso del usted y el lenguaje formal, la voz pasiva, los pronombres y el subjuntivo. La enseñanza se hace a través de ejercicios de gramática prácticos que llevan a actividades comunicativas que mejoran las destrezas lingüísticas en un contexto de negocios.

D: Para saber más . . .

Aquí encontrará el estudiante textos detallados, informativos y, a veces, polémicos sobre asuntos que tienen como objetivo la apreciación del contexto histórico, social y político del mundo de negocios hispanoparlante. Como siempre, la comprensión se verifica y se refuerza, antes de que el estudiante empiece con los diferentes ejercicios escritos y hablados que le van a permitir una mejora en la expresión y la comunicación. Además, permite hacer una labor de investigación y reflexión más amplia si se desea.

E: Así se hace

Como sugiere el título, esta sección indica cómo realizar actividades empresariales prácticas, que pueden requerir conocimientos específicos que, además, a menudo reflejan el contexto empresarial y social de la tarea. Así, se enseña cómo escribir cartas, celebrar reuniones, actuar según el protocolo, rellenar formularios, escribir un currículum, crear e interpretar anuncios, todo ello en un contexto de negocios en España y Latinoamérica. Las instrucciones y los ejemplos enseñan al estudiante los detalles prácticos de estas tareas, antes de presentar ejercicios escritos y actividades comunicativas que confirman la capacidad del estudiante para trabajar en un ámbito empresarial.

F: ¿Sabe navegar?

A lo largo de sus unidades, **en activo** se ha enfocado de una forma intencionada en las actividades basadas en Internet. La última parte de cada sección se dedica a ejercicios comunicativos y de investigación que emplean el poder de Internet como herramienta de búsqueda y fuente de información. Las direcciones de numerosas páginas ya visitadas, muchas de ellas utilizadas por los protagonistas en su trabajo diario, se proporcionan con el objetivo de que el estudiante utilice Internet de una manera útil y constructiva. Otras páginas se presentan como una fuente de ayuda para conseguir objetivos de investigación específicos para mayor desarrollo.

En esencia

Las unidades 5, 10, 15 y 20 utilizan un formato diferente porque abarcan todos los temas que aparecen en las otras unidades. La intención de En esencia es proporcionar un cambio estratégico en la dinámica de aprendizaje con la integración de debates sobre temas contemporáneos y a veces controvertidos, relacionados con el mundo de los negocios. Se presenta al estudiante un texto introductorio que le lleva a dos opciones para el debate. Además, se introducen nuevas frases para emplear durante las sesiones. Con En esencia, se pone en práctica el conocimiento aprendido en las unidades anteriores, a menudo en situaciones muy parecidas al mundo real de los negocios.

Página web: www.enactivo.info

La página web de en activo ofrece un enfoque complementario. Mientras se pasea por el libro, se puede ver que cada unidad tiene una selección de direcciones y contenidos de Internet relacionados con los temas de las unidades. Estas direcciones vendrán de páginas de larga duración, así se evitará el riesgo de que desaparezcan (aunque las autoras y estudiantes tendrán que aceptar que no siempre es posible evitar que se queden obsoletas y que al encontrar una página desaparecida el estudiante debe buscar nuevas fuentes de información). La página web incluirá todos los enlaces del libro, además de otros recursos.

Asimismo, los estudiantes que hacen los ejercicios basados en la búsqueda de información de Internet verán que la página web de en activo, actualizada y apoyada por el Departamento de Lenguas Modernas en colaboración con el Departamento de Medios de Comunicación, ambos pertenecientes a la Universidad de Swansea, en el Reino Unido, proporciona un sitio que actúa de guía para búsquedas, que presenta enlaces a compañías y buscadores relevantes y una amplia gama de fuentes que incluyen periódicos nacionales y páginas financieras.

Autores

Esther Santamaría Iglesias es tutora de estudios hispánicos en el Departamento de Lenguas Modernas de la Universidad de Swansea, Reino Unido, donde enseña lengua española a todos los niveles y es responsable del desarrollo y la enseñanza de conocimientos prácticos del mundo de los negocios. Fue tutora de estudios hispánicos en el Departamento de Lenguas Europeas en la Universidad de Gales, Aberystwyth, desde 1995 a 2003 y ha enseñado en diferentes academias en España, además de dar cursos para adultos en el Reino Unido y GCSE de español en un instituto británico. Estudió en la Universidad Complutense de Madrid y la Open University británica y también trabajó para varias empresas en España incluyendo Dorna S.A. (la empresa encargada del marketing del Real Madrid C.F.). Es autora de *A Spanish Grammar Workbook* (Blackwell, 2003).

Helen Jones ha vivido en España desde 2004. Trabajó de profesora y traductora antes de entrar en el departamento de marketing de un grupo de agencias internacionales de comunicación. Su labor consistía en la investigación y creación de estrategias de marca para países y regiones en todo el mundo. Se licenció con una nota media de sobresaliente en Filología española y Política internacional en la Universidad de Gales, Aberystwyth, en 2000, donde terminó su tesis doctoral sobre literatura española en 2005. Ha enseñado traducción, lengua, cultura y literatura española a estudiantes universitarios, y su experiencia empresarial en español es práctica, ya que se encontró en la misma situación que los usuarios de en activo cuando empezó a trabajar en España. Colabora a menudo con la cadena de radio BBC como experta en asuntos españoles y contribuye a publicaciones en lengua galesa. Actualmente es escritora, editora y traductora autónoma, y también trabaja como gestora de proyectos y consultora creativa para varias empresas en España.

Agradecimientos

Muchos estudiantes, compañeros de trabajo y empresas han colaborado en la producción de en activo.

Las autoras quieren agradecer especialmente a Rob Stone, catedrático de medios de comunicación e hispanista; a Elaine Canning, doctora en literatura española, y al señor D. F. Gabriel Sánchez Alonso, lingüista, por su trabajo preciso y generoso.

En Routledge, estamos agradecidas a Sophie Oliver, Anna Hines y Sonja van Leeuwen por sus consejos y colaboración.

Mil gracias a todos aquellos que nos han dado su tiempo para hacer del libro una realidad en todos los sentidos: Joseba Goikoetxea Imatz, Lucía Rydzewska, Belén Castillo Iglesias, Ena Garay, Yolanda Martín Martín, Cameron McCool, Fernando Carricajo Garrido, Eduardo Sánchez Alonso, Susana Vega Daumen, Alfredo Santamaría Iglesias, Jimena Rueda-Hernández, Paola Ugaz, Juan Santiváñez, Concepción Castellanos, Lola Sánchez Carro y Andrés Cevallos.

Gracias también a la ONCE, Kosko Iberia, Grupo Santiváñez, IBDP, Museo Nacional del Ejército de Tierra y Grupo Sol Meliá.

Gracias también a las familias Santamaría y Jones, Gabriel Arriseuño, Gema Gómez, Brendan Hayes, Cridad Iglesias, Enid Jones, Huw Jones, Mostyn Jones, Tamara Mandl, Tomás Mandl, Emma Martín Ruano, Diya Naeck, Ana Nuchowich, Raquel Picornell, Elisabet Queralt, Yolanda Sánchez Baglietto, Profesor Kevin Williams, Enrique, María Eugenia Zurrita e Israel Terrones.

Todas las fotografías que aparecen en la unidad 6 son de Javier Regueros – ONCE.

Limitación de responsabilidades

Todas las unidades de **en activo** están basadas en perfiles, entrevistas e información de personajes reales en España y Latinoamérica, aunque se han cambiado algunos de los nombres de individuos y compañías bajo petición de los mismos. Las autoras han tenido especial cuidado en la selección de las páginas web que aparecen en este libro, y a la hora de su publicación, todas estaban activas. Sin embargo, ni las autoras ni Routledge aceptan responsabilidad alguna por los cambios de contenido o de la misma existencia de la página que pueda suceder. La aparición de nombres reales, compañías, marcas y productos en este libro no sugiere ningún tipo de aprobación de los productos o servicios proporcionados por estos individuos o actividades comerciales.

1 En persona

El protocolo

A: Le presento a D. Joseba Goikoetxea Imatz

1 Lea con atención la siguiente biografía y rellene el cuestionario.

El Sr. Joseba Goikoetxea Imatz es un hombre tranquilo, de modales exquisitos, como sería de esperar de alguien dedicado en cuerpo y alma al mundo de las relaciones públicas. Nació en Bilbao, en el País Vasco, en el año 1956. Estudió derecho en la Universidad de Deusto y trabajó en un bufete de abogados durante tres años en San Sebastián. Mientras trabajaba allí aprendió mucho sobre cómo relacionarse con la gente, ya que el contacto con sus clientes era diario. Al descubrir su interés por el mundo del protocolo, el señor Goikoetxea decidió cambiar de trabajo y empezó como ayudante de relaciones públicas en Energía Vasca S.A., empresa relacionada con la electricidad, el gas y las energías renovables, y cuya sede está en el centro de Bilbao, en la Gran Vía de Don Diego López de Haro. Llegó al puesto de jefe de protocolo hace cinco años. Aunque es una persona bastante tímida, siempre muestra seguridad a la hora de relacionarse con las personas, ya sea en una reunión de empresa o en una cena de entrega de premios en los mejores hoteles. Cuando tiene que comportarse de una manera formal, el señor Goikoetxea se mueve como pez en el agua, y a la hora de comunicarse por escrito no duda nunca con el contenido de la carta. Es un hombre que sabe estar, y ¡es muy útil tenerle de amigo!

CUESTIONARIO

Nombre ....

Apellidos ....

Nacionalidad ....

Nombre de la empresa ....

Dirección/domicilio social/razón social ....

Puesto/cargo ....

Responsabilidades ....

....

....

....

2 Encuentre en la biografía el vocabulario que corresponde a las siguientes definiciones.

1	....	Buena educación.
2	....	Persona encargada de las reglas ceremoniales.
3	....	Posición que tiene alguien en una empresa.
4	....	Ceremonia donde se reconoce a los ganadores.
5	....	Oficina de un abogado.
6	....	Local donde tiene su domicilio una empresa.
7	....	Personas que aportan trabajo.
8	....	Sentirse bien en una situación.
9	....	Estar muy a gusto.
10	....	Compañía.

3 La empresa del señor Goikoetxea va a publicar un anuario. Utilice las siguientes palabras para describir su trayectoria profesional.

carrera • licenciarse • primer trabajo • especialidad • experiencia • clientes • promoción

Perfil personal **Anuario**

Nombre: ....

Puesto: ....

Trayectoria profesional: ....

....

....

....

....

....

....

....

....

4 **¿Podría poner, debajo de cada fotografía, si el tipo de energía que representa es hidraúlica, eólica o solar?**

1 Energía .... 2 Energía .... 3 Energía ....

B: Escuche, por favor

1 **En los negocios normalmente se utiliza la forma de usted. Escuche la entrevista realizada a Joseba Goikoetxea y complete el texto.**

¿Cuándo empezó a interesarse por el protocolo, por las (1) .... en que se puede tratar a la gente?

Pues, la verdad, desde que era niño. En mi casa vivíamos con mi abuelo, y mi padre siempre trataba (2) .... a su padre, pero con nosotros hablaba de tú. Claro, era una señal del (3) .... que tenía hacia él.

Pero usted también le (4) .... así a su padre, ¿verdad?

Claro, claro. Tenía que (5) .... el respeto que él esperaba y, que por supuesto, también sentía hacia él. Luego, me di cuenta de que en el colegio yo (6) .... de una manera con los (7) .... y de otra con mis amigos.

Y al final su (8) .... trata de todo esto; de conocer las diferentes maneras de hablar con la gente según el momento.

Exactamente. Después de varios años de trabajo en un (9) .... muy formal, el de un bufete de (10) .... y de tener que ir a los (11) .... , pues claro, me sentía muy seguro dirigiéndome a la gente tanto de forma (12) .... como escrita.

¿Y por qué cambió de trabajo para dedicarse al (13) .... ?

Estudiaba las distintas maneras de (14) .... a la gente según las (15) .... culturas. Una cosa que se puede hacer en (16) .... sin ofender no se puede hacer en Japón. Y claro, siempre surgen las preguntas de cómo deberíamos dirigirnos a altos (17) .... , y cosas por el estilo.

¿Y cuáles son sus responsabilidades en su actual trabajo de (18) .... de protocolo?

Yo soy el que se encarga de dar (19) .... a los jefes de la empresa sobre las (20) .... de protocolo en el país que van a visitar. También soy la persona que organiza las (21) .... y decide quién se sienta al lado de quién. Puede parecer un trabajo no muy importante, pero hay unas (22) .... fijas de protocolo y siempre hay que respetarlas.

2 En parejas, asuman los papeles del Sr. Goikoetxea y su entrevistador y continúen la entrevista sobre los siguientes temas.

‘La importancia del vestir’
‘La necesidad de hablar otras lenguas’
‘La utilidad de estar al día las noticias’

3 A continuación, va a escuchar un diálogo telefónico típico del trabajo del Sr. Goikoetxea. Preste atención a los saludos y al modo de hablar formal.

Conteste a las preguntas.

¿Cómo se tratan estas personas, de usted o de tú?

. . . .

¿Por qué?

. . . .

. . . .

¿Qué opina la señora Bermúdez de la secretaria?

. . . .

. . . .

¿Está el señor Goikoetxea contento de conocer a la señora Bermúdez? ¿Cómo lo expresa?

. . . .

. . . .

4 Agrupe por secciones las frases que se utilizarían a la hora de presentarse, saludar y despedirse, pero sólo las frases apropiadas en un contexto de negocios. Cuando termine, separe las frases inapropiadas y explique su elección.

Saludos	Despedidas
. . . .	. . . .
. . . .	. . . .
. . . .	. . . .
Presentaciones	**Inapropiadas**
. . . .	. . . .
. . . .	. . . .
. . . .	. . . .

Buenas tardes, ¿qué hubo?
Tengo el placer de presentarle a . . .
¿Qué hay?
Me gustaría que conociera a . . .
Adiós, buenos días.
¡Hasta la vista, baby!

Espero volver a verlo/a
¡Adiós, hasta pronto!
Mira, éste/a es . . .
¿Cómo está usted?
Encantado/a de saludarle/a
Permítame que le presente a . . .

5 Ahora, practique presentándose a otros/as estudiantes. Repítalo hasta sentirse cómodo/a y natural.

6 Luego, practique presentando sus compañeros/as a otros/as.

7 Finalmente, practique las despedidas.

C: Recuerde que . . .

EL ARTÍCULO DETERMINADO va siempre delante de señora, señor, señorita, profesor, ministro, etc., pero nunca con don o doña.

Ej.: ***El** ministro de Economía está reunido con **la** concejala de salud.*

No utilizamos **el artículo determinado** cuando hablamos directamente con la persona.

Ej.: *Es un placer conocerla, señora Menchú.*

USOS DEL VERBO SER

Nacionalidad	El Sr. Fajardo **es** de Nicaragua.
Profesión	La Srta. Montes **es** la relaciones públicas de la empresa.
Cualidad	El nuevo empleado **es** un poco tímido.
Posesión	Éste **es** el despacho del Sr. Nájera.
Voz pasiva	La reunión **fue** presidida por el director general.

USOS DEL VERBO ESTAR

Situación	Mi oficina **está** al final del pasillo.
Estar + gerundio	**Están** preparando las invitaciones para la ceremonia.
Con los adverbios bien y mal	En algunos países **está** mal visto el contacto físico, y en otros **está** bien.

1 Los adjetivos que le damos a continuación son los recomendados por el Sr. Goikoetxea para utilizar en los currículum y biografías para dar una imagen positiva.

astuto/a	trabajador/a	amable	sencillo/a
enérgico/a	seguro/a	capaz	tolerante
contento/a	serio/a	discreto/a	puntual
capacitado/a	educado/a	dinámico/a	entregado/a
inteligente	satisfecho/a	responsable	sociable
infatigable	animado/a	tenaz	independiente
emprendedor/a	concentrado/a	dispuesto/a	ambicioso/a

Ahora tiene que decidir cuáles van con el verbo ser y cuáles con el verbo estar y utilizar una selección de ellos para describirse a usted y a sus compañeros/as. ¿Están todos/as de acuerdo con las descripciones que han hecho de cada uno/a?

2 **Busque antónimos de los adjetivos del ejercicio 1 en el diccionario para describir al tipo de persona con la que no le gustaría trabajar. Discuta: ¿Qué es más importante, un buen ambiente de trabajo o ganar un sueldo alto?**

3 **Todas las personas que trabajan en la empresa de Joseba Goikoetxea tienen diferentes cargos. Utilice los adjetivos anteriores y decida cuáles son las características que corresponden a los diferentes puestos y escriba perfiles para cada uno.**

Jefe de prensa	Directora general	Secretaria de dirección
Recepcionista	Auxiliar	Director financiero
Jefa de ventas	Contable	Jefe de protocolo

4 **Estos comentarios han sido sacados de los apuntes del Sr. Goikoetxea, pero falta completarlos con los verbos ser o estar.**

1 El notario me ha dicho que .... terminando el contrato.
2 Los costes en esta empresa .... muy altos.
3 Los nuevos ordenadores .... para el departamento de Ventas.
4 Los sellos para el extranjero .... en el cajón.
5 Carmen .... la recepcionista que maneja la centralita.
6 El contable .... reunido con los jefes.
7 El cartel, que .... en la imprenta, lo necesito para el lunes.
8 No puedo ponerme en contacto con la señora Bermúdez, su teléfono .... comunicando.

5 El Sr. Goikoetxea tiene que enviar sus apuntes (del ejercicio 4) a su compañero en Buenos Aires, y antes de mandarlos tiene que modificar el vocabulario. Enlace las palabras del castellano peninsular con los términos utilizados en Latinoamérica y vuelva a escribir las frases del ejercicio 4 con los nuevos términos.

D: Para saber más

1 El siguiente artículo es útil para aprender aspectos del protocolo. Cuando termine de leerlo, haga una lista con sus propias palabras de lo que se debe y lo que no se debe hacer al ser presentado/a.

Cara a cara

Mostrar un trato agradable y profesional es posible si ponemos en práctica y con naturalidad esta serie de propuestas.

Es siempre la persona más joven, o de rango inferior, la que debe presentarse e iniciar el saludo. Nunca debemos perseguir a nadie ni interrumpir una conversación.

Haremos las presentaciones diciendo el nombre y el apellido (el nombre sólo en caso de un contexto informal). Evitaremos los tratamientos de cortesía como excelentísimo/a. Se puede añadir más información como el cargo, si es relevante (por ejemplo, si presentamos a nuestro/a jefe/a).

Nunca debemos dar demasiada importancia o detallar nuestro currículum cuando se establece una conversación por primera vez con alguien.

La acción de besar debe ser iniciada siempre por las mujeres. El número de besos dependerá del país donde esté, por ejemplo, en España se dan dos, en Francia tres, o hasta cuatro. Como esta costumbre varía y en algunos países está mal vista, cuando se trate con un extranjero es preferible dar directamente la mano.

Si debemos saludar a autoridades, lo mejor es dar la mano, gesto que podemos acompañar de una pequeña inclinación de cabeza.

A la hora de dar la mano, es suficiente un apretón firme, pero no demasiado. Hay que evitar darla con falta de energía.

2 El Sr. Goikoetxea contesta a preguntas sobre el protocolo en otros países.

¿Cómo describiría Espana en términos del protocolo?

España es un país donde el nombre y el apellido es lo que importa al ser presentados.

¿Los otros países no son así de formales?

Algunos, sí. Holanda, por ejemplo, es un país donde lo formal llega hasta la ropa. Jordania también es un país donde la confianza es importante.

Ha trabajado mucho en Rusia, ¿verdad?¿Cómo es trabajar allí?

Rusia es un país donde la gente no es tímida. Es un poco como Noruega, donde la gente siempre tiene mucha prisa.

¿Cuál es el país donde más le gusta trabajar?

En México, donde lo fundamental para hacer negocios es la comida, aunque hay mucho más protocolo relacionado.

¿En qué países no le gusta trabajar?

Me gusta trabajar en todos, pero podemos decir que es más dificil trabajar en unos que en otros. Quizás uno de los más difíciles a la hora de hacer negocios es Malasia, donde la negación es algo negativo, y Portugal, donde lo privado es privado.

¿Diría que, en general, los países asiáticos ponen más énfasis en el protocolo?

Sí. Japón, por ejemplo, es un país donde las muestras de agradecimiento no se hacen públicas, al igual que China es un país con una etiqueta muy elaborada y respetuosa.

3 ¿Conoce los códigos de divisas de los países que ha mencionado el Sr. Goikoetxea? Siguiendo sus observaciones, conecte cada uno de los países con su regla de protocolo.

a EUR–España	b EUR–Holanda	c CNY–China	d MYR–Malasia	e EUR–Portugal
f JPY–Japón	g NOK–Noruega	h RUB–Rusia	i JOD–Jordania	J MXN–México

1 Está bien visto mirar a los ojos después de darse la mano.
2 No es conveniente mencionar temas personales al empezar una conversación.
3 Las tarjetas de visita se entregan y se reciben con las dos manos.
4 La presencia de un abogado en las reuniones de negocios no está bien vista.
5 Los regalos no deben abrirse delante de quien los entrega.
6 Los negocios se hacen durante los desayunos con platos fuertes y picantes.
7 Los negocios se hacen lo más rápido posible y sin demora.
8 Los títulos académicos no se usan en las presentaciones.
9 Dejar la mano izquierda en el bolsillo al saludar es de mala educación.
10 El uso del término "no" es descortés.

4 Lea el texto con atención y rellene los huecos con el vocabulario del cuadro.

globalización	fronteras	negociar	Rusia	Naciente
economía	vestimenta	embajada	educación	huéspedes
saludos	acuerdo	comportamiento	comerciales	diferencias
idiosincrasia	agasajar	empresario	físico	opuesta

Costumbres con etiqueta

Antes de sentarse a (1) .... con otros países hay que conocer ciertas reglas de (2) .... cuya ignorancia puede suponer el éxito o el fracaso. Comprender la (3) .... del país con el que se va a negociar es tan básico como conocer la (4) .... del mismo. Hacer ruido al tomar la sopa es de mala (5) .... en los países occidentales, pero en algunos lugares de Asia, resulta exactamente lo contrario. En (6) .... , saludarse con dos sonoros besos es señal de familiaridad; pero en China el contacto (7) .... debe ser mínimo. En el mundo árabe, contrariamente, se invertirán largas horas de banquetes para (8) .... a los (9) .... sin más motivo que conocerles. Para indicar que está de (10) .... , en la India se movería la cabeza de un lado a otro, lo que en América Latina se comprendería de un manera (11) .... Estos son sólo algunos ejemplos de lo grande y diverso que sigue siendo el mundo. Incluso hoy, en tiempos de (12) ....

La concepción del tiempo, el valor de la relaciones, la (13) .... , las distancias personales, las presentaciones y los (14) .... ; el intercambio de tarjetas, las comidas y hasta la forma en la que se toman las decisiones cambian apenas se cruzan las (15) .... Y no hay que irse a los extremos para encontrar las (16) .... Como en el amor, en los negocios la primera impresión suele ser determinante. Jamás se presente a un (17) .... japonés por correo electrónico o por teléfono. En la Tierra del Sol (18) .... , las presentaciones son muy importantes y deben hacerse personalmente o, por lo menos, por medio de una (19) .... , un amigo o un familiar. Es fundamental tener muy presente que las nuevas tecnologías han cambiado mucho las relaciones (20) .... pero no han abolido las costumbres.

E: Así se hace

1 **El Sr. Goikoetxea está organizando un gran evento para su empresa y nos ha mandado una tarjeta de invitación.**

Energía Vasca S.A.
Tiene el placer de invitarle/la a
una comida-presentación
sobre su nueva campaña publicitaria
en el Hotel Palacio de Oriel de Bilbao,
el día 10 de mayo
a las 14h
Se ruega confirmación

Éstas son respuestas posibles a la invitación. ¿Cuál utilizaría?

A Agradezco su amable invitación, que acepto con mucho gusto.

B Gracias por su invitación a la comida-presentación, a la que acudiré encantado/a.

C He recibido su invitación, pero lamento no poder asistir, como hubiera sido mi deseo, por tener un compromiso previo.

2 **Utilizando los datos expuestos, diseñe una tarjeta de invitación similar.**

Calle Cuaderno • 16.11.2008 • Cena y entrega de premios para los empresarios del año • 20.00h.• Círculo de Bellas Artes • Buenos Aires • Frontera S.A.

3 El Sr. Goikoetxea da mucha importancia al diseño de las tarjetas. Aquí nos muestra la suya. ¡Mire todo lo que puede decir su tarjeta de usted!

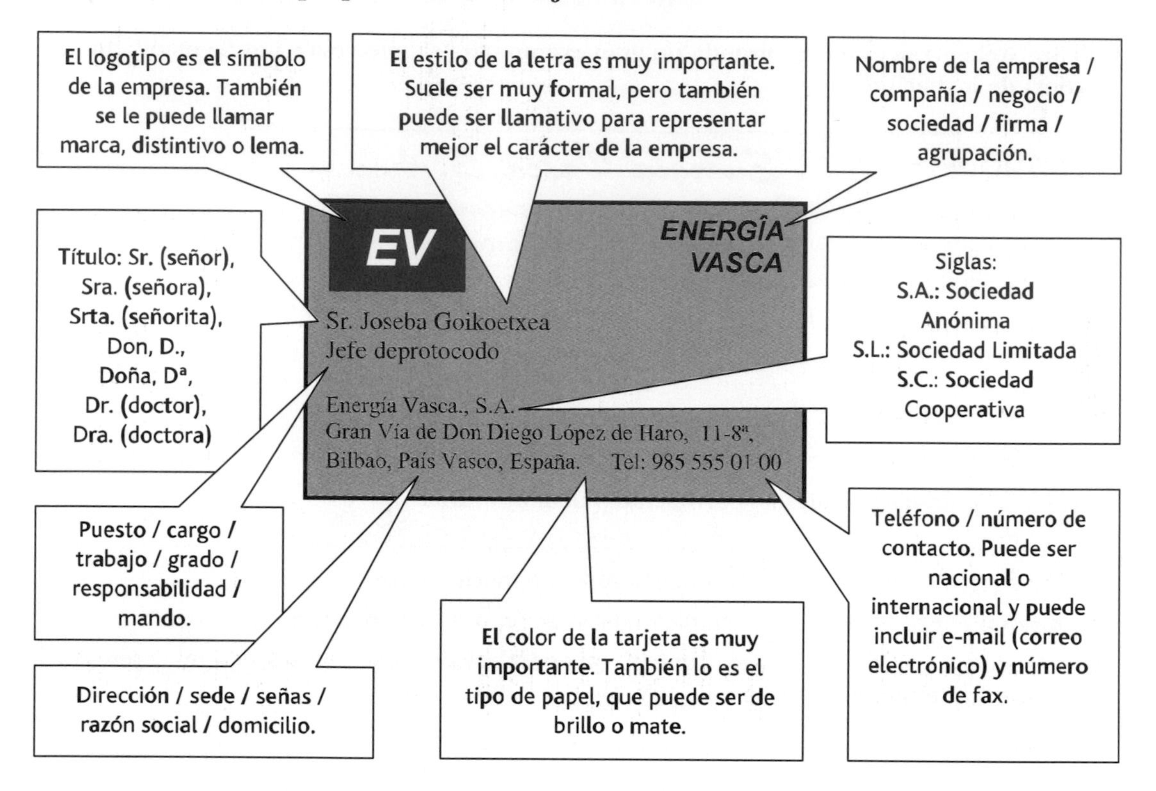

Dice el Sr. Goikoetxea: "Lo más importante a la hora de elegir o diseñar una tarjeta es que tiene que ser directa. Una tarjeta tiene que llamar la atención a la vez que respeta otras culturas. Hay que tener en cuenta los diferentes alfabetos de los países en que nos interese hacer negocios y hay que diseñar el logotipo de la tarjeta según el tipo de empresa. Se pueden utilizar colores llamativos, pero hay que tener cuidado porque cada color tiene un significado concreto. Por ejemplo, el rojo comunica emoción y pasión, el violeta indica experiencia y prestigio, el azul simboliza inteligencia y serenidad y el amarillo significa riqueza. El negro sugiere elegancia pero también tristeza y el blanco indica pureza y luz."

Ahora, diseñe su propia tarjeta.

F: ¿Sabe navegar?

1 ¿Sabía que el protocolo se tiene en cuenta en Internet? Se llama Netiqueta. Lea el artículo.

La NETIQUETA

- No divulgue datos ajenos sin permiso. ¿Sabe que mandar un mensaje a muchas personas a la vez permite a cada uno ver las direcciones electrónicas de los demás? Utilice la función copia oculta CCO o BCC de su programa para ocultar las direcciones.
- No escriba e-mails ni chatee en mayúsculas, que equivale a gritar en el mundo real.
- No reemplace el "cara a cara" por un correo electrónico o una sesión de chat. Hay cuestiones que se resuelven mejor en un encuentro personal.
- Actúe en la red de la misma forma que en su vida cotidiana, iniciando y terminando los correos electrónicos y los chats con un saludo.
- No envíe archivos adjuntos muy "pesados" sin previo aviso, ya que pueden atascar el ordenador de la persona que lo recibe.
- Haga un chequeo de virus de cada correo que mande.
- No abuse de los emoticonos, también denominados caritas ("smileys" en inglés). No todos los usuarios conocen sus significados y a muchos les molesta recibirlos. :-(
- Recuerde que no todas las personas que navegan por Internet disponen de la misma velocidad de conexión.
- Sea benévolo con los errores ajenos.
- Sea claro en los "foros de discusión". Tenga en cuenta que estos reúnen a gente de todo el mundo y no asuma, entonces, que sus referencias culturales serán entendidas por todos.

2 ¿Podría poner estos consejos en orden de prioridad?

3 ¿Puede añadir más consejos de Netiqueta a la lista? Discútalo con sus compañeros/as.

Enlaces de interés

http://www.protocolo.org
http://www.iberglobal.com
http://www.aeprotocolo.org
http://www.buenosmodales.cl
http://www.solucioneseficaces.com
http://www.gabinetedeprotocolo.com/
http://www.albion.com/netiquette/index.html
http://www.sitiosargentina.com.ar/2/etiqueta.htm
http://www.ua.es/dossierprensa/1998/03/02/6.html

Actividades

1 Sus jefes van a hacer un viaje a China. Necesitan mucha información sobre cómo comportarse allí. Busque lo que pueda en Internet sobre el protocolo en China y escriba un informe para presentar a sus jefes antes de que se vayan de viaje.

2 Tiene que ir a una comida de negocios y quiere saber cuáles son las reglas básicas para esta situación. Utilice buscadores conocidos como Google los enlaces de interés para escribir una lista de lo que se puede y de lo que no se puede hacer en este tipo de comidas.

3 Elija un país donde se hable español e intente escribir un pequeño resumen sobre las normas de comportamiento en ese país. Busque información sobre el carácter nacional, las formas de saludar, las relaciones entre hombres y mujeres. Si trabaja con otros/as, intenten estudiar países distintos para luego hacer un informe comparativo.

2 En blanco y negro

► La burocracia

A: Le presento a Dña. Lucía Rydzewska

1 Lea la siguiente biografía con atención.

Lucía Rysdewska es uruguaya de nacimiento. Desde mayo de 2002 trabaja de asistente administrativa en una organización pública en Washington, DC. En la capital de los Estados Unidos viven miles de personas procedentes de Latinoamérica. Son ciudadanos de muchos países diferentes y el grupo mayoritario es salvadoreño. En Washington DC hay zonas de la ciudad, como Adams Morgan, que ya se conocen como "los barrios", y la presencia latina se siente tanto en las sedes de las organizaciones internacionales que se encuentran en la ciudad como en los restaurantes y bares alrededor de la gran capital.

La institución financiera internacional donde trabaja la señorita Rydzewska ayuda al desarrollo económico y social de Latinoamérica y el Caribe. En su departamento se administran unos cuarenta fondos de donantes mayoritariamente extrarregionales.

El trabajo de la Srta. Rydzewska varía entre revisar solicitudes de documentos de cooperación técnica y dar asistencia a cinco especialistas de operaciones y al jefe de la unidad. Esta asistencia consiste en organizar reuniones, formatear documentos e introducir datos al sistema. La Srta. Rydzewska cumple, además, la tarea de crear los archivos informatizados del trabajo de su unidad. Utiliza este medio de almacenaje ya que el archivo oficial es electrónico. Su tarea implica chequear los documentos introducidos en el sistema y grabarlos en la carpeta correspondiente. Aunque la Srta. Rydzewska se queja de que se manejan muchos papeles en su trabajo, lo cierto es que la institución está cambiando su política respecto a este asunto y los documentos que se envían al archivo deben ser los únicos que se procesen.

2 **Después de leer la biografía, responda a las siguientes preguntas utilizando sus propias palabras.**

i ¿Cuál es el trabajo de Lucía Rydzewska?
ii ¿Desde cuándo utiliza el archivo electrónico?
iii ¿En qué consiste la asistencia que da la Srta. Rydzewska?
iv ¿Qué está cambiando en la política de esta organización?

3 **Escriba un resumen de, aproximadamente, 80 palabras sobre los datos biográficos que ha leído, con el fin de poderlos pasar a una base de datos.**

4 **A continuación, deberá unir los términos (siete de los cuales hemos sacado de la biografía) con sus sinónimos correspondientes. Cuando termine, debería tener siete grupos de tres sinónimos. El primero está hecho.**

Papel Apuntes Verificar Sección Archivos
Asistente Cotejar Ficheros Auxiliar
Departamento Información Instancias Documento
Solicitudes Agregado/a Registros Hoja
Chequear Datos División Peticiones

Ahora, localice el lugar en el texto donde aparecen estos vocablos y cámbielos por los sinónimos apropiados.

5 **Una de las muchas tareas que realiza Lucía es rellenar impresos. Aquí le damos un modelo tipo que es utilizado en uno de los bancos afiliados a la organización. Podrá encontrar información más detallada sobre impresos en la unidad 11.**

BHC Banco Hipotecario De Caracas	**PAGO A PROVEEDORES POR TRANSFERENCIA O DEPÓSITO BANCARIO**	DIVISIÓN PRESUPUESTO y CONTROL de GESTIÓN Día / Mes / Año uso interno
DATOS PROVEEDOR		
NOMBRE / RAZÓN SOCIAL		Número proveedor
NOMBRE		
RESPONSABLE(S) LEGAL(ES) O AUTORIZADO(S)		CÉDULA IDENTIDAD
1		
2		
Teléfono	E mail	Fax
Giro de la empresa		% Retención IVA
CUENTA BANCARIA PROVEEDOR	**BHC**	**OTRO**
INSTITUCIÓN		SUCURSAL
NÚMERO DE CUENTA		TIPO
TITULAR(ES) DE LA CUENTA		

¿Puede rellenar el impreso con los datos que le damos a continuación? Termínelo con la ayuda de un compañero/a.

50.000 UYU (Pesos Uruguayos)

12/10/2006

Banco de Ecuador

H.Rodrigo@carac.com

0179 4358 6001 Cuenta corriente

C/Bolívar No. 165

Héctor Rodrigo

B: Escuche, por favor

1 ¿Le impone el papeleo? Lucía también ha tenido que vencer su temor a la burocracia. Escuche la conversación y luego escriba dos sinónimos por cada palabra indicada en negrita.

Impresos como éste parecen muy complicados. ¿Es mucha responsabilidad?

Más que eso, es un deber **legal**. Ser responsable de los datos incluidos en un **formulario** así, que se incorpora al sistema de pago a **proveedores** por transferencia o depósito bancario, es una **tarea** muy importante. La información tiene que ser exacta y el proveedor **exonerará** al banco respecto de cualquier cambio en la información proporcionada. Además, el **firmante** está obligado a la presentación ante el banco de toda **documentación** que éste le pida. No se pueden cometer **errores** y no se puede inventar nada.

¿Qué pasa si hay algún problema?

Si existe algún impedimento para efectuar el **cobro**, se dispensará al banco de cualquier **responsabilidad.** La firma del proveedor en el impreso significa que jura que todos los datos son verdaderos y conoce todos los términos. También significa una obligación de aceptar las **cláusulas** que regulan el sistema de pago a proveedores por **transferencia** o depósito bancario.

¡Qué complicado parece! ¿Nos puede dar un sumario de todo esto?

Ahora no puedo, lo siento. Estoy demasiado ocupada. ¡Que lo haga un/a estudiante!

Escuche la conversación otra vez y haga un resumen utilizando los nuevos sinónimos. ¿Qué otros impresos hay que rellenar a diario, semanal, mensual o anualmente? Discútalo con sus compañeros y haga una lista de impresos corrientes.

2 Escuche la conversación telefónica entre Lucía Rydzewska y un amigo que trabaja en una empresa privada. Su trabajo consistirá en rellenar los espacios en blanco de esta entrevista.

¿Qué opinas de trabajar en una (1) .... pública?

Al principio cuesta cambiar. Yo venía al (2) .... de una empresa (3) .... Y claro, en comparación con la (4) .... pública, los (5) .... que se manejan son (6) ....

¿Por qué (7) .... esto?

Porque hay más (8) .... que pasar para que las cosas se cumplan. Siendo una institución pública, una pregunta la tiene que (9) .... la persona (10) .... , pero siempre tiene que quedar (11) .... de dónde ha venido esa pregunta, (12) .... ha llegado a la persona adecuada y quién la ha (13) .... y (14) ....

¿Qué tipos de (15) .... hay?

Por ejemplo, en mi departamento, si recibimos un documento de (16) .... debemos (17) .... de que el documento esté en (18) .... de los sistemas informáticos. Si no lo (19) .... , nos toca comunicarnos con el (20) .... para pedirle que lo ingrese y (21) .... la información que falta.

¿Y luego?

Una vez que el documento está (22) .... , lo pasamos a la persona que (23) .... el fondo en cuestión. A su vez, ese oficial (24) .... el proyecto. Cuando está listo, nos lo (25) .... y nosotros nos aseguramos de que el jefe de unidad (26) .... el fondo.

¡Cuántos procesos!

Sí, siendo una institución (27) .... , además de (28) .... , debemos seguir un (29) .... de procesos (30) ....

3 Trabajando por parejas, asuman los papeles de Lucía Rydzewska y su amigo y continúen con el diálogo utilizando los siguientes temas.

‘La necesidad de ser ordenado y responsable’
‘La importancia de conocer bien todas las herramientas disponibles en su trabajo’
‘La utilidad de controlar el papeleo’

4 Escuche la conversación telefónica entre la Srta. Rydzewska y su jefe, Diego López, y conteste a las preguntas.

1 ¿De qué quiere hablar Diego con Lucía?
2 ¿Quiénes vienen a la oficina de Washington y para qué?
3 ¿Quién se va a ocupar de organizar la reunión?
4 ¿Qué tipo de presentación tiene que preparar Lucía?
5 ¿Cómo tiene que ser la persona que reemplace a Fernanda?

5 Una buena organización del trabajo es fundamental a la hora de ofrecer resultados. Lucía dice que las personas que trabajan en oficinas desordenadas rinden menos y tienen más estrés. A continuación encontrará una serie de palabras que corresponden a los objetos que se pueden encontrar en una oficina (HA) o despacho.

Nota: HA significa Hispanoamérica, es decir que el vocablo se utiliza en su totalidad o parte de los países hispanoamericanos. El resto, se refiere al español peninsular.

almohadilla de ratón • computadora (HA) – ordenador • folder (HA) – carpeta
agenda • lámpara • estanterías • calendario • pizarrón (HA) – pizarra
archivero (HA) – archivador • papelera • mesa de trabajo (HA) – escritorio
teléfono • biromes (HA) – lápices • bandeja • mouse (HA) – ratón
disco duro • cajón • silla • pantalla • teclado • documentos

¿Puede relacionar el vocabulario con esta imagen del despacho de Lucía Rydzewska?

C: Recuerde que . . .

Los pronombres o adjetivos numerales se dividen en CARDINALES, ORDINALES y PARTITIVOS

LOS CARDINALES uno, dos, tres, cuatro, cinco, etc.

Recuerde que la conjunción "y" se pone en los números compuestos entre las decenas y las unidades.

Ej.: El ***ochenta y cuatro*** *por ciento de los clientes de Multicaja están satisfechos con el servicio.*

Recuerde que las **comas** y los **puntos** se utilizan de forma distinta.

Ej.: La inflación en Uruguay es del 4,7%, según la estadística del año 2005.

LOS ORDINALES primero, segundo, tercero, cuarto, quinto, etc.

Recuerde que tiene que existir una relación de género y número con el sustantivo.

Ej.: Arturo Peña será el ***quinto*** *socio en incorporarse a la nueva directiva.*

LOS PARTITIVOS un medio, un tercio, un cuarto, un quinto, etc.

Ej.: ***Un tercio*** *de la compañía pertenece a un holding de empresas chinas.*

1 La Srta. Rydzewska le va a dar una serie de datos numéricos sobre su país, Uruguay. Primero, intente leerlos en voz alta. Luego, escriba las estadísticas otra vez utilizando letras en lugar de cifras.

La población de Uruguay es de 3.431.932 habitantes. El 22,9% de la población tiene entre 0 y 14 años. 399.409 son hombres y 386.136 son mujeres. Un 63,9% de uruguayos tiene entre 15 y 64 años, con 1.087.180 hombres y 1.004.465 mujeres. Finalmente, el 13,3% de la población tiene más de 65 años, de los que 185.251 son hombres y 269.491 son mujeres, lo que sugiere que las mujeres viven más años que los hombres.

De hecho, los hombres viven una media de 71,8 años y las mujeres 78,25 años. ¡Casi 7 años más! La media de esperanza de vida en Uruguay es de 74,94 años. La tasa de crecimiento de la población es de 0,46%. Esto se explica porque la tasa de natalidad es de 13,91 nacidos por 1.000 personas y la de mortalidad es de 9,05 fallecidos por 1.000 personas. La tasa de mortalidad infantil es de 15,4 fallecidos por 1.000 nacidos y la tasa de fertilidad es de 1,89 niños nacidos por mujer. El 88% de la división étnica es blanca, un 8% es mestiza y un 4% es negra.

Conjugación irregular: el cambio vocálico

		E ► IE			
acertar	►	acierto	cerrar	►	cierro
concertar	►	concierto	mentir	►	miento
desmentir	►	desmiento	perder	►	pierdo
entender	►	entiendo	sentarse	►	siento
concernir	►	concierno	gobernar	►	gobierno
empezar	►	empiezo	extender	►	extiendo
		E ► I			
conseguir	►	consigo	corregir	►	corrijo
despedir	►	despido	pedir	►	pido
repetir	►	repito	medir	►	mido
		O ► UE			
acordar	►	acuerdo	aprobar	►	apruebo
soler	►	suelo	disolver	►	disuelvo
morir	►	muero	mostrar	►	muestro
poder	►	puedo	promover	►	promuevo
recordar	►	recuerdo	volver	►	vuelvo
		I ► IE			
adquirir	►	adquiero			

2 Le vamos a dar algunos consejos para que pueda organizarse. Conjugue el verbo entre paréntesis en la forma que corresponda.

El trabajador metódico . . .

1 (Empezar) .... cada día planificando su tiempo.

2 (Entender) .... que en un archivo personal sólo debe guardar la información necesaria para las tareas actuales.

3 (Adquirir) .... la costumbre de tirar toda la información que no es necesaria.

4 (Recordar) .... *el principio de Pareto* que dice que un 20% de las cosas que se hacen produce un 80% de los resultados que obtenemos.

5 (Conseguir) .... ordenar bien sus citas sin sobrecargar su agenda.

Trabajando en parejas, continúe el ejercicio

6 (Acertar) ....

7 (Pedir) ....

8 (Resolver) ....

9 (Promover) ....

10 (Mostrar) ....

3 Como ya ha leído en la biografía de Lucía, el exceso de información puede resultar en un caos si no sabemos cómo gestionarla. Elija la forma del verbo correcta.

Según una última estadística **apruebada/aprobada** por la revista *Gente que trabaja*, la eficacia en el trabajo puede **mostrar/muestrar** hasta un 70% de aumento, si se planifica todo de antemano.

Trabajar en un entorno ordenado **pode/puede** mejorar el rendimiento y **sientir/sentir** menos el estrés.

Es bien sabido que si alguien está estresado, se **extiende/extende** fácilmente a los demás compañeros.

Cuando se trabaja sin organización, **perdemos/pierdemos** eficiencia.

El sentimiento de ineficacia crea una sensación de frustración que **volve/vuelve** al trabajador nervioso e inquieto.

Pero, ¿cómo **entendiemos/entendemos** qué es lo prioritario y qué es lo secundario en nuestro trabajo?

Los expertos que se han interesado en este tema **han acuerdado/han acordado** que lo más importante es establecer objetivos claros y realistas y trabajar en un entorno ordenado.

D: Para saber más

1 Lea el siguiente texto.

Vuelva usted mañana: La burocracia

De **ventanilla** en ventanilla. Enfrentarse a colas y papeleo interminable; funcionarios tiranos que **entorpecen** el sistema administrativo ... ¿Quién no se ha enfrentado alguna vez con la temible burocracia?

Para el **ciudadano de a pie**, la relación amor-odio es evidente: se quiere eficacia y **prontitud** en los trámites administrativos, pero no se quiere pasar por el **suplicio** del *vuelva usted mañana* (frase **acuñada** por el escritor español Mariano José de Larra, víctima de los excesos y abusos de los funcionarios de la **administración pública**).

Pros y contras

Ya en el siglo XIX, el sociólogo alemán Max Weber dio un nuevo significado a la burocracia mostrándola como un modelo **racional** que se ejerce por medio de la administración. También, dibujó un **modelo** de las ventajas y desventajas que trae consigo el patrón burocrático.

Entre las **virtudes** de esta forma de organización se pueden destacar las siguientes:

- **Racionalidad** en el logro de objetivos.
- División del trabajo entre personal especializado.
- Uniformidad de **rutinas** y procedimientos.

Y entre los inconvenientes ...

- Exceso de formalismo y **papeleo**.
- Resistencia al cambio.
- Dificultad en la atención a los **clientes**.

Ni son todos los que están ni están todos los que son. A la larga, la lista se va ampliando según nuestra propia experiencia. Pero, ¿no es éste el precio que tenemos que pagar?

Le vamos a dar el papel de burócrata y tendrá que hacer lo siguiente:

- Cambie el título del texto.
- Añada más elementos a la lista de pros y contras.
- Explique, con sus propias palabras, los términos y expresiones en negrita.

2 Lucía Rydzewska está hablando de su trabajo con un periodista de la revista *Gente que trabaja*. ¿Puede hacer las preguntas que ella contesta?

....

Antes trabajaba en una empresa privada pero ahora, en este lugar, que es una institución pública, considero mi trabajo de otra manera.

....

Claro que tengo la misma rutina del día a día. Entro a las nueve de la mañana y salgo a las seis. A veces hasta me toca trabajar los sábados.

....

Paso muchas horas al día con mis compañeros y compañeras, y el ambiente en la oficina se vive como en cualquier otro sitio.

....

Sí, hay varias cosas que me encantan de estar trabajando aquí. El contacto con gente de todo el mundo es algo que me gusta mucho.

....

Por la mañana puedo estar hablando con gente en Italia y por la tarde con funcionarios en Chile. Es un aspecto muy interesante y divertido del trabajo.

....

Lo mejor de lo que hago es ayudar a la gente, pero cuando trato con alguien que no quiere cooperar, que no es amable y servicial, me frustra mucho.

....

No, en absoluto. En general la gente sí es amable y resulta fácil el día a día.

....

En mi trabajo, no sólo ayudo dentro de la estructura de mi departamento y dentro de las funciones de mi puesto, sino que también siento que estoy contribuyendo al desarrollo de nuestros países.

....

Al contrario de trabajar en una empresa privada, tengo la sensación de que estoy sirviendo a una causa mucho más noble; trabajar para tu continente, y el saber eso todos los días es muy importante.

....

Además de mi trabajo regular, formo parte de la Asociación de Empleados. Tratamos temas relativos al personal, y una vez más, el saber que uno pone su "granito de arena" es muy lindo.

....

De nada. Gracias a usted.

E: Así se hace

1 **Redactar una carta, aunque parezca lo contrario, no es una tarea fácil de hacer. Requiere una cierta habilidad y hay que seguir unas reglas determinadas. A continuación, le vamos a mostrar una carta escrita por la Srta. Rydzewska. Fíjese bien en la estructura.**

Primera parte: Encabezamiento

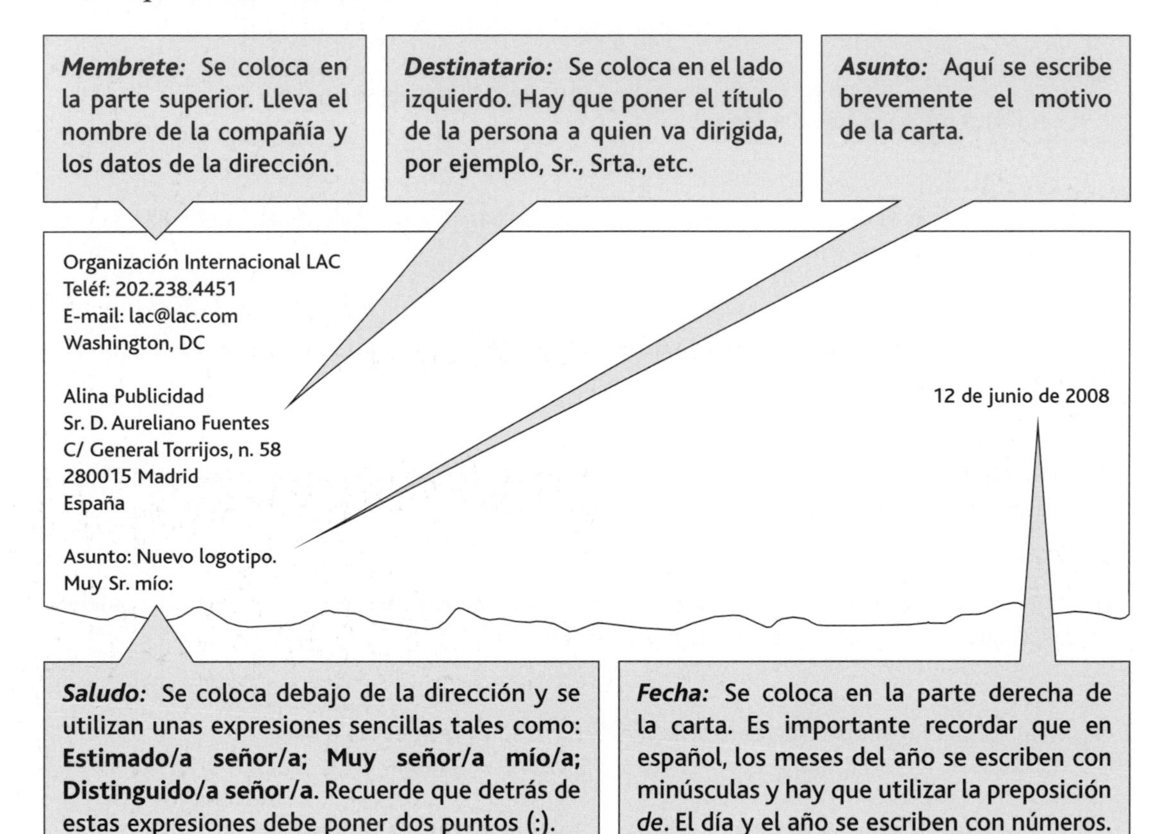

Segunda parte: Cuerpo

Introducción: Son frases que se colocan al comienzo de la carta y nos ayudan a introducir el motivo de la misma: **Me es grato poner en su conocimiento . . . / Acusamos recibo de su carta del día . . . / Me veo en la necesidad de comunicarle . . . / En contestación a su carta . . .**

En contestación a su carta del 5 de junio, me es grato comunicarle que nuestra entidad está muy interesada en el nuevo logotipo que su equipo ha diseñado para nuestra institución financiera.

Asimismo, me permito recordarle que es urgente que envíe cuanto antes folletos con el nuevo diseño, para que una vez aprobado, podamos repartirlos entre nuestros clientes.

Le agradecería, encarecidamente, que enviara un presupuesto detallado a nombre de Isabel Tamayo, responsable del departamento de Finanzas.

Texto de la carta: Aquí se explica la idea principal. La utilización de párrafos separados da a la carta más claridad.

Tercera parte: Despedida

Frases de despedida: Se colocan al final de la carta, a modo de despedida: **Sin otro particular, le saluda atentamente, / En espera de sus noticias, reciba un cordial saludo, / Atentamente,**

Firma: Se coloca debajo de la frase de despedida (preferiblemente en el ángulo inferior izquierdo) para constatar la autenticidad del documento.

Sin otro particular, le saluda atentamente,

Lucía Rydzewska

Lucía Rydzewska
Asistente administrativa

P.D. Confirmaremos por fax la llegada del material.

Nombre con el cargo: Debajo de la firma se escribe el nombre y los apellidos (en España e Hispanoamérica se utilizan dos) y el cargo que desempeña en la empresa.

Postdata: Sirve para añadir o destacar algo.

2 **La Srta. Rydzewska tiene algunos consejos para que redacte Ud. su propia carta comercial.**

El texto debe presentarse con claridad y dar a conocer lo que se quiere.
El estilo debe ser sencillo, directo y natural.
El mensaje debe ser cordial y respetuoso.
La estructura debe ser respetada.

Siguiendo las explicaciones anteriores, escriba una carta comercial. Busque información preguntando a sus compañeros/as y elija entre las siguientes opciones:

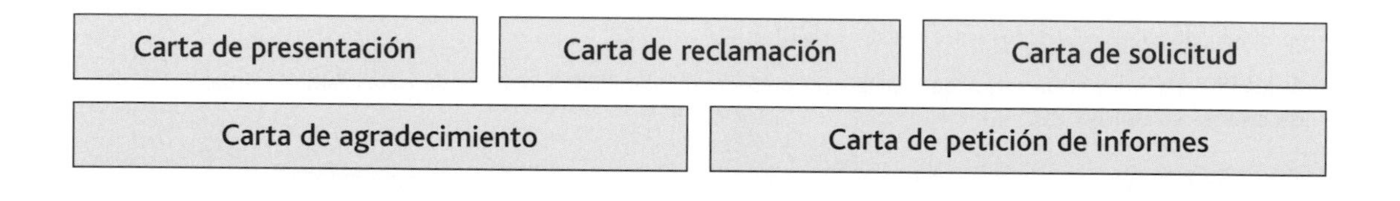

F: ¿Sabe navegar?

Enlaces de interés

http://www.oas.org/
http://www.mtss.gub.uy/
http://www.mtop.gub.uy/
http://www.turismo.gub.uy/
http://www.cia.gov/cia/publications/factbook/index.html
http://www.rlcu.org.ar/anuncios/especializacion_en_coop_int_para_el_desarrollo.pdf

Navegar por el ciberespacio

Seguro que está usted acostumbrado/a a utilizar la web a menudo, pero siempre se pueden mejorar las técnicas de navegación. En cada unidad de este libro, tendrá que utilizar técnicas de búsqueda. Aquí hay unos consejos para hacer búsquedas efectivas en Internet y no perderse en el ciberespacio.

- Una búsqueda puede ser general para empezar a aprender sobre un tema muy amplio, pero tiene que ser consciente de que cuanto más general sea usted, más información recibirá.
- Hay que utilizar palabras claves, no escribir frases enteras. Por ejemplo, puede escribir "proyectos desarrollo Latinoamérica" y luego refinar la búsqueda, poniendo más palabras claves como, por ejemplo, el nombre de un país o un sector en concreto, o el nombre de una persona clave, por ejemplo, Lucía Rydzewska.
- Cuando visite páginas que aparecen como resultado de una búsqueda, apunte las palabras claves que aparecen. Vuelva atrás a la búsqueda original e incluya la palabra nueva.

- En Internet no hace falta diferenciar entre mayúsculas y minúsculas, ni tampoco poner acentos.
- Para buscar en español, puede visitar www.google.es y pinchar "páginas en español". La mayoría de los grandes buscadores ya tienen su página en español y a veces hasta en versiones nacionales, como www.yahoo.es para España o http://mx.yahoo.com para México.
- El mejor sitio para encontrar el significado de las palabras en castellano es www.rae.es, que tiene un diccionario que le ayudará con la comprensión y la ortografía. Otra manera de buscar el significado de una palabra es escribir "define: palabra" en www.google.es
- Para más información visite: http://www.google.com/intl/es/help/refinesearch.html

Actividades:

1 *El Comercio* es un periódico para la comunidad hispana en Washington, DC. Visite su página web, http://www.elcomercionewspaper.com y haga un resumen del tipo de información que presenta el periódico para sus lectores.

2 Tiene que hacer una presentación sobre las relaciones actuales entre el sector privado y el sector público en los países hispanoparlantes. Utilice buscadores como Google, para buscar información sobre las actuales relaciones y lo que instituciones como la ONU (Organización de Naciones Unidas) o la OEA (Organización de Estados Americanos) opinan sobre las posibilidades de un trabajo compartido entre los dos sectores. Incluya también su propia opinión sobre cómo pueden colaborar los sectores público y privado.

3 Elija un país latinoamericano y un sector, por ejemplo el turismo, las telecomunicaciones o la infraestructura, y escriba una breve presentación sobre los últimos desarrollos en este sector en el país elegido. Si es posible, incluya información sobre proyectos de desarrollo financiados por organizaciones internacionales. Para ayudarse en la búsqueda, debe mirar las páginas de los ministerios pertinentes que se pueden encontrar aquí: http://www.cia.gov/cia/publications/chiefs/index.html

4 Visite la última página en los enlaces de interés. Es un anuncio para un curso sobre el desarrollo en Latinoamérica. Escriba una carta presentándose y explicando por qué quiere presentarse como alumno para este curso.

3 En contacto

La comunicación

A: Le presento a Dña. Belén Castillo Iglesias

1 Lea la siguiente biografía.

La Sra. Castillo es Jefa del área de investigación del Museo del Ejército de Tierra de Madrid. Vive en la capital española desde marzo de 2006 y, anteriormente, trabajaba de directora del Museo de Burgos, una ciudad situada a unos 300km al norte de Madrid. Entre las tareas que requiere su puesto en el museo está la conservación y catalogación de artículos de colecciones, que incluyen tanto cuadros relacionados con el Ejército de Tierra, como ejemplos de artillería y armaduras. La colección del museo conserva artículos fundamentalmente desde la Edad Media hasta nuestros días, y la parte que trata de balística es, quizá, una de las más singulares en el ámbito internacional. El trabajo de la Sra. Castillo incluye todo lo relacionado con las colecciones del museo. Coordina los departamentos de investigación que estudian y conservan las colecciones, la programación de estudios, los préstamos a otros museos y la revisión del catálogo. La Sra. Castillo trabaja con un grupo de licenciados en Arqueología, como ella, o en Bellas Artes, y todos han aprobado exámenes que prepara el estado, llamados "oposiciones", para obtener un puesto en este museo público.

2 **A la Sra. Castillo le gustaría saber si ha entendido todos los detalles de su biografía y, para ello, le propone que busque el vocabulario que corresponde a las siguientes definiciones.**

1. .... organización militar no naval.
2. .... cuidado de colecciones.
3. .... organización de artículos.
4. .... coordinación de tiempos y fechas.
5. .... dar algo temporalmente.
6. .... tener una carrera universitaria.
7. .... ciudad al norte de Madrid.
8. .... exámenes estatales.
9. .... jefa.
10. .... museo que pertenece al estado.

3 **En el museo se necesita personal nuevo con bastante frecuencia. Escriba una carta de presentación en la que figuren algunos de los siguientes asuntos y frases.**
(Nota: Utilice la sección E de la unidad 2 para ayudarse.)

Formación académica	**Campo de investigación**	**Publicaciones**
Estudié ...	Me especialicé en ...	Publiqué ...
Terminé mi carrera ...	Mi tesis doctoral trató de ...	Tengo dos artículos en ...
Obtuve ...	Hice hincapié en ...	Tengo pendiente ...
Actividades profesionales	**Experiencia**	**Otros datos**
He dado ponencias ...	Llevo cuatro años ...	Hablo tres idiomas ...
Me ocupo de ...	Tengo experiencia en ...	Domino Windows ...
Soy responsable de ...	Mi último trabajo fue ...	Soy miembro de ...

¿Recuerda cómo empiezan y terminan las cartas?

[Su nombre]
[Su dirección]

[La fecha]

[El asunto]

Estimada Sra. Castillo:

....

....

Atentamente,

[Su nombre y posición]

4 **Como puede usted ver, por los detalles biográficos, la Sra. Castillo es una mujer que tiene que tratar con gente de diferentes departamentos y organizar reuniones. Le va a dar unos consejos para saber conversar mejor. Rellene los huecos con las palabras del cuadro.**

nervioso/a	idea	respuestas	persona	información	preguntas
relajará	atención	preguntado	resuma	aburre	intenciones

1 Haga .... cuyas .... no sean sí o no.
2 Si la .... con la que habla no tiene buenas .... , utilice silencios prolongados.
3 .... y repita la .... de su interlocutor.
4 Si se pone ...., respire con calma; así se .... y le será más fácil .... pensar.
5 Si la otra persona no le presta .... es que se .... Cambie de tema.
6 Intente responder dando más .... de la que le han ....

5 **¡La comunicación lo es todo! Asuma el papel de la Sra. Castillo y elabore una lista de consejos para comunicarse mejor con los empleados.**

Lleve la conversación a un terreno personal.
Rompa el hielo recurriendo a frases como: ¿Es éste su primer trabajo?, ¿Vive cerca de aquí?

Continúe usted.

B: Escuche, por favor

1 **Escuche la conversación entre la Sra. Castillo y su ayudante. Rellene los espacios en blanco de esta entrevista.**

¿Cuál va a ser mi (1) .... durante esta semana, Belén?

Bueno, Ana, primero vamos a (2) .... mirar el (3) .... del traslado del museo a Toledo. Tú sabes que hemos estado intentando organizar la mudanza con varias (4) .... y es necesario crear una serie de (5) ...., para que estas empresas (6) .... confirmar que (7) .... de llevar a cabo el trabajo.

¿Qué tipo de (8) .... se tienen que tener en cuenta?

Es una buena pregunta. Ahora estamos explorando las (9) .... de cada tipo de objeto, porque todo depende de la obra o (10) .... que se (11) .... Sin embargo, hay que crear (12) .... sobre el (13) .... , por ejemplo. Tienes que (14) .... a los jefes de los diferentes departamentos si han terminado sus investigaciones para empezar a (15) .... y (16) .... sobre las normas generales.

¿Quieres que organice una reunión con (17) ....?

Sí, por favor. Hoy es (18) .... A ver si para el (19) .... podemos reunirnos. Mejor poner la reunión (20) .... y así estaremos todos listos para trabajar. Habla tú con ellos y (21) .... dos cosas: que lleguen (22) .... y que cada presentación (23) .... Va a haber mucha información, así que (24) .... comunicarla con brevedad, para hacer más fácil la reunión.

2 La Sra. Castillo hace una reflexión sobre el uso del teléfono. Escuche la grabación y luego numere los párrafos para ordenarlos.

TRABAJAR BIEN SIN ESTAR PRESENTE

- ❑ Para muchos, la mejor manera de trabajar con un equipo que está lejos es el correo electrónico.
- ❑ Sólo por el tono de la voz de mis compañeros sé lo que están pensando. Parece que todo se vuelve más rápido y eficaz.
- ❑ Para mí, no hay nada mejor que llamar por teléfono.
- ❑ Se me ocurre pensar que, en este mundo globalizado, es importante saber trabajar a distancia.
- ❑ Cuando marco el número de mi otra oficina en el Museo Arqueológico de Burgos, siento que acaba de empezar el día.
- ❑ Por muchos correos que nos escribamos, los problemas sólo se pueden resolver hablando.
- ❑ A veces hay que volver a llamar después de haber consultado con mis compañeros en Madrid, pero una vez que todo está en orden, la voz al otro lado del aparato vuelve a estar tranquila.
- ❑ Sin embargo, mucha gente sigue pensando que el teléfono es la única forma de comunicarse de una manera efectiva y afectiva.

C: Recuerde que . . .

ACENTUACIÓN: Hay palabras en español que tienen un acento escrito (tilde) en la sílaba donde está la fuerza de la voz. Las palabras, que llevan tilde, según la fuerza de la voz, se dividen en:

AGUDAS	Todas las palabras llevan tilde cuando la fuerza de la voz está en la última sílaba y terminan en vocal o consonante N o S. amplia**ción** es**trés** reu**nión** tam**bién**
LLANAS	Todas las palabras llevan tilde cuando la fuerza de la voz está en la penúltima sílaba y terminan en consonante que no sea ni N ni S. **mó**vil **ú**til di**fí**cil
ESDRÚJULAS	Todas las palabras llevan tilde cuando la fuerza de la voz está en la antepenúltima sílaba. elec**tró**nico te**lé**fono ar**tí**culo

1 Este correo electrónico ha llegado a Belén esta mañana sin acentos. ¿Puede ponerlos?

Archivo Edición Ver Insertar Formato Herramientas Acciones ?

Enviar Opciones...

Para... Belen.Castillo@museo.es

CC...

Asunto: Recomendaciones a la hora de contratar una empresa de servicios

Estimada Sra. Castillo:
¿Como saber que la empresa a contratar es buena? Primero, mire el historial de la empresa. ¿Se ha subcontratado el servicio en cuestion anteriormente? Un consejo facil y util es preguntar a sus colegas si conocen alguna compañia de servicios que hayan utilizado anteriormente. Negocie condiciones y precios; pero antes este atento a los precios del mercado y a su propio presupuesto. Sea consciente de que la obligacion del cumplimiento de la operacion pasara al proveedor externo. Este en contacto con el proveedor. El necesitara informacion de usted para poder cumplir bien el servicio, y usted tendra que saber como transcurre la realizacion de la tarea. Su labor sera mas de coordinacion: ser puente entre el proveedor y su compañia. Si la empresa proveedora es eficaz y cumple sus funciones, mantenga sus datos y llamela para trabajar con ella en el futuro. Si se mantiene una cierta exclusividad, se podrian llegar a acuerdos mas comodos.

ADJETIVOS: Los **adjetivos** se escriben, generalmente, detrás de un sustantivo o de un verbo conjugado.

Ej.: La reunión ***perfecta*** *es la más corta.*

Hay adjetivos que **cambian** su significado si van delante o detrás del sustantivo.

Ej.: ¡Esa ***pobre*** *mujer! Su familia es* ***pobre*** *y no tiene donde dormir.*

Los adjetivos **comparativos** se dividen en:

Superioridad: más . . . que.
Ej.: El nuevo becario es ***más*** *trabaja dor* ***que*** *el anterior.*

Inferioridad: menos . . . que.
Ej.: Este objeto es ***menos*** *valioso de lo* ***que*** *piensas.*

Igualdad: tan . . . como.
Ej.: La reunión del sábado no es ***tan*** *importante* ***como*** *parece.*

Formas irregulares: Bueno = **Mejor** Malo = **Peor**
Pequeño = **Menor** Grande = **Mayor**

El adjetivo **superlativo** se divide en:

Absoluto: -ísimo.

Ej.: Hemos pasado una tarde ***malísima*** *ordenando la sala de exposiciones.*

y **Relativo**:

Ej.: Tu comentario ha sido ***el más*** *interesante* ***de*** *todos.*

Formas **irregulares** del superlativo: Bueno = **Óptimo/a** Grande = **Máximo/a**
Pequeño = **Mínimo/a** Malo = **Pésimo/a**

2 Cambie las frases en negrita por comparativos y/o superlativos.

Móviles sin fronteras

La telefonía en España es un mercado **muy bueno**. De los 33,5 millones de clientes del móvil, 12,65 millones tienen suscrito un contrato con compañías/**españolas**, aunque no se puede comparar con el Reino Unido que tiene **muchísimos más** usuarios en régimen de contrato. Hacer los trámites es **muy sencillo** ya que basta un documento que acredite la identidad y una cuenta bancaria. Sin embargo, entre la población de inmigrantes comienzan a proliferar las quejas ya que hay **muchos** operadores que ponen pegas, requiriéndoles documentos adicionales o **más grandes** fianzas que van de los 300 a los 1.000 euros.

No obstante, **unas** compañías de móviles y **otras** coinciden en afirmar que a la hora de formalizar un contrato, niegan que esto ocurra, y que los requisitos que se exigen no son **más malos** que los de un ciudadano español. Frente a esta versión, hay **numerosas** quejas de extranjeros que no tienen acceso al producto hasta que no presentan el pasaporte y la cuenta bancaria. En la **más grande** parte de los casos se exige la tarjeta de residencia y una garantía o fianza.

D: Para saber más

1 Belén siempre ha estado muy interesada en la formación de sus empleados. Le proponemos que lea este artículo y haga lo siguiente:

- Escriba todas las palabras que sepa con la misma raíz que: director, empresa, tecnología y móvil.
- Escriba dos listas exponiendo las ventajas e inconvenientes de este sistema.
- Añada un párrafo final.

Formación en el bolsillo

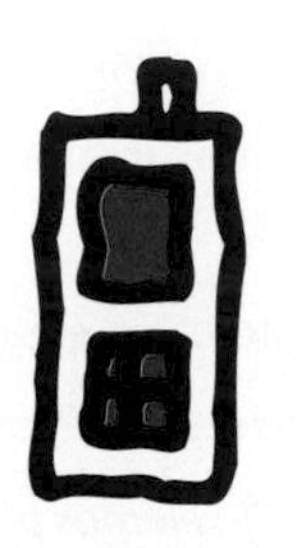

Emilio Ugarte no se despega ni de su teléfono ni de su agenda electrónica. Es el director de cuentas de Telefónica Móviles España y su empresa puso en marcha en 2004 un plan para ofrecer formación a través de móviles (m-learning) a los empleados. Cada uno recibió un terminal telefónico móvil de tercera generación desde el que acceder a los contenidos informativos. Según cálculos estimados hasta el momento, el 65% de la plantilla ha hecho uso de este nuevo canal de formación, y los planes de la compañía son extender la iniciativa a todos los empleados. Los trabajadores que más usan este sistema son los que están en constante movimiento, fuera de sus puestos de trabajo, es decir, los comerciales y los integrados en el Plan de Movilidad de la empresa. De esta forma, los empleados pueden seguir sus clases tanto fuera del horario laboral como dentro de éste, previo acuerdo con sus jefes. Otro de los aspectos novedosos es la amenidad. Si un empleado abre, por ejemplo, el curso de Marketing, una pitonisa le da la bienvenida a esta aventura mágica y le conduce a lo largo de las diferentes lecciones. Los contenidos son ricos en imágenes gracias a las posibilidades que ofrece la última tecnología 3G.

2 Enviar textos SMS como parte del trabajo es de lo más cotidiano, pero . . . ¿Cómo se hace?

- La h y la e, al principio de la palabra, desaparece.
- Desaparecen las vocales de las palabras más usadas: mñn (mañana), ksa (casa), dnd (donde), bss (besos), tb (también).
- No se ponen acentos. Sólo se pone un signo de admiración o interrogación al final.
- Se utilizan signos: x (por), +o- (más o menos), salu2(saludos), xa (para), 1 (uno).
- Se abrevian las frases de uso más frecuente: kte? (¿qué tal estás?).
- El sonido de las consonates forma sílabas: t (te), k (ca), k (que), etc.
- Se usan los emoticonos, símbolos gráficos, para expresar el estado de ánimo.

Utilizando la información de arriba, envíe estos mensajes vía SMS a otro/a estudiante.

La reunión es mañana por la mañana a las 9. Se ruega puntualidad.	No estoy contenta con la propuesta que me ha enviado Félix.	¿Te has enterado de que van a cerrar uno de los departamentos?	¡Han aprobado los presupuestos! Esto hay que celebrarlo.

3 Es hora de plantearnos una serie de preguntas con respecto al uso y abuso del teléfono. Discuta con sus compañeros/as sobre los siguientes puntos:

“¿El teléfono es un seguro contra la soledad?”

“¿Con los mensajes de texto se está perdiendo el buen uso de la gramática?”

“¿Se están deteriorando las relaciones directas debido al uso de los móviles?”

4 De todas formas, no todas las llamadas se hacen mediante los móviles. La gran mayoría se realizan desde fijos en oficinas y domicilios. Le vamos a dar unas instrucciones acerca de cómo hablar por teléfono de una manera informal y formal.

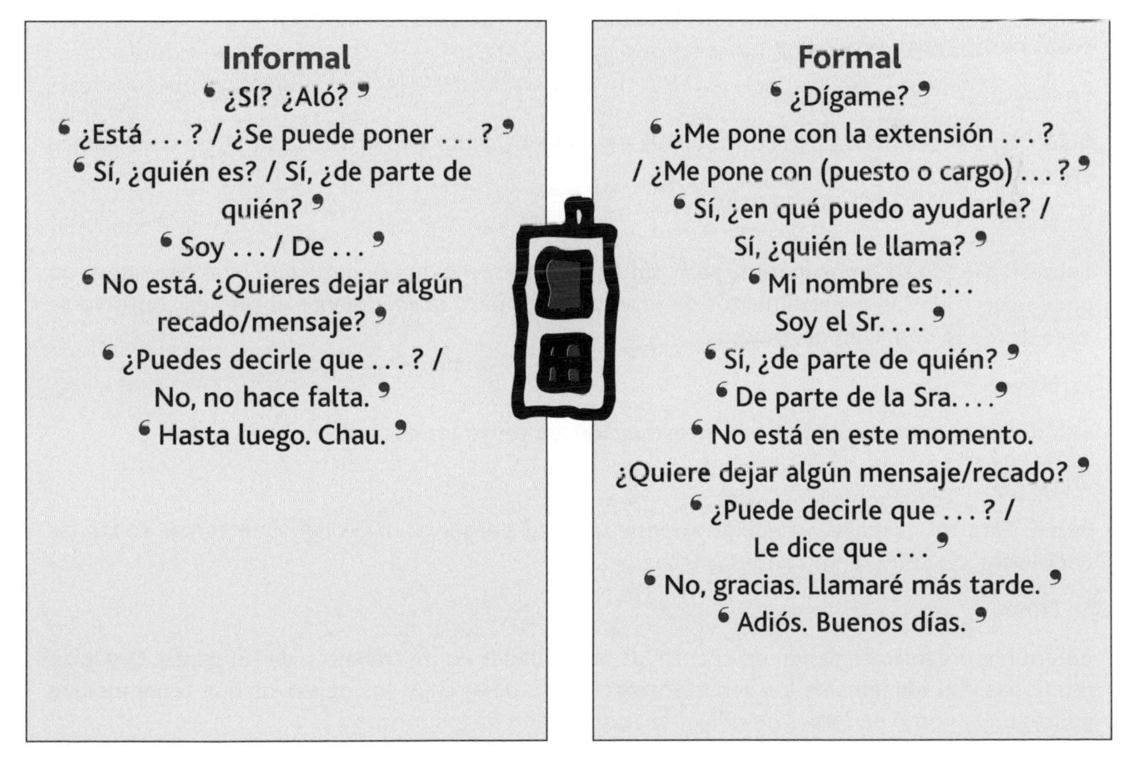

Informal

“¿Sí? ¿Aló?”

“¿Está . . . ? / ¿Se puede poner . . . ?”

“Sí, ¿quién es? / Sí, ¿de parte de quién?”

“Soy . . . / De . . .”

“No está. ¿Quieres dejar algún recado/mensaje?”

“¿Puedes decirle que . . . ? / No, no hace falta.”

“Hasta luego. Chau.”

Formal

“¿Dígame?”

“¿Me pone con la extensión . . . ? / ¿Me pone con (puesto o cargo) . . . ?”

“Sí, ¿en qué puedo ayudarle? / Sí, ¿quién le llama?”

“Mi nombre es . . . Soy el Sr. . . .”

“Sí, ¿de parte de quién?”

“De parte de la Sra. . . .”

“No está en este momento. ¿Quiere dejar algún mensaje/recado?”

“¿Puede decirle que . . . ? / Le dice que . . .”

“No, gracias. Llamaré más tarde.”

“Adiós. Buenos días.”

Escriba una conversación formal entre la secretaria de la Sra. Castillo y usted. Luego conviértala al estilo informal.

5 Practique simulando conversaciones telefónicas según las siguientes situaciones. Tiene que decidir el tono de la conversación (formal o informal):

Quiere llamar a una de las academias que se dedican a la preparación de oposiciones, que ha visto en el periódico. Quiere información y tiene mucha prisa.

Tiene que llamar a la agencia que va a hacer
la mudanza del traslado del museo. La persona encargada es extranjera y tiene que hablarle despacio, deletreando el nombre.

6 Belén Castillo habla por teléfono con un nuevo funcionario que ha llegado al museo y necesita muchas aclaraciones. Escriba las preguntas que él le hace.

Sr. Novo: ....

Belén: Trabajar aquí es muy fácil. Quiero decir, la gente trabaja muy bien y la estructura del museo está organizada. Sin embargo, como en muchas instituciones públicas, a veces la necesidad de procesar toda la información que discurre por varias vías a la vez hace que las cosas pasen muy lentamente.

Sr. Novo: ....

Belén: Sí, a veces me da pena que por falta de rapidez, y por una estructura fija, no consigamos ciertas cosas.

Sr. Novo: ....

Belén: Entiendo su preocupación, pero, sin embargo, eso no quiere decir que una idea nueva no pueda surgir de los departamentos de investigación, pero normalmente el primer contacto se hace desde la dirección del museo.

Sr. Novo: ....

Belén: En mi departamento, el de investigación, yo tengo las cosas claras.

Sr. Novo: ....

Belén: Para mí, trabajar en equipo supone un reto porque ahora tengo que tomar todas las decisiones, no como en mi anterior trabajo.

Sr. Novo: ....

Belén: Me organizo teniendo en cuenta las necesidades de mi trabajo y de mi gente. Organizo reuniones con los jefes de los departamentos, para dejar claro los objetivos que tenemos que conseguir, y cómo podemos planificar la consecución de los mismos.

Sr. Novo: ....

Belén: ¿Un ejemplo? Sí, para el traslado a Toledo hubo una perfecta coordinación entre los departamentos de investigación y la dirección del museo.

Sr. Novo: ....

Belén: Tengo suerte porque mi equipo se caracteriza por la puntualidad y hay pocos conflictos. Siempre llegan puntuales a las reuniones y yo se lo agradezco mucho. Procuro también que la gente respete los plazos para la entrega de trabajos.

Sr. Novo: ....

Belén: Yo pienso que es muy importante ser precisa, y ellos también; así que han aprendido a no entregarme trabajos de muchos folios, ¡que luego les pediré una versión más corta!

Después de leer el texto, ya tendrá una idea de cómo es la Sra. Castillo. ¿Podría describirla como jefa? Y ¿cree que la manera en que Belén lleva su equipo es buena?

E: Así se hace

1 **Como ya ha visto anteriormente, una de las tareas que tiene que hacer la Sra. Castillo es organizar reuniones mensuales para explicar el funcionamiento de este museo. Ha hecho una lista de frases útiles para las reuniones, pero ha dejado los títulos de cada tarjeta aparte. ¿Podría usted ponerlos?**

a Pedir opiniones
b Interrumpir
c Expresar desacuerdo
d Dirigir la reunión a su fin
e Tratar de interrumpir
f Establecer objetivos
g Terminar la reunión
h Empezar la reunión
i Expresar acuerdo
j Pedir contribuciones
k Enfocarse en el tema
l Hacer que la reunión vaya más rápida
m Hacer que la reunión vaya más lenta

1
¡Oígame!
¡Un momento!
¿Puedo decir algo?

2
No estoy de acuerdo.
No lo vemos viable.
No creemos que funcione.

3
Por favor,
déjeme terminar.
Espere. No he terminado aún.
No me interrumpa, por favor.

4
De acuerdo.
Tiene razón.
Lo acepto.

5
Estamos aquí para ...
Lo primero que deberíamos hacer es ...
Finalmente deberíamos intentar llegar a ...

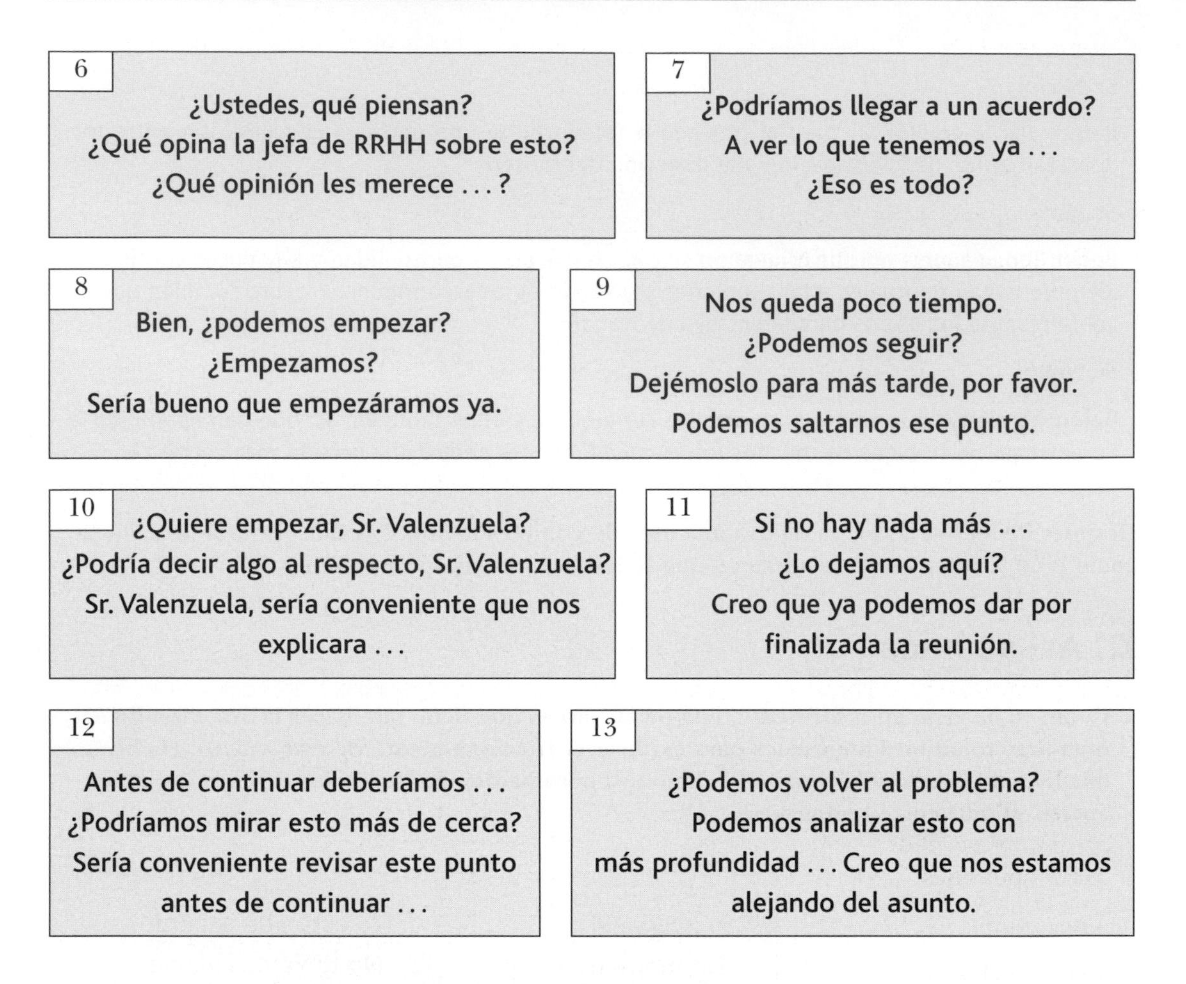

6

¿Ustedes, qué piensan?
¿Qué opina la jefa de RRHH sobre esto?
¿Qué opinión les merece . . . ?

7

¿Podríamos llegar a un acuerdo?
A ver lo que tenemos ya . . .
¿Eso es todo?

8

Bien, ¿podemos empezar?
¿Empezamos?
Sería bueno que empezáramos ya.

9

Nos queda poco tiempo.
¿Podemos seguir?
Dejémoslo para más tarde, por favor.
Podemos saltarnos ese punto.

10

¿Quiere empezar, Sr. Valenzuela?
¿Podría decir algo al respecto, Sr. Valenzuela?
Sr. Valenzuela, sería conveniente que nos explicara . . .

11

Si no hay nada más . . .
¿Lo dejamos aquí?
Creo que ya podemos dar por finalizada la reunión.

12

Antes de continuar deberíamos . . .
¿Podríamos mirar esto más de cerca?
Sería conveniente revisar este punto antes de continuar . . .

13

¿Podemos volver al problema?
Podemos analizar esto con más profundidad . . . Creo que nos estamos alejando del asunto.

2 Hay una serie de consejos que la Sra. Castillo le va a dar, dada su experiencia, a la hora de planear una reunión. Añada más a la lista.

Reserve una sala de tamaño adecuado.

Prepare café y unas botellas de agua para tener a mano.

Haga una serie de pausas para que el personal se relaje.

Utilice materiales audiovisuales.

3 Junto con la Sra. Castillo, le proponemos que prepare una reunión para diseñar un nuevo museo.

Asunto: El equipo de la Sra. Castillo ha propuesto la creación de un nuevo museo en la provincia de Burgos, en un pueblo llamado Villadiego.

Es un museo etnográfico que pretende recrear la evolución de la cultura castellana a lo largo de la historia.

Pero, como todo nuevo proyecto, ha creado polémica. Usted, junto con el resto de la clase deberá asumir uno de los papeles que le damos a continuación. Todos son miembros del ayuntamiento de Villadiego:

Nombre: D. Marceliano Hernández
Edad: 65 años
Profesión: Empresario
Puesto: Alcalde
Posición a favor:
Posición en contra:

Nombre: Dña. Emilia Haro
Edad: 36 años
Profesión: Funcionaria
Puesto: Primera teniente de alcalde
Posición a favor:
Posición en contra:

Nombre: D. Javier Arroyo
Edad: 23 años
Profesión: Mecánico
Puesto: Concejal de medioambiente
Posición a favor:
Posición en contra:

Nombre: D. Alfredo Segura
Edad: 40 años
Profesión: Médico
Puesto: Tesorero
Posición a favor:
Posición en contra:

Nombre: Dña. Hilda Rouco
Edad: 50 años
Profesión: Profesora de primaria
Puesto: Concejala de servicios
Posición a favor:
Posición en contra:

Nombre: Dña. Caridad Soto
Edad: 22 años
Profesión: Arqueóloga
Puesto: Concejala de cultura
Posición a favor:
Posición en contra:

Nombre: D. Fernando Peña
Edad: 43 años
Profesión: Taxista
Puesto: Interventor
Posición a favor:
Posición en contra:

Nombre: Dña. Irene Linares
Edad: 32 años
Profesión: Ama de casa
Puesto: Concejala de empleo
Posición a favor:
Posición en contra:

Cada uno de los miembros del ayuntamiento tiene que explicar lo que opina sobre el proyecto antes de abrir el debate. Estudie el ejercicio 1 de esta sección y utilice las frases que crea convenientes. ¿Será posible llegar a un acuerdo?

4 A la Sra. Castillo le gusta utilizar las presentaciones electrónicas porque en su opinión resultan más claras y mejor estructuradas.

Cómo hacer una buena presentación electrónica

1 Decida el objetivo

¿Es el objetivo apoyar la estructura de su discurso o presentar una estructura que desarrollará durante su presentación?

2 Estructura

1. Comunique a la audiencia lo que les va a decir.
2. Dígaselo.
3. Deles ejemplos.
4. Repita lo que les ha dicho.

3 Puntos para recordar

Utilice un fondo y un color para establecer el tono.
Intercale espacios vacíos para darle a la audiencia tiempo para reflexionar sobre sus propuestas.

4 ¿Estilo o contenido?

La sencillez lo es todo.
Evite letras pequeñas y con color.
Cuanta menos animación, mejor.

5 Estructura de la proyección

Utilice 1 ó 2 diapositivas por minuto.
No ponga información que no se vaya a mencionar en la presentación.
Evite cambios de color y tamaño de las letras.

6 Diseño de la diapositiva

Utilice el tipo de letra Arial 18
Es difícil leer mayúsculas.
Utilice colores para contrastar texto y fondo.
Los colores claros, con fondos sencillos, dan los mejores resultados.

7 Gráficos y fotos

La información se presenta mejor en un gráfico o diagrama que en una lista.
Las fotos deben tener siempre el mismo tamaño.

8 Busque la participación

Haga preguntas.
Mire a los ojos de la audiencia para medir el éxito de la presentación.
Recuerde los límites de la memoria a corto plazo. Deles un respiro.

9 Conclusiones

Sus últimas palabras tienen que ser contundentes.
Recuerde: el humor tiene sus riesgos.
Muestre una diapositiva de resumen que reúna los asuntos principales de su presentación.

10 Para finalizar

Termine con una pregunta que invite a la audiencia a reflexionar.
No termine con brusquedad.
Haga preguntas a los que le escuchan y . . . ¡sonría!

5 Ahora haga una presentación electrónica sobre un tema relacionado con el mundo de los negocios.

F: ¿Sabe navegar?

1 Lea el artículo.

Buscar a lo 'Boolean'

La técnica de búsqueda llamada "Boolean" se ha utilizado tradicionalmente en el mundo de la informática. Puede ayudar mucho a mejorar hasta las búsquedas más sencillas o generales. Con la técnica "Boolean", puede reunir varios criterios dentro de la misma búsqueda, haciéndola más exacta y encontrando resultados mucho mejores. Las palabras claves de la búsqueda "Boolean" son las inglesas "AND", "OR" y "NOT".

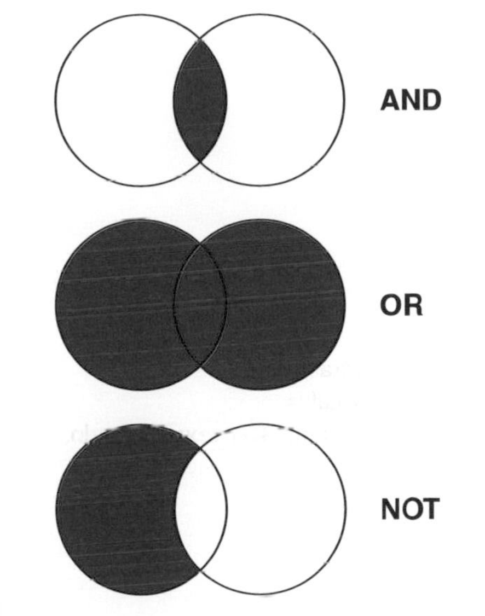

AND Se utiliza la palabra "AND" para encontrar textos y páginas que contengan tanto una palabra como otra, evitando páginas que tengan sólo una de las dos palabras. Utilizando el "AND" se consigue que sólo aparezcan resultados que contienen ambas palabras.

OR Se utiliza la palabra "OR" para hacer dos búsquedas a la vez. Si se escribe "Madrid OR Burgos", surgirán páginas que contengan sólo Madrid o sólo Burgos. Este tipo de búsqueda sirve para comparar o para entender la diferencia entre una palabra y otra.

NOT Se utiliza la palabra "NOT", cuando se quiere asegurar que no aparezca una palabra en una búsqueda. Si se escribe "artillería NOT armadura", aparecerán páginas que sólo contienen artillería, y no las que tienen tanto "artillería" como "armadura".

Enlaces de interés

Museos de España: http://www.mcu.es/jsp/plantilla_wai.jsp?id=1&area=museos

Museos de Madrid: http://www.rjb.csic.es/infov_cercade.php#4

Gerencia y negocios en Hispanoamérica: http://www.degerencia.com

Cursos gratis: http://www.aulafacil.com/Trabequipo/CursoTrabequipo.htm

Actividades

1 **Visite la página www.degerencia.com y escoja temas de su interés, como por ejemplo, administración del tiempo o liderazgo. Luego, escriba una carta a Belén Castillo, dándole consejos sobre cómo podría hacer mejor su trabajo.**

2 **A usted le están entrevistando para un trabajo en un museo madrileño. Escoja un museo que le interese y explique por qué le gustaría trabajar allí.**

3 Visite la página www.wikipedia.org. Vaya a la opción en lengua española y busque la palabra "subcontratación". El Museo del Ejército está subcontratando los servicios de una empresa especializada en transporte de obras de arte para el cambio de la sede a Toledo. Utilice la información que encuentre aquí y en otras búsquedas para escribir un artículo sobre las ventajas y desventajas de la subcontratación.

4 En proceso

Los procesos de expansión

A: Le presento a Dña. Ena Garay

1 Lea la siguiente biografía.

Ena Garay, nacida en Nueva York de padres cubanos, es una experta en la introducción de productos en mercados extranjeros. Estudió relaciones internacionales y marketing y desde 2002 es socia de una empresa de desarrollo empresarial, con base en Miami, llamada International Business Development Partners (IBDP). La Sra. Garay tiene una amplia experiencia en empresas internacionales en sectores tan distintos como alimentación, bebida, música, y servicios de envío de dinero, y ha vivido y trabajado en más de diez países. Experta en mercados latinoamericanos, la señora Garay ha sido jefa de departamentos de ventas en Latinoamérica en más de cinco empresas multinacionales, como Kraft, MoneyGram, EMI Music y Britvic. Tiene total conocimientos de español, portugués e inglés y es el ejemplo perfecto de una empresaria latinoamericana con perspectivas internacionales. Actualmente, la señora Garay maneja dos proyectos con su empresa, IBDP. El primero trata de ayudar a una gran compañía británica a establecer su producto en el mercado mexicano; el segundo es la búsqueda de un proveedor asiático para una pequeña empresa estadounidense.

Vamos a poner a prueba su memoria. Sin mirar el texto, diga si estas frases son verdaderas o falsas.

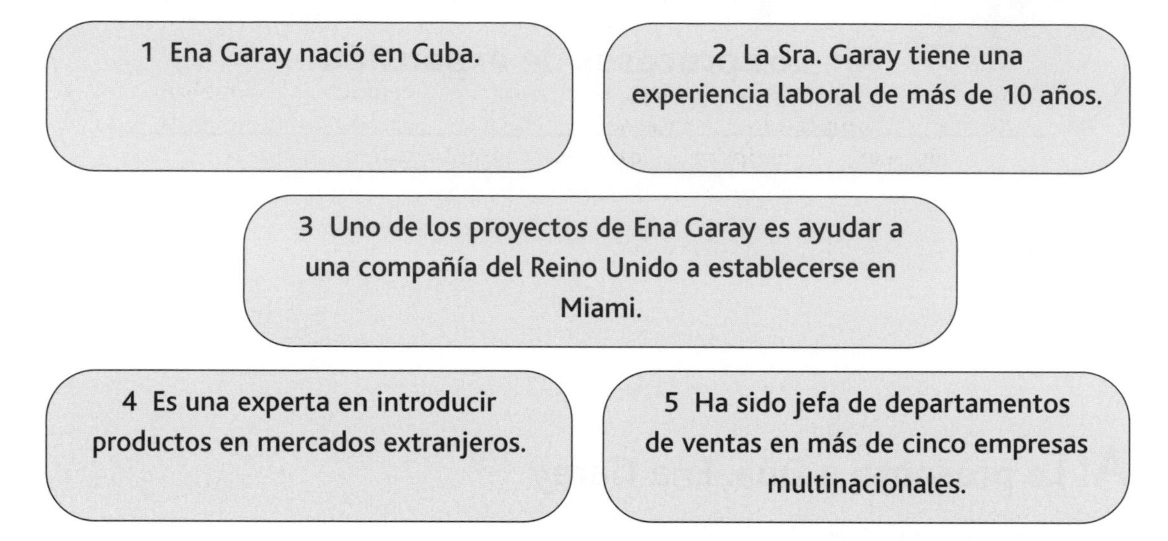

2 **Ena sabe que para hablar con los clientes necesita dominar un vocabulario sobre compras y ventas que no sea repetitivo. Para aprender más, una los términos en negrita con sus correspondientes sinónimos que están en cursiva.**

demora socio/a
precio sector
comisión cliente/a
producto
servicios vendedor/a
empresa venta

área prestaciones
asociado/a porcentaje
compañía valor
transacción usuario/a
retraso mercancía
comerciante

Cuando haya terminado el ejercicio, vuelva a leer la biografía y sustituya con sinónimos todas las palabras que pueda para presentar un texto paralelo.

3 La Sra. Garay está preparando una presentación, que lleva por título *El consumidor latinoamericano*, para unos clientes estadounidenses que quieren introducir su producto en México, pero con las prisas se le han caído las notas al suelo. Ayúdela a organizarse rellenando los huecos del texto con las palabras que verá a continuación.

panadería 2.500.000 mayoría pocos cadenas equilibrio
precios comprando Internet calidad créditos mercado
almacén comprar ofrecen tradicionales Brasil
mujer hora afecta

Es un____1___ de más de____2___ de consumidores.

La ____10____ de la población latinoamericana es joven, lo cual __11___ al perfil del consumidor.

En países como Chile y ____3___ , las grandes ____4___ atraen mucho al consumidor.

La compra por ___12____ se hace en ___13___ países de Latinoamérica.

Las tiendas tradicionales ____5___ la posibilidad de conseguir ___6___ a la __7___ de comprar.

Busca el __14___ entre los mejores ___15___ y la mejor ____16___.

El latinoamericano sigue ___17_____ en las tiendas llamadas ____18____.

La figura más importante a la hora de ___8___ en Latinoamérica sigue siendo la ____9___.

Entre las denominadas "tiendas tradicionales" se incluyen el ____19____, la perfumería, y la ____20___.

4 ¡Queda poco tiempo para que lleguen los clientes!

- Con la información que ha conseguido en el ejercicio 3, cree una presentación electrónica (ver unidad 3) para la señora Garay.
- Luego presente el perfil del consumidor latinoamericano a sus compañeros/as.
- Y finalmente, ayude a la Sra. Garay un poco más, escribiendo en un correo electrónico cómo cree usted que afectará este perfil al proceso de ventas del producto en el mercado estadounidense.

Archivo Editar Ver Opciones Herramientas Ayuda

Enviar Dirección Ortografía Adjuntar Seguridad Guardar

De:

Para: Ena.Garay@ibdp.com

Asunto: Proceso de venta

Estimada Ana:

B: Escuche, por favor

1 La Sra. Garay es entrevistada para un nuevo proyecto. Escuche la conversación y rellene los huecos.

Háblenos, señora Garay, un poco de su experiencia.

Soy una (1) .... internacional, con conocimiento de (2) .... idiomas, con una amplia experiencia en el desarrollo de nuevos negocios y (3) .... estratégica. He tenido puestos a distintos (4) .... en corporaciones multinacionales tanto en América Latina como en (5) .... y Europa. Soy imaginativa a la hora de crear (6) .... , y los resultados de mi trabajo confirman que (7) .... de ejecutar importantes planes de negocios que proporcionen nuevas fuentes de (8) .... y de (9) ....

¿Y los rasgos de su carácter que le ayudan a tener éxito en el ámbito laboral?

Soy persistente. Es decir, cuando (10) .... a obstáculos sigo esforzándome hasta que consigo lo que (11) .... También mi (12) .... de pensar, que es muy (13) .... El tamaño del mercado (14) .... me impresiona siempre, pero hay que empezar reduciéndolo en partes, ya sea por (15) .... o por (16) .... Creo que es la (17) .... de enfrentarse a un mercado de este tipo.

Y a la hora de trabajar con los demás, ¿qué tal?

Es una de las cosas que más (18) .... de mi trabajo: la (19) .... de conocer a gente nueva y formar parte de su equipo. Creo en el (20) .... , y mi papel de (21) .... requiere este consenso. Me considero una persona (22) .... ; sé que lo que hago es bueno. Sin embargo, no soy (23) .... a la hora de negociar. Hay que trabajar con los clientes para convencerles de las cosas, y lo mismo se puede aplicar al trabajo en equipo: hay que (24) .... a los demás miembros del grupo para que todos obtengamos el mejor (25) ....

2 Escuche de nuevo la conversación de arriba y conteste a las preguntas.

1 ¿Qué es lo que desarrolla la Sra. Garay en su trabajo?
2 ¿El trabajo de la señora Garay tiene resultados buenos o malos?
3 ¿Cómo se enfrenta la Sra. Garay a un mercado tan amplio?
4 ¿Qué muestra este tipo de reacción sobre su forma de pensar?
5 Como asesora estratégica, ¿qué hay que fomentar entre los miembros de un grupo?

3 Ena Garay habla en una sesión para alumnos de MBA en Marketing de su antigua universidad, University of Pennsylvania. Después de escuchar la grabación, conteste a las preguntas.

a ¿Cuál es el proyecto actual de la Sra. Garay?
b ¿Qué tipo de reglas tiene el país al que se quiere introducir el producto?
c ¿Cómo ayuda la empresa IMDP a la hora de entender estas reglas?
d Apunte dos requisitos que puede tener un país a la hora de introducir un producto.
e Ahora, formule usted una pregunta sobre el texto que ha oído.

4 La Sra. Garay ha escrito un texto para presentar a un cliente sobre un acontecimiento que fue clave en el desarrollo de su carrera: la firma del Tratado de Libre Comercio de América del Norte (TLCAN), conocido, generalmente, como NAFTA, por sus siglas en inglés. Lea el texto y conteste a las preguntas.

El Tratado de Libre Comercio de América del Norte se firmó en 1994 entre los gobiernos de los Estados Unidos, México y Canadá. Los objetivos del tratado son los de eliminar las barreras comerciales entre estos tres países para facilitar el libre comercio entre empresas y gobiernos. El tratado facilita las condiciones para la competitividad a la vez que proporciona una serie de reglas y condiciones para la justa realización de operaciones comerciales. A la hora de firmar el tratado, se esperaba que se igualara el nivel de vida entre los tres países, y se promoviera más inversión extranjera tanto en México como en EEUU y Canadá. Se firmó el tratado en un momento clave para la economía mexicana, y se dice que ayudó a salir de los problemas económicos que sufrió en el 94. Sin embargo, en los tres países hay analistas y políticos que siguen en contra del tratado por la manera en que han desviado trabajos hacia nuevos mercados, haciendo crecer el desempleo en los mercados tradicionales. La aprobación del TLCAN supuso un paso más en la carrera de Ena Garay. La empresa Kraft buscaba un gerente que aprovechara las oportunidades que presentaba el tratado y se eligió a Ena Garay para el puesto. Durante su tiempo como gerente de desarrollo en México, Ena Garay contribuyó a la adaptación de productos americanos al mercado mexicano, tanto en el aspecto legislativo como en el del desarrollo de las marcas. Entre sus trabajos en esta época también se incluyen la introducción de marcas mexicanas en el mercado hispano en los Estados Unidos – una iniciativa atrevida pero acertada. Esta primera aventura en el mercado mexicano-estadounidense dispuso favorablemente a las marcas para un mayor crecimiento en el futuro.

1 ¿Cuáles son los países que forman parte del TLCAN?
2 ¿Por qué se firmó el acuerdo?
3 ¿Cuáles son los resultados positivos del TLCAN?
4 ¿Cuáles son los resultados negativos del TLCAN?
5 ¿Fue importante el TLCAN para Ena Garay? ¿Por qué?
6 De los tres países partícipes, ¿en cuál trabajó Ena Garay?
7 ¿De qué país adaptó la señora Garay los productos?
8 ¿Qué mercado nuevo desarrolló la Sra. Garay para Kraft?

5 Para saber si ha entendido bien los principios del TLCAN, seleccione del cuadro de abajo la palabra adecuada para completar el texto siguiente.

Los gobiernos de México, los Estados Unidos y Canadá han acordado los siguientes principios:

1 .... las condiciones de los trabajadores y 2 .... nuevas oportunidades de empleo.

3 .... la propiedad intelectual.

4 .... un mercado más seguro de los productos elaborados.

5 .... la competitividad frente a otros mercados.

6 .... obstáculos al comercio y facilitar la circulación entre las fronteras.

Fortalecer
Eliminar
Mejorar
Proteger
crear
Establecer

6 Ahora, busque sinónimos de los siguientes verbos:

- Fortalecer: ..../................................/................................
- Eliminar: ..../................................/................................
- Mejorar: ..../................................/................................

7 La Sra. Garay ha recibido información sobre los países que componen el TLCAN, pero está desordenada. Seleccione la información que corresponde a cada uno y escriba un perfil completo de cada país con ella.

- Su nombre oficial es Estados Unidos Mexicanos.
- Limita al norte con el Océano Ártico y al sur con los Estados Unidos.
- Tiene 31 estados y un distrito federal.
- Tiene una población de 298.444.215 habitantes.
- La lengua oficial es el español y algunas lenguas indígenas.
- Es un país rico en recursos naturales tales como el petróleo, la madera y el gas natural.
- La bandera está dividida en tres franjas verticales de color verde, blanco y rojo y el escudo nacional se ubica en la franja central.
- Poblado por los franceses en 1534, es un país lleno de contrastes.
- La lengua oficial es el inglés con un número cada vez mayor de hispanohablantes.
- Su capital es Ottawa.
- Obtuvo su independencia el 4 de julio de 1776.
- Tiene una población de 107.449.525 habitantes, en su mayoría mestizos (amerindios y españoles).
- La capital es México Distrito Federal con cerca de 8.600.000 habitantes.
- Entre los grupos étnicos, se observa que el 81% pertenece al grupo blanco, un 13% al negro y un 4% al asiático.
- La bandera tiene dos bandas verticales rojas sobre fondo blanco y una hoja de arce en el medio.
- Su capital es Washington DC.
- La lengua oficial es el inglés, seguido del francés y la mayoría de los habitantes practican la religión protestante.
- La población es de 33.098.932 habitantes, en su mayoría de origen británico y francés.
- Los recursos naturales más destacados son el petróleo, la pesca y el gas natural.
- La bandera tiene franjas rojas y blancas y un cuadro azul con estrellas blancas.
- En extensión, es el segundo país más grande del mundo.
- La mayor parte de la población practica la religión católica.

8 **Finalmente, trabajando en parejas, asuma el papel de uno de los/as alumnos/as de la Sra. Garay del Master de Marketing y discuta sobre los siguientes puntos.**

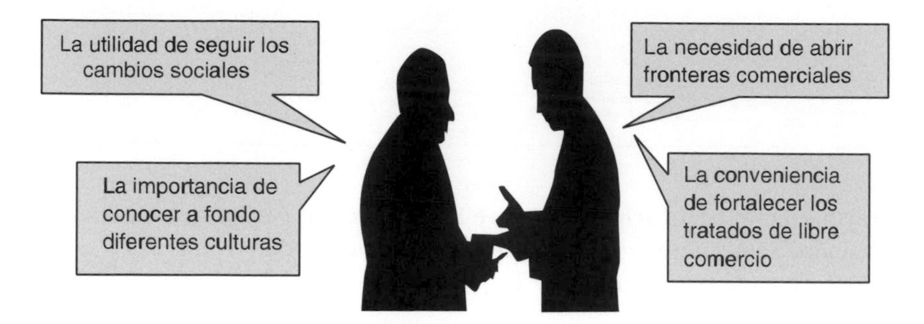

C: Recuerde que . . .

El pretérito indefinido expresa situaciones únicas y terminadas.
Ej.: La Sra. Garay ***desarrolló*** *una nueva estrategia de mercado en México.*
Suele ir acompañado de marcadores temporales tales como **ayer**.
Ej.: Ajer se ***adaptaron*** *más productos al mercado mexicano.*

El pretérito imperfecto expresa situaciones repetidas.
Ej.: El anterior gerente no ***sabía*** *cómo comunicarse con sus empleados.*
También describe situaciones en el pasado.
Ej.: La opinión general ***era*** *que el nuevo producto* ***podía*** *ser mejor.*

¡Ojo a los verbos iregulares!

Pretérito indefinido

Andar > anduve Decir > dije Estar > estuve
Hacer > hice Haber > hube
Poder > pude Ser/Ir > fui Traer > traje
Tener > tuve Venir > vine

Pretérito imperfecto

Ser > era Ir > iba Ver > veía

1 Complete el texto con los verbos en la forma correcta del pretérito. Añada todos los elementos que necesite.

Ayer / la / tarde / tener / problemas / un / cliente.
Lo / ocurrir / ser / que / no / encontrar / pedido.
Cuando / hablar / teléfono / ponerse / como / fiera.
Decir / que / ir / denunciarnos / pero, / final, / calmarse / llegar / a / acuerdo.

margen / beneficios /año / pasado / ser /peor / lo / se / esperar.
empresa Tudesco S.A. / ya / tener / problemas / en / pasado.
Por eso, / compañía / decidir / cambiar /modelo / gestión.
También, / acordar / incluir / nuevo / equipo / directivos.

Durante / V Semana Internacional, / que / celebrarse / Chile / pasado / otoño, / y / que / reunir / mayoristas / todo / mundo, / se / poder / ver / alto / nivel / empresarial.
Todos / asistentes / decir / que / ser / éxito / organización.

2 Escriba los verbos entre paréntesis en la forma correcta del pretérito.

Errores con burbujas

La obsesión por ganar dinero puede, a veces, tener unos efectos no esperados. Un ejemplo de ello (ser) .... el lanzamiento de una versión más azucarada de una conocida marca de refrescos. (Ir) .... a ser más dulce y con sabor a vainilla. Después de varias pruebas (ponerse) .... a la venta y (fracasar) .... estrepitosamente.

La compañía propietaria de este refresco (tener) .... que admitir que no (haber) .... hecho un estudio de marketing adecuado y las pérdidas (ser) .... cuantiosas. Los responsables del lanzamiento no (darse) .... cuenta de que los consumidores (tener) .... una relación emocional con un refresco que (estar) .... ligado a sus recuerdos. Las aguas (volver) .... a su cauce, cuando al refresco tradicional se le (añadir) .... *inimitable* a su nombre y (venderse) .... como la marca de toda la vida.

3 La Sra. Garay tiene que reescribir un texto sobre la empresa Kraft Foods para adjuntarlo a su archivo. ¿Podría poner el texto en el tiempo pasado?

James L. Kraft nace en 1903. De origen canadiense, se establece en Chicago, donde monta un pequeño negocio de distribución de quesos. Con tan sólo $65 se va por las calles vendiendo quesos. Con el paso del tiempo llega a distribuir 31 variedades de quesos diferentes. Un día decide, junto a su hermano, que puede envasar uno de los quesos en pequeñas cajas rectangulares de madera y ponerlas su apellido. En menos de un mes tiene que hacer frente a un pedido de 15.000 cajas diarias y rápidamente se convierte en el favorito de los consumidores estadounidenses por su calidad y sabor. En 1915, idea la forma de introducir queso fundido en latas y así comienza a abastecer al gobierno de los Estados Unidos durante la Primera Guerra Mundial. La imaginación de Kraft da un paso más y en 1933 el queso para untar se lanza al mercado en vistosos vasos de cristal que luego sirven para ser utilizados en la época de la Gran Depresión.

D: Para saber más

1 Lea el siguiente artículo.

Babel en el supermercado

Wal-Mart, una de las empresas de supermercados más grandes y más conocidas del mundo tiene presencia en más de quince países, y entre estos no podían faltar latinoamericanos, sobre todo México y Brasil. El creciente consumismo de los mercados emergentes en Latinoamérica hizo que este mercado fuera un objetivo claro en la estrategia de desarrollo internacional de esta empresa.

Después de la adquisición de la mayoría de las acciones del mexicano grupo Cifra en 1991, Wal-Mex, como se conoce en México, se ha presentado como rival de varios grupos nacionales incluyendo Comerci, Gigante y Soriana, y desde entonces ha ido aumentando su presencia en México. En 2005, Wal-Mex abrió 95 tiendas, llegando a un total de más de 800 locales en dicho país.

Cuando empezó a expandirse por Latinoamérica, Wal-Mart descubrió la importancia de la adaptación de su producto, pero no antes de encontrarse con algunas dificultades. Convencidos de que su modelo estadounidense se podía aplicar en cualquier país o continente, Wal-Mart dejó la tarea de organizar la puesta en marcha a angloparlantes. Pronto se descubrió que la falta de conocimiento del castellano no sólo dificultaba el día a día de la adaptación del producto, sino también la aceptación de la nueva empresa por los trabajadores locales. La solución fue la contratación de gerentes y ejecutivos castellano-parlantes, y esta compañía ahora conoce bien la importancia de los rasgos locales en el proceso de globalización.

2 **Una vez entendido el texto, explique con sus propias palabras lo que significan los siguientes términos y expresiones:**

Estrategia de desarrollo ....

Adaptación de su producto ....

Proceso de globalización ....

Busque más información sobre la expansión de las multinacionales en Latinoamérica en Internet. En comparación con otras regiones del mundo, ¿cómo cree que la globalización está afectando a Latinoamérica?

3 **La Sra. Garay sabe muy bien que el proceso de globalización también ha traído nuevas formas de lenguaje. Uno de estos fenómenos, aparecido recientemente, es el spanglish, que florece en las grandes urbes de Estados Unidos. Cerca de 40 millones de hispanos usan este "idioma" que no discrimina clases sociales. Le vamos a dar una serie de frases con esta forma de comunicación y le proponemos que las traduzca al español.**

- Clickee aquí para ver el website y luego mailéeme la información para atrás.
  ....
- El salesman me ofreció un buen deal.
  ....
- Mi boss me pagó con cash por trabajar overtime.
  ....
- ¿Puede signear el check, por favor?
  ....

4 **Usted es la jefa de Marketing y Expansión de la compañía de supermercados SuperShop. Su empresa quiere establecerse en Latinoamérica. Haga una lista de los factores que hay que tener en cuenta a la hora de expandirse. Luego discuta estos factores y, a raíz de sus conclusiones, escriba un comunicado a sus empleados sobre su futura ampliación.**

5 **Además de un comunicado, también necesita estar preparado/a para tomar decisiones y mostrarse firme en las negociaciones. Las expresiones que le damos a continuación le ayudarán. Ordénelas en dos columnas llamándolas expresiones de acuerdo y expresiones de desacuerdo.**

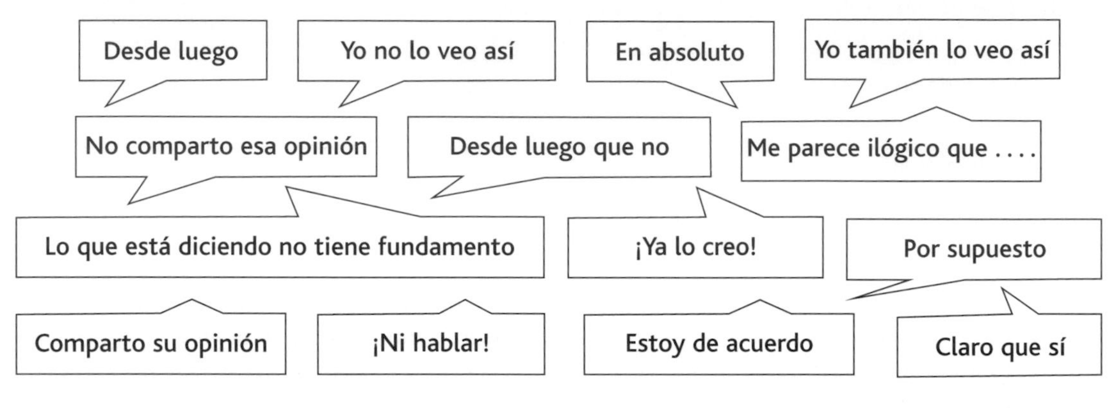

E: Así se hace

1 **Decálogo para vender un producto**

- Utilice un lenguaje simple y directo. Por ejemplo, diga una de cada cuatro personas en lugar de el 25%.
- Utilice anécdotas para dar sensación de familiaridad.
- No hable usted todo el tiempo. Haga preguntas; haga cómplices a las personas que están con usted.
- Repita la información más importante.
- No se presente sin hacer los deberes: debe saber en todo momento dónde está y cómo es el producto que presenta.
- Vista con elegancia y con tonos acorde al producto; por ejemplo, colores oscuros si se trata de productos exclusivos y más claros si son más juveniles.
- El lenguaje corporal es importante. No exagere los movimientos, pero tampoco se cruce de brazos.
- El cliente siempre tiene razón.
- Sea amable sin ser servil.
- ¡Sonría!, que parezca que se lo pasa bien.

¿Qué le parece? ¿Podría añadir algo más? Le proponemos que vuelva a hacer la lista colocando los diferentes puntos por orden de importancia.

2 **La Sra. Garay quiere introducir una serie de productos en el mercado latinoamericano. Para ello ha reunido a su equipo que se compone de los siguientes cargos:**

Directora adjunta	Responsable de relaciones públicas	
Directora de compras	Director de marketing	Jefa de ventas

Elija uno de los papeles y discuta sobre los siguientes productos. Analice los pros y los contras.

- Estrella: Productos cosméticos para hombres.
- ¡OsVemos!: Revista dedicada al mundo de los famosos.
- NetPelis: Servicio de Internet para descargar películas.

3 **Finalmente, presente un producto teniendo en cuenta lo siguiente:**

- El tipo de producto
- El nombre del producto
- Tipo de publicidad
- Estudio de mercado en Latinoamérica
- Método de introducción del producto
- Perfil del consumidor
- Respuesta del consumidor

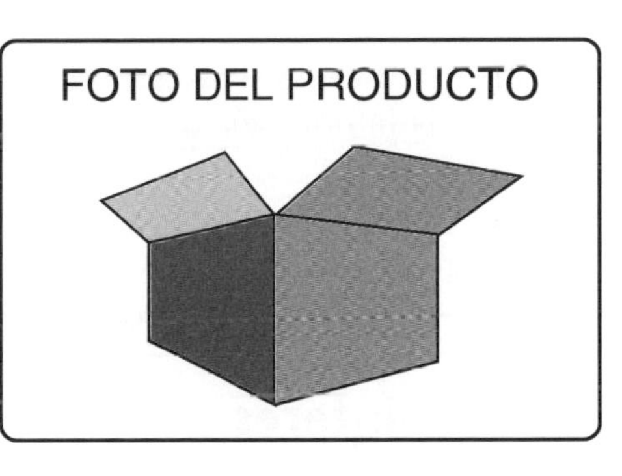

F: ¿Sabe navegar?

La creación de páginas web

Para diseñar su propia página web hay que tener claro varios factores:

- ¿Quién va a leer la página? Clientes, inversores, la competencia?
- ¿Cuál es la función de la página? La venta de su producto, captación de clientes, la presentación de su empresa, un foro para compartir información. . .
- ¿Cuánto contenido va a tener y qué es lo que quiere decir sobre su empresa? ¿Tiene importancia el contenido visual o es más importante el texto?
- ¿Va a ser una página que presente y reafirme la imagen corporativa de su empresa o es un portal sólo para compartir información sobre la industria?
- ¿Necesita un soporte técnico importante o es un diseño básico?

Estos factores se deben analizar junto con un diseñador de páginas web, presentándole la empresa para que capte la imagen corporativa que usted quiere enseñar al mundo y la función de la página. ¡Y no se olvide de los siguientes consejos!

- La sencillez es lo que gana.
- Hay que tener un mensaje directo y claro y que el diseño y contenido estén unificados con cualquier otro material de presentación que tenga su empresa.
- Piense en la geografía. Si tiene clientes en el extranjero, muchas veces no tendrán una conexión a Internet tan buena como en su país. Esto debería afectar la decisión de incluir mucho contenido gráfico en Flash, en audio o en vídeo.
- Imagine que usted es el navegador. ¿Qué necesitaría para poder navegar con facilidad y encontrar la información necesaria? Inspírese en las páginas que más le gusten como navegador.

Busque sus páginas web favoritas y cree una presentación sobre lo que usted considere que son los rasgos de una buena página web, utilizando las páginas como ejemplo. Si su empresa o universidad tiene una página web, inclúyala como uno de los ejemplos.

Enlaces de interés

http://www.latinpanel.com
http://www.ibdponline.com/spanishversion/index.html
http://www.promomadrid.com
http://www.fas.usda.gov/itp/CAFTA/cafta.asp
http://www.stopcafta.org/
http://www.web100.com/
http://www.baluart.net/articulo/641/revista-time-las-mejores-paginas-web-20-del-2006.php
http://www.weboscope.com/html/Web.html

Actividades

1 **Busque información sobre DR-CAFTA (*Tratado de Libre Comercio entre Estados Unidos, Centroamérica y República Dominicana*). ¿En qué estado se encuentra este tratado de libre comercio actualmente? ¿Cuáles han sido las campañas en su contra o a su favor?**

2 **Visite la página www.latinpanel.com. Lea la sección sobre la compañía y cuente a sus compañeros/as, qué tipo de empresa es LatinPanel y qué espera conseguir.**

3 **Visite la página de la empresa de Ena Garay, IBDP. ¿Qué tipo de imagen quiere transmitir la página? ¿Para qué tipo de clientes está diseñada?**

5 En esencia

En esta unidad va a tener la oportunidad de expresar sus opiniones y puntos de vista sobre temas ya tratados en las primeras unidades de *En activo.*

INSTRUCCIONES:

La forma de organizar estas discusiones y puestas en común se va a hacer mediante debates.

Primero, el/la profesor/a leerá el texto con la clase para practicar la pronunciación y aclarar cuestiones de vocabulario.

Después organizará la clase en dos grupos para empezar un debate abierto.

Una vez establecidas las divisiones, cada grupo tendrá que preparar argumentos a favor y en contra del tema propuesto. Terminado el debate, cada grupo presentará un informe oral de conclusiones.

Hay dos debates por cada texto.

Y para concluir, todos los miembros que componen los equipos deberán hacer una puesta en común sobre lo siguiente:

- Impresiones con respecto a los temas planteados.
- Crítica de comportamiento a la hora de trabajar en grupo.
- Cuál es el tipo de colaboración que ha existido.
- Si han existido problemas de comunicación, cómo se han solucionado.
- De qué forma se han tomado las decisiones.

Aunque comparto tu opinión, no creo que . . .

Mire usted. Si me deja continuar, le diré que . . .

La verdad es que no entiendo cómo puede defender . . .

De todas formas, y com ousted bien ha dicho, deberíamos . . .

Si me mantengo firme en mi postura, es porque . . .

¿No creen que ya es hora de que lleguemos a un acuerdo y . . .?

Texto 1

Vivir en la aldea global

Cuando Marshall McLuhan mencionó por primera vez en 1962 el término de aldea global, habló de cómo los medios de comunicación reducirían el mundo a una aldea donde los individuos podrían informarse con facilidad, en tiempo real; de cómo un temporal en Minnesota es noticia en Londres a la hora en que sucede, y de cómo las guerras se ven al instante y cuando suceden.

Hoy en día, con Internet y el correo electrónico, parece que esa aldea global es más real que nunca y no sólo podemos informarnos de grandes sucesos que ocurren en otros países y continentes, sino que también podemos vivir nuestra vida globalmente. Pero, ¿qué significa esto para el mundo de los negocios?

Parte del resultado de vivir en la aldea global es que hoy en día no hay un solo ejecutivo que no tenga un teléfono móvil conectado a su correo electrónico. Siempre estará en contacto con su trabajo, ya sea a 5.000 km de su casa, reunido en Japón o en la playa de vacaciones. Las ventajas y también las desventajas de este tipo de comunicación son variadas, pero no cabe duda de que vivir en la aldea global nos hace más conscientes que nunca de las posibilidades y, por qué no, complicaciones de hacer negocios a través de las fronteras internacionales, que dicho sea de paso, siguen existiendo.

Como se ha podido comprobar en varios casos de grandes empresas que han intentado crecer mediante la expansión internacional, los modelos de negocio no siempre viajan con éxito. Para Ena Garay, consultora de marketing y experta en el traslado de negocios y productos a países distintos a su origen, es siempre un trabajo delicado.

"Hay que tener en cuenta muchos elementos, desde el nombre del producto, que no siempre se traduce bien al idioma local, a la estructura corporativa de la empresa una vez trasladada al país nuevo." Y añade, "Imagínese que tiene una estructura muy estadounidense, donde los valores corporativos están muy arraigados, y la intenta llevar a un país que está empezando un largo proceso de privatización de sus grandes empresas. Debido a que no existe esa cultura corporativa, habrá que saber adaptar el producto y la estructura empresarial. Es un gran reto y muestra que la globalización no es tan fácil ni automática como muchas veces pueda parecer."

Seguimos viviendo distintos momentos en nuestro desarrollo, seguimos hablando diferentes idiomas, y seguimos practicando distintas costumbres de trabajo que, desde luego, complican las cosas a la hora de hacer negocios. Es decir, en la aldea global sigue habiendo distintos espacios a los que no es siempre fácil entrar.

El experto en protocolo, Joseba Goikoetxea, es una persona que sí tiene facilidad de adaptación.

"Hoy en día," dice el Sr. Goikoetxea, "no es sólo el saber cómo darle una tarjeta de presentación a un ejecutivo chino, o qué regalarle a un jeque de los Emiratos Árabes. También, hay que saber negociar sin ofender; entender los tonos de voz, el uso del lenguaje. ¿Es mejor reclutar a un consultor local o llevar un ejecutivo de la empresa que tenga el conocimiento lingüístico necesario? Hay que considerar siempre los detalles y nunca dejarse sorprender. Es un concepto muy complicado, y a veces arriesgado, esto de la aldea global."

DEBATE 1 Expansión internacional: ¿adaptación o imposición?

EL GRUPO A defiende la postura de:

La expansión internacional agresiva.

La fuerza de la marca como única moneda de cambio en los negocios internacionales.

La imposición automática de las formas de trabajar de la empresa en expansión.

EL GRUPO B defiende la postura de:

La expansión enérgica pero teniendo en cuenta la idiosincrasia de los diferentes mercados.

La adaptación y la flexibilidad como monedas de cambio.

Combinar las formas de la empresa en expansión con las del país donde está implantada.

DEBATE 2 Hablando se entiende la gente: ¿mono o plurilingüismo?

EL GRUPO A está a favor de:

El monolingüismo, es decir el dominio del inglés como herramienta de comunicación en los negocios internacionales.

EL GRUPO B está a favor de:

La adaptación local, enfocada en este caso en el plurilingüismo, es decir, el uso de varios idiomas como herramienta de comunicación en los negocios internacionales.

Texto 2

Juntos, pero no revueltos

Un hecho indiscutible de trabajar en una oficina es tener que compartir un espacio físico con distintas personas. El poder trabajar en equipo es una habilidad que se aprecia en todas las empresas e instituciones, ya que hay una necesidad de llegar a decisiones colectivas y realizar grandes proyectos en poco tiempo y con eficacia.

Se ha comprobado que un grupo formado con distintos tipos de personalidades tiene más éxito a la hora de operar que un grupo donde todos los miembros tienen la misma forma de ser. Hay algunos personajes típicos que el grupo necesita para funcionar. Entre ellos, se puede destacar la figura del **líder** – considerado, pero fuerte y el **conciliador** – capaz de reunir diferentes opiniones y suavizar situaciones de tensión.

Un grupo, claro está, también se nutre de personajes que dificultan el proceso de trabajo, y entre ellos está el **agresivo** – obstinado, utiliza tácticas de negociación que ofenden a los demás; el **frustrado** – incapaz de adaptar sus ideas y opiniones, se aísla en su propio fracaso; y el **frívolo** – quita importancia a todo y ridiculiza las aportaciones de los demás.

Llevar un equipo con éxito requiere un conocimiento de todos los miembros por parte de su líder. Es un proceso largo, pero conseguir esto lleva a alcanzar una mayor eficacia a la hora de distribuir el trabajo, a tomar decisiones y a ejecutarlas.

Belén Castillo, jefa del área de investigación del Museo del Ejército de Tierra de Madrid, tiene un equipo con el que trabaja a diario. Organiza reuniones y pone proyectos en marcha con frecuencia y tiene su propio estilo de trabajo en grupo. “Lo importante”, dice Castillo, “es dar ejemplo. Intento hacer las cosas con eficacia, actuar con criterio, ser justa y contar con los demás miembros para todo tipo de proyectos. Los conozco a todos muy bien y eso me ayuda a saber de qué es capaz cada uno.”

A menudo, el grupo de la Sra. Castillo tiene que trabajar con otros grupos, de dentro y fuera de la institución. Los resultados varían, pero ella intenta ser positiva en todo momento. Aparte de los grupos de trabajo, hay, sin embargo, otro tipo de grupos que se forman en los lugares de trabajo, como pueden ser asociaciones culturales o grupos sindicales.

Lucía Rydzewska forma parte de la asociación que han formado los empleados en su lugar de trabajo en Washington DC. Allí, es parte de un colectivo que cuida de los intereses de los trabajadores. Esta asociación tiene en su agenda todo tipo de temas, desde el reto de la conciliación entre empleo y vida personal, al de la representación de los empleados en situaciones problemáticas.

“Es importante ser consciente de los problemas de la gente que te rodea,” dice Rydzewska. “Si conozco las situaciones en las que nos encontramos como empleados, me hace ser más objetiva como miembro del colectivo. Además, está claro que los empleados somos un grupo clave para el éxito de la empresa, por eso nos tenemos que proteger y ser protegidos para poder trabajar mejor y con mayor eficacia.”

Está claro que los lugares de trabajo pueden resultar muy interesantes, no sólo por las actividades que se desarrollan allí, sino también por la diferente dinámica que existe entre la gente y la manera en que, día a día, se puede aprender y enseñar a los demás con nuestro propio comportamiento.

DEBATE 1 Todos para uno y uno para todos: ¿triunfo colectivo o éxito personal?

EL GRUPO A está a favor de:

El trabajo en grupo como la mejor manera de trabajar.

La adaptación del ser humano para conseguir sus metas en armonía con los demás.

La negociación y las decisiones colectivas.

EL GRUPO B está a favor de:

El trabajo individual como la mejor forma de trabajar.

La imposibilidad de negar que el ser humano es egoísta e individualista, sobre todo a la hora de conseguir sus metas.

El debate y la decisión absoluta.

DEBATE 2 Verónica o Jorge - ¿a quién elegimos?

Ustedes son los representantes del departamento de recursos humanos de una multinacional mexicana en pleno proceso de selección de personal para el puesto de coordinador/a del departamento de ventas. Se quiere promocionar a una de las dos personas, que ya han pasado por pruebas de selección, incluyendo ejercicios de grupo y una entrevista personal.

EL GRUPO A aboga por Verónica, que es:

Capaz de tomar decisiones difíciles.

Agresiva a la hora de negociar, pero efectiva consiguiendo resultados.

Se relaciona con sus compañeros fuera del trabajo.

EL GRUPO B aboga por Jorge, que es:

Buen negociador.

Conciliador, considera las opiniones de los demás.

Un poco tímido a la hora de presentar sus propias ideas.

6 En igualdad

La integración laboral

A: Le presento a Dña Yolanda Martín Martín

1 Lea la siguiente biografía.

Yolanda Martín Martín es la Directora de Empleo de la Organización Nacional de Ciegos Españoles (ONCE). Nació con una deficiencia visual, pero gracias a una intervención quirúrgica de niña mantiene cierto grado de visibilidad. Cuando tenía 18 años empezó a estudiar la carrera de Económicas. Para entonces, ya era afiliada de la ONCE, lo cual le permitía el acceso a material de apoyo visual para facilitarle los estudios. Empezó su carrera profesional en Canon España y luego le atrajo un puesto de análisis de proyectos en Fundosa grupo: el área de la organización que se ocupa de todas las empresas de la Fundación ONCE. A los seis meses le ofrecieron el puesto de la dirección de Fundosa Social Consulting, una empresa de la ONCE que facilita el acceso al mundo laboral de las personas con discapacidad. Se le presentó otro cambio, muy poco después, para llevar la dirección de la empresa de servicios de la ONCE en una etapa de desarrollo empresarial importante. Tras pasar por varios puestos dentro de la ONCE y ostentar el control en el Departamento de Recursos Humanos, desde el 2000 lleva la dirección del Departamento de Empleo de la ONCE. Desde los cursos de formación hasta la planificación de enlaces entre empresa y afiliados de la ONCE, pasando por auditorías de centros en todo el país, Yolanda Martín, junto con su equipo, forman el motor que promueve la integración de las personas con discapacidad en el ámbito laboral español.

2 Utilizando los datos de la biografía, conteste a las siguientes preguntas:

- ¿Qué impresión le da Yolanda Martín dada su experiencia laboral?
- ¿Qué rasgos ha necesitado mostrar como persona y como trabajadora para llegar a ser directora del Departamento de Empleo de la ONCE?
- De lo que sabe de sus funciones en su trabajo actual, ¿qué habilidades necesita para hacer bien su trabajo?
- ¿Cómo cree que Yolanda Martín lleva los cambios? ¿Por qué?

3 Siempre hay tareas pendientes. Mañana la Sra. Martín visita una universidad en Navarra para charlar sobre la discapacidad en el ámbito laboral. Quiere presentar información del Instituto Nacional de Estadística de España en una encuesta de 1999 sobre la discapacidad.

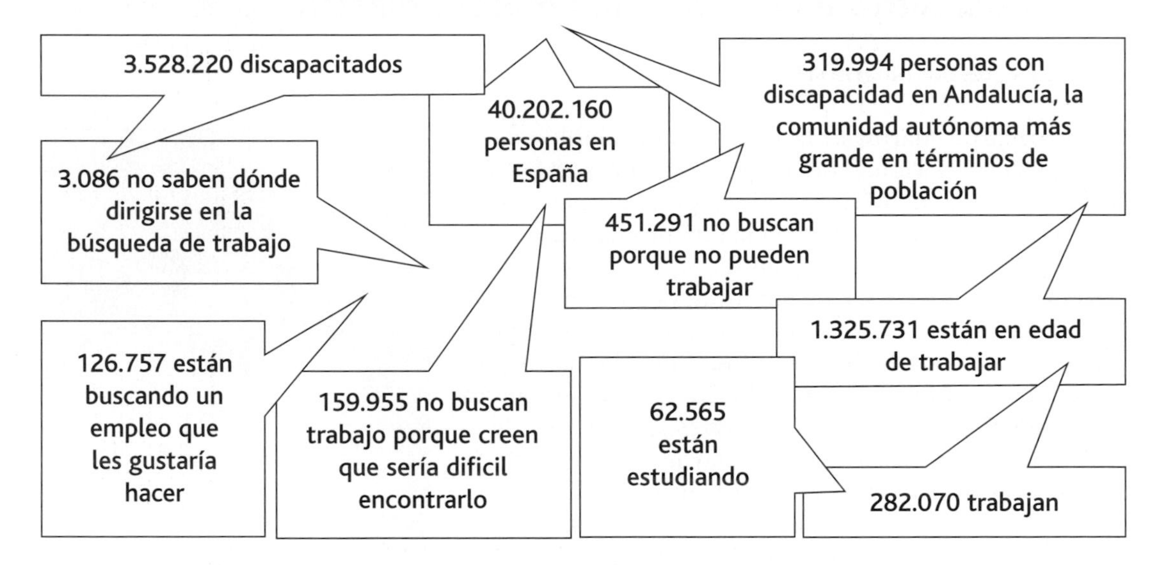

Como ve, la información está muy dispersa. El éxito de la charla de Yolanda depende de usted. Organice la información en un texto que ella pueda presentar a los estudiantes y saque las conclusiones que pueda. No se olvide de que puede utilizar estadísticas en porcentajes, como aprendió en la unidad 2.

B: Escuche, por favor

1 Yolanda Martín está visitando un centro territorial de la ONCE en Castilla-La Mancha. Ella conoce a un afiliado, que ha venido para consultar sobre la bolsa de empleo de la ONCE. Escuche con atención la conversación entre Yolanda, el afiliado, Carlos, y Montse, asesora del centro castellano-manchego.

Yolanda: Entonces, Carlos, cuéntame tu situación. Según tu Plan Individual de Atención o PIA, acabas de terminar la carrera. ¿Qué (1) ....?

Carlos: Estudié (2) .... y terminé con un notable. Ahora me gustaría empezar a buscar trabajo en una (3) .... Es que me interesa más que buscar en el sector público.

Yolanda: Vale, ¿y tienes alguna idea de en qué área te gustaría trabajar?

Carlos: Con los estudios que tengo, creo que un trabajo en un departamento de recursos humanos sería lo mejor y, vamos, lo más interesante para mí.

Yolanda: Recursos humanos . . . muy bien. La (4) .... aquí, en Toledo, Montse puede cotejar tus datos, tu perfil, los estudios que tengas con las demandas que tenemos de empresas privadas, a ver si hay algo que encaje con lo que tú buscas en nuestra (5) ....

Carlos: Vale, me parece bien. ¿Cuánto se puede tardar en hacer eso?

Yolanda: ¿Montse?

Montse: Bueno, Carlos, esta mañana he mirado tu (6) .... y el PIA. He podido estudiar un poco tu perfil. Eres licenciado, como dices, en Derecho Laboral, tienes buenas habilidades (7) .... y tienes experiencia laboral en una gestoría como (8) .... durante el último trimestre de la carrera. Y aquí tengo dos puestos en distintas empresas en Castilla-La Mancha. Ambos pertenecen a los Departamentos de Recursos Humanos, pero en organizaciones bien distintas. Uno es en una fábrica de ladrillos a unos 35 km de Toledo y el otro aquí, en Toledo, en una (9) ....

Yolanda: Pues sí ¡Son bastante diferentes! Pero, Montse, háblanos un poco de las (10) .... de los puestos, que es lo que realmente miramos, Carlos, cuando se intenta presentar un afiliado a una empresa.

Montse: El primero requiere ser licenciado en Derecho Laboral, y luego el puesto consiste en la organización de datos, mantenimiento de la información, reclutamiento y (11) ...., tanto potencial como existente. No hay mucho énfasis en tareas (12) ....; es más, puedes utilizar las habilidades de asesoramiento que pudiste desarrollar durante la carrera. El segundo puesto tiene una serie de tareas parecidas pero hay más peso administrativo ya que es una organización más (13) .... Sin embargo la ONG es (14) ...., por eso tendrías que tener conocimientos del inglés.

Carlos: Estoy aprendiendo. Sería una buena manera de mejorar mi inglés, desde luego. Pero el primer puesto, en una empresa más grande, parece más interesante. Vamos, la posibilidad de aplicar los estudios de la carrera directamente al mundo laboral es (15) .... para mí.

Yolanda: Vale, Carlos. Nos pondremos en contacto con la empresa para ir organizando una entrevista.

2 Conteste a las preguntas basándose en la conversación que acaba de escuchar.

1 ¿Por qué le interesa a Carlos trabajar en un departamento de RRHH?
2 ¿Qué datos hay que cotejar para encontrar trabajo a los afiliados?
3 Destaque tres rasgos del perfil de Carlos.
4 ¿Cuáles son las diferencias entre ambos puestos?
5 ¿Por qué elige la oferta de la fábrica? ¿Habría usted elegido lo mismo?

3 Yolanda quiere que usted se involucre en la búsqueda de trabajo para Carlos. Para hacer este ejercicio trabaje con un/a compañero/a.

- Cree un formulario para el empresario interesado en contratar a un afiliado de la ONCE. No se olvide de los datos imprescindibles para el trabajo, como las habilidades necesarias, ubicación del puesto, etc.
- Rellene el formulario dos veces, la primera desde el punto de vista de la fábrica de ladrillos y la segunda vez desde el de la ONG.
- Trabaje con su compañero/a para inventar un diálogo entre Montse y Carlos a la hora de rellenar el formulario.

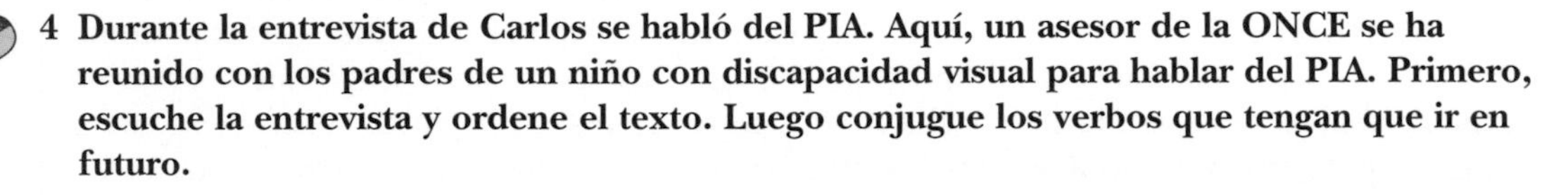

4 Durante la entrevista de Carlos se habló del PIA. Aquí, un asesor de la ONCE se ha reunido con los padres de un niño con discapacidad visual para hablar del PIA. Primero, escuche la entrevista y ordene el texto. Luego conjugue los verbos que tengan que ir en futuro.

A

Para resumir, durante toda la vida (haber) ………… orientación a nivel social, teniendo en cuenta las dificultades a las que (poder) ………… enfrentarse su hijo en la vida cotidiana. (Ser) ………… dificultades físicas pero también emocionales; pero (estar) ………… ahí y le (ayudar) ………… en cada momento.

B

Bienvenidos a los dos. Bueno, hoy nos (concentrar) ………… en lo que va a ser el PIA de su hijo, una vez que se inscriba como afiliado de la ONCE. El PIA es el plan individual de atención, que tiene cada uno de nuestros afiliados. (Ser) ………… importante para el desarrollo laboral, social y educativo del afiliado y (contribuir) ………… a que consiga el grado de independencia que necesita todo ser humano.

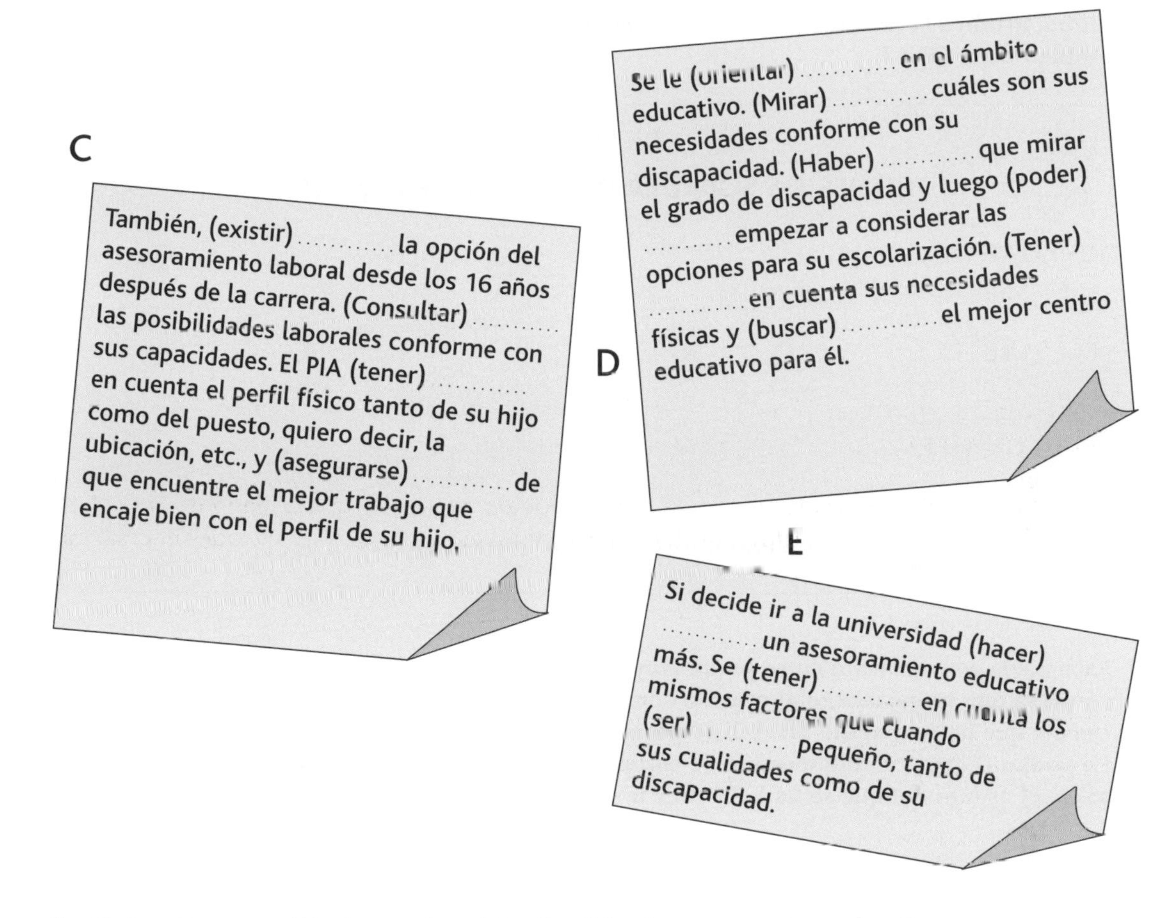

C

También, (existir) .... la opción del asesoramiento laboral desde los 16 años después de la carrera. (Consultar) .... las posibilidades laborales conforme con sus capacidades. El PIA (tener) .... en cuenta el perfil físico tanto de su hijo como del puesto, quiero decir, la ubicación, etc., y (asegurarse) .... de que encuentre el mejor trabajo que encaje bien con el perfil de su hijo.

D

Se le (orientar) .... en el ámbito educativo. (Mirar) .... cuáles son sus necesidades conforme con su discapacidad. (Haber) .... que mirar el grado de discapacidad y luego (poder) .... empezar a considerar las opciones para su escolarización. (Tener) .... en cuenta sus necesidades físicas y (buscar) .... el mejor centro educativo para él.

E

Si decide ir a la universidad (hacer) .... un asesoramiento educativo más. Se (tener) .... en cuenta los mismos factores que cuando (ser) .... pequeño, tanto de sus cualidades como de su discapacidad.

5 **¿Cuánto ha aprendido hasta ahora? La Sra. Martín espera que mucho. Para mostrárselo dígale lo que piensa, trabajando en grupo.**

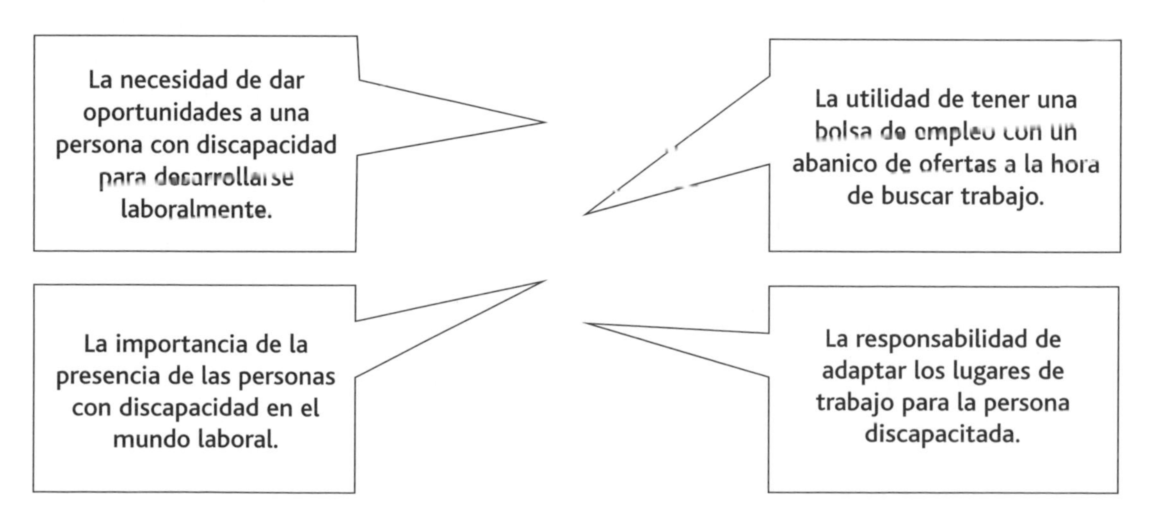

La necesidad de dar oportunidades a una persona con discapacidad para desarrollarse laboralmente.

La utilidad de tener una bolsa de empleo con un abanico de ofertas a la hora de buscar trabajo.

La importancia de la presencia de las personas con discapacidad en el mundo laboral.

La responsabilidad de adaptar los lugares de trabajo para la persona discapacitada.

6 Ahora, ayude a la Sra. Martín y escriba una hoja informativa para el departamento de Empleo de la ONCE.

<table>
<tr><td>

LA ONCE

CONSEJOS SOBRE LA INTEGRACIÓN LABORAL

IMPORTANTE

....

NECESARIO

....

HECHOS ÚTILES

....

Para más información visite www.once.es

</td></tr>
</table>

7 Escuche la conversación entre Jaime Hoyos, director de RRHH de "EspaGas S.L.", empresa que trabaja en colaboración con la ONCE, y un periodista de la revista *Gente que trabaja* que ha preparado una edición especial sobre la discapacidad en el ámbito laboral. Le pedimos que, cuando termine de escuchar la conversación, redacte usted un artículo sobre el asunto del que se ha hablado y le ponga un título.

8 Busque sinónimos para ampliar su vocabulario y así podrá redactar mejor.

1 Accesible A................................
2 Autonomía I ....
3 Conjunto G ....
4 Crecimiento D ....
5 Formación E................................
6 Guiar A................................
7 Localización U ....
8 Obligatorio N ....
9 Profesional L................................
10 Simbólico E................................

ONCE

C: Recuerde que . . .

El futuro imperfecto expresa acciones futuras:

*Ej.: La tecnología **permitirá** superar barreras para las personas con discapacidad.*

El futuro imperfecto también expresa probabilidad y suposición:

*Ej.: Supongo que **será** posible adaptar las nuevas oficinas.*

El condicional simple expresa una acción futura con sentido de consejo, cortesía, sugerencias:

*Ej.: ¿**Sería** tan amable de explicármelo otra vez?*

El futuro perfecto expresa una acción futura que ya ha terminado en el futuro:

*Ej.: Cuando se incorpore a la nueva plantilla, ya **habré terminado** de revisar su contrato.*

El futuro perfecto también expresa probabilidad de una acción terminada:

*Ej.: Este listado tan complicado lo **habrá realizado** alguno de los nuevos gerentes.*

El condicional compuesto expresa una acción futura y acabada con respecto a acciones pasadas:

*Ej.: Si hubiera sabido lo que pasaría, **habría cerrado** la empresa hace tiempo.*

Algunos verbos irregulares

	Futuro	Condicional		Futuro	Condicional
Decir	Diré	Diría	**Saber**	Sabré	Sabría
Hacer	Haré	Haría	**Salir**	Saldré	Saldría
Poder	Podré	Podría	**Tener**	Tendré	Tendría
Poner	Pondré	Pondría	**Venir**	Vendré	Vendría

1 La Sra. Martín está preparando un documento de derechos para los españoles con discapacidad. Para eso ha consultado un texto en preparación de la ONU y quiere adaptarlo al suyo. Le pedimos que la ayude y cambie el texto a la forma del futuro y del condicional y vea las diferencias.

El año que viene esperamos que el Comité de Naciones Unidas apruebe un tratado para los derechos de los discapacitados. El objetivo es hacer constar que las personas que tienen algún tipo de invalidez pueden tener los mismos derechos y no ser discriminados. Ahora bien, los países deben aplicar la ley y algunos tienen que modificar su legislación. Para hacer esto, hay un mecanismo que examina su contenido. Entre algunas de las propuestas que trata este acuerdo, destacan el tema de la movilidad y el de la educación. En el primero, se adaptan medidas para tener más independencia; se facilita ayuda de alta calidad a costo asequible y se crean dispositivos y formas de asistencia personalizadas. En lo que respecta a la educación, se debe asegurar un sistema que incluye a personas de todos los niveles. Se deja claro que los niños con discapacidad pueden tener acceso a la enseñanza primaria y secundaria, y para realizar este objetivo, se emplean profesionales especializados.

2 Los trece verbos que le damos a continuación tienen la misma raíz irregular tanto en el futuro como en el condicional. Busque en el recuadro cuáles son.

caber
hacer
querer
satisfacer
decir
poder
saber
tener
haber
poner
salir
valer
venir

S	S	R	B	A	H	I	D
S	A	B	R	P	L	A	I
C	L	T	N	R	P	B	R
A	D	E	I	O	D	Q	I
B	R	N	N	S	U	O	B
R	M	D	L	E	F	A	P
P	R	R	R	D	L	A	V
M	S	R	V	E	N	D	R

3 Se ha reunido un grupo de voluntarios que trabajan con personas con discapacidad para poner en común sus experiencias y darse consejos. Imagínese que es usted uno de ellos. Le van a poner una serie de situaciones para que las resuelva. Utilice la forma del condicional y todos los verbos que pueda del ejercicio anterior.

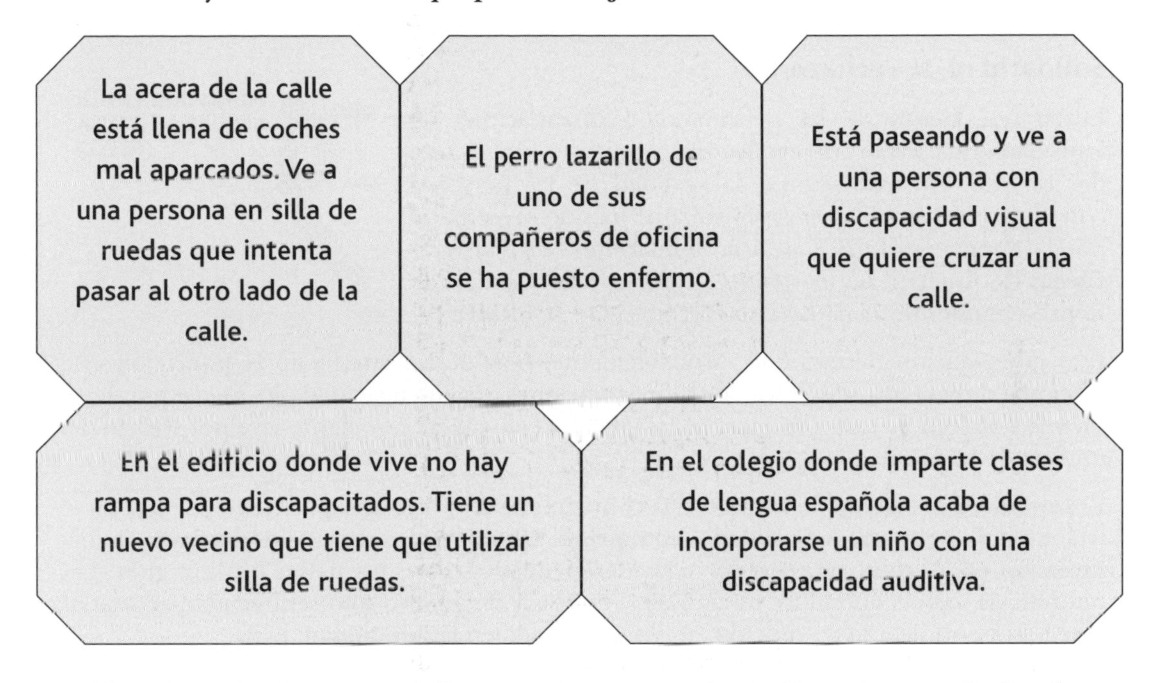

4 Utilizar frases hechas es muy útil ya que pueden resumir una idea más general. ¿Puede enlazar cada locución con su significado?

1 A duras penas
2 De un plumazo
3 En cuerpo y alma
4 Por descontado
5 De par en par
6 De mala fe

A Poner un interés total en hacer algo.
B Lo mismo que "por supuesto".
C Abiertamente.
D Hacer algo con dificultad.
E Terminar con algo de una vez.
F Actuar con malicia.

A continuación, utilizando las locuciones del ejercicio que acaba de hacer, cuéntenos, como voluntario/a de la ONCE, un día normal de su trabajo.

D: Para saber más

1 Lea el siguiente artículo.

Solidaridad, sí; rechazo, no

Fundación ONCE
AMÉRICA LATINA
(FOAL)

El 70 por ciento de las personas con **discapacidad** en Latinoamérica están **desempleadas**, según se desprende del estudio 'Aproximación a la **realidad** de las personas con discapacidad en Latinoamérica', que ha sido presentado por la Fundación ONCE para la **Solidaridad** con Personas **Ciegas** de América Latina (FOAL), y el Comité Español de Representantes de Personas con Discapacidad (CERMI).

Esta investigación destaca que, probablemente, más de un cuarto de la población está afectada directa o indirectamente por situaciones de discapacidad, lo que equivale al menos a 50 millones de personas, de las cuales, cerca del 82 por ciento vive por debajo del umbral de la **pobreza**.

El **verdadero** problema de las personas latinoamericanas con discapacidad se centra en el triángulo de pobreza, **desigualdad** y **corrupción**. En este punto, se considera **necesaria** una inversión social destinada a reducir las desigualdades entre los países de la región. Las diferencias socioeconómicas, territoriales, étnicas y de género sólo será posible acortarlas si se logra erradicar la corrupción, ahora, amparada en la **impunidad**.

Una forma de concretar las propuestas planteadas es la creación de un Observatorio Iberoamericano de la Discapacidad, formado por personas con discapacidad o familiares suyos, de reconocida trayectoria en la región, de probada **responsabilidad**, compromiso y **honestidad**; sin vinculación con partidos **políticos**, para evitar el oportunismo e intereses particulares.

Ahora le pedimos que haga lo siguiente:

- Elija otro título para este texto.
- Busque antónimos de las palabras que están en negrita.
- Escriba lo que significan las siguientes siglas:

ONCE ....

FOAL ....

ONU ....

CERMI ....

PIA ....

2 Rellene los huecos con las palabras del cuadro.

objetivo	países	mano	visitantes	ciegas	novedades
tecnologías	ONCE I+D	empresas	Aplicación	Centro	lugar

Las nuevas (1) .... adaptadas para las personas (2) ...., son el (3) .... de la nueva edición de los Premios (4) .... que tendrán (5) .... en Madrid y estará organizado por el (6) .... de Investigación, Desarrollo y (7) .... Tiflotécnica de la ONCE. Miles de (8) ...., conocerán de primera (9) .... las últimas (10) .... gracias a 28 (11) .... de diferentes (12) ....

3 La Sra. Martín tiene que analizar tablas como la que le presentamos muy a menudo. Los datos en la tabla pertenecen a dos secciones diferentes: ACCESIBILIDAD y EMPLEO Y FORMACIÓN. Clasifique cada elemento de la tabla en su correspondiente sección.

NÚMERO DE RAMPAS
BENEFICIARIOS DE CURSOS DE FORMACIÓN
NÚMERO DE VADOS PEATONALES RESUELTOS
EMPLEO PARA DISCAPACITADOS
EUROTAXIS IMPLANTADOS EN LA GEOGRAFÍA ESPAÑOLA
ADAPTACIÓN DE ASEOS Y CABINAS
TOTAL TRABAJADORES EN FILIALES Y PARTICIPADAS
NÚMERO DE OBRAS EN EDIFICIOS PÚBLICOS
CURSOS DE FORMACIÓN REALIZADOS
EMPLEO TOTAL CREADO
ASCENSORES, PLATAFORMAS Y ELEVADORES INSTALADOS
TRABAJADORES DE EMPRESAS FILIALES DEL GRUPO FUNDOSA
SEMÁFOROS ACÚSTICOS Y MANDOS
DISCAPACITADOS DEMANDANTES DE EMPLEO EN BASE DE DATOS

ACCESIBILIDAD	EMPLEO Y FORMACIÓN

4 **Después de haber colocado los datos en su lugar correcto, explique con sus propias palabras lo que significan los siguientes términos.**

Cursos de formación
Plazas ocupacionales
Porcentaje de trabajadores con discapacidad
Semáforos acústicos
Convenios marco

E: Así se hace

1 **La Sra. Martín saca muchos de los datos para hacer informes de cuestionarios que requieren ser precisos con el objetivo que se busca, pero generales dado el diferente tipo de persona que es entrevistada. El Ministerio de Trabajo y Asuntos Sociales le ha pedido información a la Sra. Martín para hacer un baremo de medición. El objetivo es medir el nivel de aceptación de los ciudadanos con respecto al acceso de personal discapacitado a puestos de trabajo. Rellene el cuestionario usted.**

CUESTIONARIO: Acceso de los discapacitados al mundo laboral

Nombre del entrevistador/a: .... Fecha: .... Hora: ....
Nombre del entrevistado/a: .... Edad: .... Población: ....

Preguntas generales

1 Sexo: .... 2 Estado civil: .... 3 Hijos: .... 4 Profesión ....

Preguntas específicas

5 ¿Considera que las nuevas tecnologías están al alcance de las personas discapacitadas?
- ❑ Sí, sin duda.
- ❑ Se podrían mejorar.
- ❑ No, en absoluto.

6 ¿Cree que ascender en el trabajo es más difícil para una persona discapacitada?
- ❑ Sí, sin duda.
- ❑ No necesariamente.
- ❑ No, en absoluto.

7 ¿Aceptaría tener un/a jefe/a con una discapacidad?
- ❑ Sí, sin duda.
- ❑ No me importaría.
- ❑ No, en absoluto.

8 ¿Están los lugares de trabajo preparados para las personas que tienen discapacidad?
- ❑ Sí, sí lo están
- ❑ Se podrían mejorar
- ❑ No, no lo están

9 ¿Opina que el gobierno debería incrementar las subvenciones a las empresas que contraten personal con discapacidad?
- ❑ Sí, por supuesto
- ❑ Algo más
- ❑ Nada

Preguntas abiertas

10 ¿Es su país menos o más tolerante con el tema de la integración de los discapacitados al mundo laboral?

11 ¿Quién tiene la responsabilidad de concienciar a las personas que no tienen discapacidad?

12 ¿Cuál es la responsabilidad legal de una empresa al aceptar a un trabajador con discapacidad?

2 Cuando haya terminado el cuestionario, haga uno usted sobre la adaptación de los estudiantes con discapacidad al mundo universitario. Utilice como guía el modelo anterior.

F: ¿Sabe navegar?

Enlaces de interés

http://www.once.es
http://www.discapnet.es
http://www.lacaixa.es
http://www.foal.once.org
http://www.consumer.es

Igualdad en el ciberespacio

Internet nos afecta en muchos ámbitos. En el laboral, muchos lo usamos a diario para hacer mejor nuestro trabajo y en lo personal es un espacio donde uno puede expresarse con libertad. Sin embargo, el acceso a Internet es un asunto más complicado para los usuarios con discapacidad debido a de una falta de adaptabilidad por parte de las páginas web y los ordenadores. Los programas informáticos tienen que ser sencillos y limpios, al igual que las páginas para facilitar el uso a la gente con discapacidad. Sólo de esta manera el ciberespacio puede ser una zona completamente igualitaria.

Para las personas con discapacidad, la web puede ser una herramienta igual de efectiva para ayudar tanto en el trabajo como en la vida personal y se puede entender como un espacio que borra los prejuicios que muchos sufren durante su vida. Sin embargo, para aprovechar la red al máximo se tienen que hacer ciertas adaptaciones a la hora de navegar. Existen varias maneras para que una persona con discapacidad pueda acceder a Internet:

- Si es una persona con discapacidad motriz, hay herramientas que reemplazan el ratón y el teclado para que el usuario pueda navegar con más facilidad, como puede ser un programa reconocedor de voz.
- Si el usuario es sordo puede navegar con mayor facilidad. Sin embargo, las páginas con un contenido de audio importante deben llevar subtítulos.
- El usuario con discapacidad visual leve puede cambiar el tamaño del texto de la página utilizando las herramientas de su programa de acceso.
- El usuario con discapacidad visual completa puede utilizar un sintetizador de voz, que convierte todo contenido escrito en hablado, o un convertidor de Braille, que proporciona el texto en lenguaje comprensible para el usuario.

Por mucho que se adapte el usuario, se puede encontrar con dificultades a la hora de navegar: una página con mucho texto, un ordenador público no adaptado, o un sitio web que no está preparado para el usuario discapacitado. *El observatorio de Infoaccesibilidad* de Disc@pnet vigila y estudia páginas en Internet para medir su compromiso con la habilidad de los usuarios discapacitados.

Actividades

1 Visite la página de La Caixa. Esta página ha sido adaptada para usuarios con discapacidades. Pulse "accesibilidad" y luego en "consejos prácticos". ¿Cuántas opciones proporcionan los consejos prácticos? Luego visite www.consumer.es, la web de consumidores del grupo Eroski. Pulse cualquier artículo y tendrá la opción de acceder a una versión más accesible. Describa la adaptación de la página. ¿Le parece útil respecto a lo que le dice el artículo anterior? ¿Qué otras páginas proporcionan las adaptaciones mencionadas arriba? Haga una lista y compártala con el resto de la clase.

2 Visite www.discapnet.es y busque el apartado "Observatorio de Infoaccesibilidad". Busque una síntesis en este apartado sobre las páginas de la banca en España y hable de la entidad financiera que mejores resultados ha tenido. Visite su página y lea sobre las opciones de accesibilidad de la página. Escriba un documento corto sobre esta entidad y su compromiso con los usuarios discapacitados.

3 ¿Cómo se llega a ser afiliado de la ONCE? Busque la información y cuénteselo en un email a un/a amigo/a con discapacidad visual en Argentina. ¿Qué es FOAL y en qué campos actúa? Busque información sobre esta fundación y escriba otro correo electrónico a su amigo/a argentino/a, contándole cómo se puede beneficiar del trabajo de la FOAL.

4 Con sus conocimientos de búsqueda ya aprendidos, busque información sobre la historia de la ONCE y cree una historia en dibujos sobre la organización. Delante de sus compañeros, presente la historia utilizando los dibujos como guía.

5 Busque información sobre la integración de la gente con discapacidad en el ámbito laboral. Con un compañero, cree una presentación electrónica sobre cómo una persona con discapacidad puede integrarse en su empresa o institución educativa, en lo práctico y en lo social. También apunte qué cambios tendrían que tener lugar en su empresa o universidad para que una persona con discapacidad pueda integrarse completamente. Si es usted una persona con discapacidad, hable de sus propias experiencias a la hora de integrarse en la empresa. ¿Cuáles han sido sus experiencias? ¿Cómo mejoraría la situación?

6 Visite la Biblioteca del Congreso Nacional de Chile. Allí encontrará una presentación sobre "El primer estudio sobre la discapacidad en Chile". Sacando conclusiones de la presentación, escriba un artículo sobre la discapacidad en Chile. No se olvide de tener en cuenta los factores socioeconómicos, la educación, el género, la integración en el mundo laboral, etc.

7 En camino

El empleo

A: Le presento a D. Cameron McCool

1 Lea la siguiente biografía con atención.

Cameron McCool es australiano y tiene 23 años. Llegó a España en 2006 y trabaja en una agencia de prensa en el centro de Valencia. Periodista de formación, Cameron emprendió el largo viaje hacia España para mejorar su castellano, que ya había estudiado durante un tiempo en Australia. Aunque se había planteado ir a Latinoamérica, decidió ir a Europa por dos razones. Primero, Cameron, como muchos australianos, tiene pasaporte británico, y como el Reino Unido forma parte de la Unión Europea, junto con otros 26 países, Cameron tenía la oportunidad de trabajar en España sin tener que conseguir permiso de trabajo. La segunda razón refleja el carácter previsor del Sr. McCool porque pensó que si tenía problemas para encontrar trabajo en España podría fácilmente marcharse a Gran Bretaña. La búsqueda de empleo en Valencia no fue fácil. Había leído que iba a ser difícil encontrar trabajo en este país y sus amigos le confirmaron que la mayoría de los extranjeros angloparlantes en Valencia suelen ejercer de profesores de inglés. Al final, encontró a través de Internet una oferta en su campo, la comunicación, y consiguió el puesto después de una entrevista bilingüe. Paulatinamente, se está acostumbrando a la cultura laboral española, descubriendo nuevas costumbres, aprendiendo nuevas técnicas y mejorando su vocabulario todos los días.

2 Hay casi 18.000 kilómetros (11.000 millas) de Sydney a Valencia. Escriba un pequeño relato de los pasos que ha seguido Cameron para llegar de Sydney a Valencia y a su actual puesto. Para hacer el ejercicio utilice los siguientes conectores.

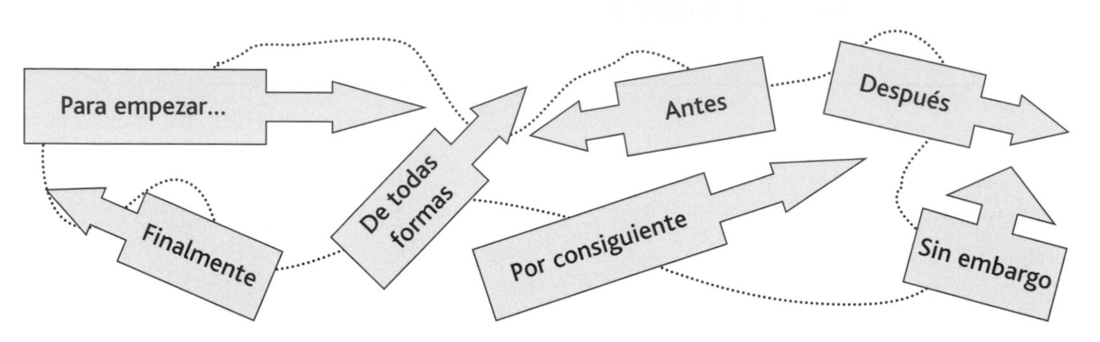

3 Los ciudadanos de la Unión Europea pueden vivir y trabajar en cualquiera de los 27 países miembros. Por eso sabía Cameron que podía ir a España con pasaporte británico. Hay 12 países que han llegado a ser miembros de la UE desde 2004. Cameron necesita una lista para ver si puede trabajar en ellos también. Búsquelos en la sopa de letras de abajo.

A	A	A	C	H	I	P	R	E	S	E
D	R	E	P	Ú	B	L	I	C	A	S
R	C	H	E	C	A	S	H	L	O	T
U	A	L	E	S	H	U	B	A	J	O
M	A	L	T	A	U	N	A	P	A	N
A	L	E	T	A	N	G	T	S	L	I
N	E	T	R	A	G	R	O	R	O	A
Í	B	O	A	R	R	I	G	M	L	O
A	U	N	C	A	Í	A	Ñ	U	C	A
E	L	I	T	U	A	N	I	A	S	A
T	G	A	I	N	E	V	O	L	S	E
B	A	I	U	Q	A	V	O	L	S	E
E	R	H	E	N	D	S	J	O	T	E
L	I	D	E	E	L	O	O	T	C	A
L	A	I	N	O	L	O	P	I	O	N

4 Cameron, como tiene que renovar su pasaporte australiano, decide ir a Madrid a hacer todo el papeleo en su embajada. Una vez en la capital, decide viajar en metro. Actualmente se encuentra en la estación de Atocha y tiene que ir a la parada de Núñez de Balboa. Mire el mapa del metro de Madrid en www.metromadrid.es y escriba una serie de órdenes que pueda seguir Cameron para llegar a su destino.

5 Cameron quiere convencer a otro amigo de Australia que vaya a España a trabajar. Está claro que hay ciertas experiencias y habilidades que ayudan a la hora de trabajar en un país extranjero. Escriba tres listas:

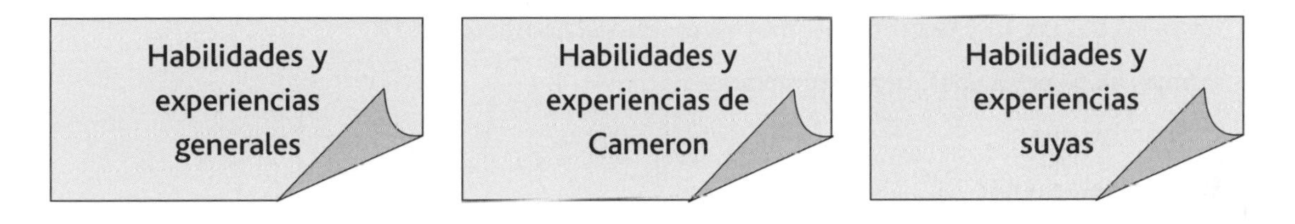

A partir de esta lista, escriba una carta al amigo de Cameron, diciéndole lo que debe considerar antes de emprender su viaje.

B: Escuche, por favor

1 Cameron ha llamado a su amigo Enrique, que también es extranjero. Enrique, de origen peruano, llegó a España en el 2000 y ahora trabaja como investigador en la universidad en Valencia. Escuche la conversación y rellene los huecos.

Cameron: ¿Qué tal Enrique, cómo te va?

Enrique: ¿Cameron? ¡Qué sorpresa! ¿Cómo te va todo?¿Qué tal la (1) .... de trabajo?

C: Muy bien. Estuve buscando durante bastante tiempo, ya sabes.

E: ¿Utilizaste (2) .... ?

C: Sí, y fue en uno donde justo encontré el trabajo que tengo (3) ....

E: O sea que ¿ya estás trabajando?

C: Sí. Empecé hace (4) .... Es un puesto en una (5) .... de prensa.

E: Y, ¿qué tal te va? ¿Cómo llevas la vida (6) .... española?

C: En la oficina muy bien, y además estoy aprendiendo mucho sobre cómo se trabaja en este país.

E: ¿Qué es lo que más te llama la atención?

C: Bueno, el (7) ...., ¿cómo no? En Australia trabajamos el típico horario de (8) ...., ya sabes. Sin embargo, donde estoy ahora trabajamos, más o menos, desde las (9) ...., con dos horas para comer. ¡Menuda diferencia!

E: Sí, a mí no (10) .... tanto cuando llegué aquí. En Perú se trabaja un horario parecido, de 9 a 14 y de 15.30 a 19.30.

C: Termino el día (11) ...., no sé tú, y aunque en Valencia las tiendas no cierran hasta las 9 o las 10 y la gente sale muy tarde, me está costando (12) ....

E: Vaya, no te preocupes, te acostumbrarás.

C: Supongo que sí.

E: ¿Y con el idioma?

C: Estoy bien. Entiendo (13) .... y muchas veces se habla en inglés, pero en las reuniones no es tanto el idioma lo que me sorprende, sino que para contribuir tienes que (14) ...., ¡para llamar la atención!

E: Bueno, ¡así sé que (15) .... el castellano!

C: Es verdad. Estoy aprendiendo (16) ...., Enrique. Y mira, puede que en Australia no sea así, pero aquí noto la informalidad que hay en los (17) .... en general y tiene sus (18) ...., porque no me cuesta estar en la oficina.

E: Es verdad. En general, las cosas son bastante informales también en mi trabajo. Y ésa es una de las cosas que (19) .... de trabajar aquí.

2 Conteste a las preguntas basándose en la conversación que acaba de escuchar.

¿Cómo encontró Cameron su trabajo actual?

¿Qué horario tiene Cameron? ¿Cómo se diferencia del horario laboral normal en Australia? ¿Y el de Chile?

¿Qué dinámica tienen las reuniones?

¿Qué es lo que más le gusta a Cameron del ambiente laboral español?

Por lo que nos cuentan Cameron y Enrique, ¿podría usted adaptarse al ambiente laboral español?

3 **Escuche a Sara Gómez, escritora argentina de guías que tratan sobre los traslados a distintos países por temas de trabajo, que se ha reunido con John, un británico, y Hilary, una estadounidense, para hablar de los visados de trabajo. Según lo que han contado John y Hilary, escriba dos párrafos para el libro de Sara, para informar a los que se quieren ir a Argentina para trabajar o en viaje de negocios sobre cómo deben organizarse. Luego escriba una carta con el membrete de su empresa al cónsul argentino en su país, pidiendo un visado de negocios para una visita de una semana a Buenos Aires.**

4 **Siendo extranjero, a Cameron le interesan las noticias sobre la inmigración en España. Ayúdele a entender este artículo bien, conjugando los verbos.**

Papeles, por favor

En 2006 (haber) .... reformas en la Ley de Extranjería de España. Desde 1996 (llegar) .... más de 3 millones de extranjeros a España y (contribuir) .... significativamente al crecimiento del producto interior bruto, o el PIB, en un 2,6%. Actualmente, en la Comunidad Valenciana (haber) .... unos 600.000 extranjeros. El grupo mayoritario proviene de Rumanía, y en Valencia capital, (ser) .... mayoría los ecuatorianos. Las reformas a la ley (propiciar) .... una amnistía a los inmigrantes sin sus documentos, llamados papeles, en regla. Este período de amnistía (durar) .... 3 meses y más de 700.000 extranjeros (arreglar) .... su situación y (considerarse) .... trabajadores legales en España. Durante ese período de 3 meses, un inmigrante sin documentación en regla (tener) .... que (presentar) .... un contrato de trabajo que (durar) ...., por lo menos, seis meses, y una prueba de que (vivir) ...., al menos, los seis meses anteriores en el país.

Los inmigrantes (ser) .... ya un grupo social que (jugar) .... un papel en la vida española. La oferta de trabajo (seguir) .... limitada, pero hay inmigrantes que (llevar) .... más de diez años en España, que (ser) .... dueños de sus propios pisos y que (tener) .... hijos que (nacer) .... en España.

5 **La ley de Extranjería ha sido un tema muy polémico desde que salió a la luz. Discuta con sus compañeros/as, oralmente, sobre las siguientes propuestas.**

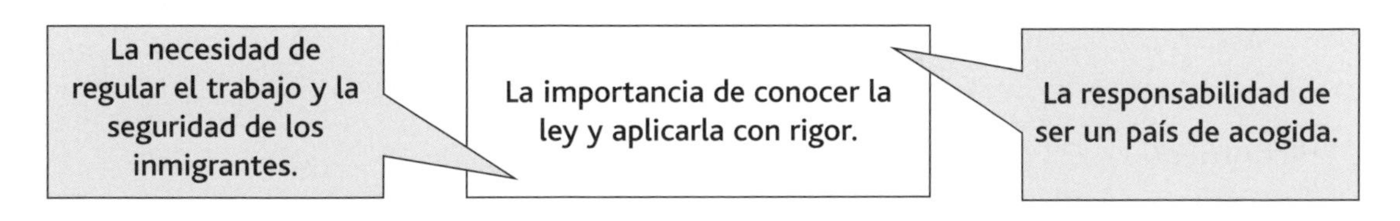

C: Recuerde que . . .

Formación de palabras: los prefijos

Prefijo	Significado
A-, ante-, anti-	Privación / Precedencia / Oposición
Contra-, con-	Oposición / Participación
Crono-	Tiempo
Des-	Negación
Extra-	Intensificación
In-, infra-	Inclusión / Inferioridad
Re-	Otra vez
Super-, supra-	Por encima de algo, superioridad
Ultra-	Intensificación
Vice-	Cargos de segunda categoría

1 Añada los prefijos correspondientes a cada una de las palabras.

1 Valorado ....
2 Ordinario ....
3 Tesis ....
4 Lógico ....
5 Moderno ....
6 Contento ....
7 Corriente ....
8 Hombre ....
9 Presidente ....
10 Llenar ....

2 Ordene las frases. Luego, explique las palabras con prefijo del ejercicio.

forma / historial / hay / de / presentarlo / El / académico / cronológica. / que	dos / porque / empresas. / Enrique / un / cree / se / dirige / superhombre	inferiores sienten trabajos. / las / veces, / Muchas / sus / mujeres / en / se	impresos / colocación / hay /datos / En / agencias / rellenar / las / de / con / actualizados. / los/que	vacaciones. / pagas / dice / anuncio / extras / hay / que / dos / un / y / de / mes / El /

Pronombres personales

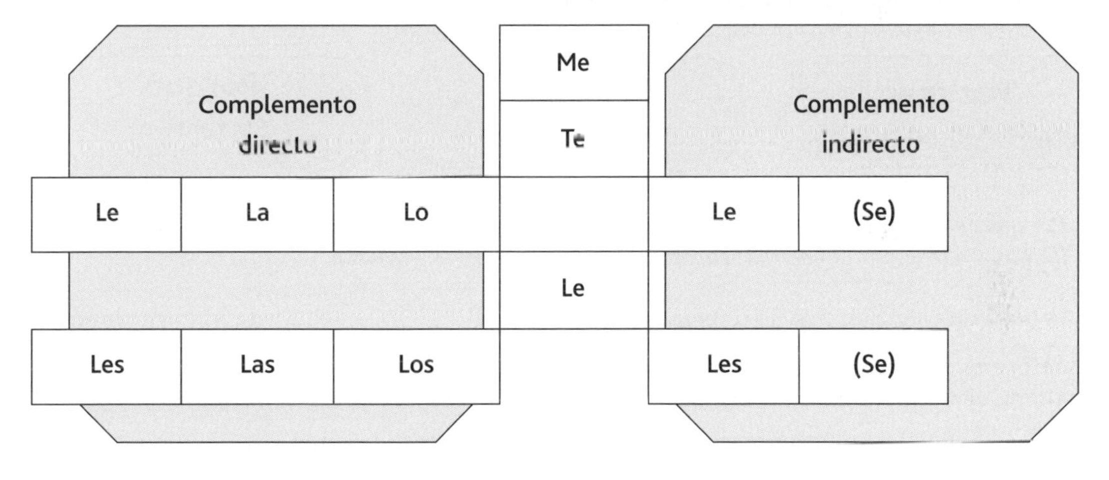

REGLA 1: Los pronombres se escriben delante de un verbo conjugado y detrás si está en infinitivo, gerundio e imperativo afirmativo.

*Ej: **Le** han prometido un trabajo fijo para finales de abril.*

*Si no **me** pagan más no quiero ni discuti**rlo**.*

*Siempre está rogándo**le** que le suba de categoría.*

*¡Píde**me** lo que quieras!*

REGLA 2: Si hay dos pronombres juntos, el indirecto va primero.

*Ej: Ahora no puedo. **Te lo** contaré mañana.*

REGLA 3: Si hay dos pronombres de tercera persona (los dos empezando con 'l') el primero se cambia a 'se'.

*Ej: **Le** di el libro – **Le** (a él) **lo** (el libro) di. – **Se lo** di.*

3 Cameron ha encontrado un anuncio de trabajo que le interesa, pero está mal escrito y no lo entiende bien. Ayúdele a corregirlo. Sobre todo fíjese en la posición y forma de los pronombres.

> **BIOTEX S.A.**
>
> Queremos que una se a nosotros para ser líderes en el sector. Interesa nos una persona que le guste dirigir y tenga dotes de mando. Tiene que se sentir parte de la empresa. Ofrecemos le un sueldo de acuerdo a su categoría, le prometiendo, además, incentivos salariales. Los interesados deben nos enviar los currículum por correo electrónico. Se no preocupe si no recibe noticias inmediatamente. Tendremos le informado en cada momento. No le se olvide poner un número de contacto.
>
> **¡Lo no piense se dos veces y se ponga en contacto con nosotros!**

4 A continuación, hay que insertar la forma adecuada en cada una de las frases.

Ej: ¿Por qué en la mayoría de los casos no se reconoce al candidato ideal para un puesto? Porque no se dan los pasos adecuados al hacer la selección; y ése es el porqué del problema.

1 A la hora de elegir un trabajo debemos plantearnos el .... de nuestra elección.

2 Siempre es recomendable hacer más de una entrevista de trabajo .... de esa manera, se adquiere más experiencia.

3 ¿........................ son las pruebas de aptitud problemáticas para los candidatos?

4 Cameron se pregunta .... hay empresarios reacios a contratar a mujeres.

5 La selección de personal es una tarea difícil .... hay que tener en cuenta muchos factores.

D: Para saber más

1 Lea el siguiente artículo.

Rompiendo barreras

Los últimos datos de las empresas que se dedican a la selección de personal, apuntan que el 30% de las búsquedas se han llevado a cabo en al menos cuatro países de forma simultánea. La información es importante si se compara con datos anteriores cuando esta búsqueda internacional de personal cualificado se limitaba sólo a un 5% del total ya que el 95% se llevaba a cabo exclusivamente en el país donde se solicitaba el puesto.

Cada vez más, las empresas buscan candidatos preparados sin importarles su lugar de procedencia. Por eso prefieren ampliar el mercado potencial de aspirantes buscando en varios países a la vez. Los sectores donde más se ha internacionalizado esta búsqueda son los de telecomunicaciones, tecnologías de información, bancos de inversión, inmobiliarias y de automovilismo.

Es importante destacar que, en el caso español, los profesionales y directivos siguen siendo los más reticentes de Europa a la hora de dejar su país para trabajar en otro. Debido a esto, en las escuelas de negocios el material docente es más internacional, ya que el conocimiento de modelos de trabajo de diferentes países son cada vez más necesarios en las empresas.

Otra de las características de esta globalización creciente en las compañías es la búsqueda de candidatos que dominen varios idiomas. Estos candidatos añaden valor a cualquier empresa en proceso de expansión internacional y también se les proporciona la posibilidad de que se integren en una filial o dirijan algún departamento de la propia empresa en el extranjero.

2 Ahora ponga un subtítulo al texto y cambie todas las palabras del texto que pueda con los vocablos que le damos a continuación.

ejecutivos • evasivos • material docente • pluralidad • lenguas • sucursal • aspirante • punto de origen • paralela • cifras • cargo • naciones • internalización • cosmopolita

3 Cree un anuncio de trabajo para un Director de Marketing, teniendo en cuenta los cuatro conceptos que se muestran a continuación:

Búsqueda internacional de personal cualificado	Dar importancia a las diferentes maneras de trabajar en los distintos países	La expansión internacional como tarea pendiente para la empresa	Candidatos que dominen varios idiomas

4 Para terminar, resuma el texto y expóngalo oralmente. ¿Está usted de acuerdo con lo que se expone en el texto?

5 Buscar trabajo es tan duro como encontrarlo, por eso a Cameron le han aconsejado que busque ofertas de trabajo en varios sitios a la vez. Usted le va a ayudar a emparejar la definición con el enunciado.

BOCA A BOCA	INTERNET	BOLSAS DE TRABAJO
AGENCIAS DE COLOCACIÓN	ANUNCIOS DE PERIÓDICOS	

1 .... Las ofertas de empleo que se pueden encontrar en las universidades, centros de enseñanza y cámaras de comercio. Normalmente están destinadas a personas que han estudiado en estos centros. No hay que pagar para obtener esta información.

2 .... Éste es un medio muy rápido. Se puede acceder a la mayoría de las empresas, tanto nacionales como extranjeras y es la forma más inmediata de conocer los requisitos que se piden y saber si es usted el candidato para el puesto. Normalmente no hay que pagar por el servicio.

3 .... Se suele encontrar la información preguntando en tiendas o locales comerciales. Son ofertas de trabajo destinadas a todo el mundo, pero especialmente son puestos que no requieren especialización. Se suele correr la voz entre amigos.

4 .... *Segunda mano, Mercado de trabajo* (Madrid), *Primeramá* (Barcelona), *Don Trabajo* (Andalucía)... son medios especializados en los que se pueden encontrar ofertas de trabajo de todo tipo. *El País, El Mundo, La Vanguardia*, etc., tienen una sección dedicada a puestos técnicos donde se suele exigir una licenciatura.

5 .... Se puede recurrir a empresas privadas autorizadas por el INEM (Instituto Nacional de Empleo). Aquí se pueden encontrar ofertas de empleo, principalmente, para instituciones públicas, administraciones autonómicas y locales. Hay que pagar una cantidad por los gastos de gestión que se formalizarán rellenando un impreso.

- Explique cómo ha llegado a estas conclusiones.
- Ponga por orden de preferencia los lugares en donde le gustaría buscar trabajo y explique por qué.
- ¿Podría explicar con sus propias palabras qué es el INEM? ¿Cómo se llama la institución que se dedica a lo mismo en su país?

6 ¿Sabía usted que existen tres tipos de entrevistas para acceder a un puesto de trabajo? A continuación, le damos los tres tipos y le pedimos que, con sus propias palabras, las defina.

Entrevista de contacto
Entrevista de selección
Entrevista de contratación

7 Ahora vamos a cambiar los papeles y usted será el/la entrevistador/a. Utilizando las preguntas que puede ver a continuación, colóquelas en el tipo de entrevista que correspondan. Utilice los datos del ejercicio anterior.

‘¿Ha realizado prácticas en alguna empresa?’
‘¿Suele pedir consejo?’
‘¿Le gusta trabajar en equipo?’
‘¿Cómo se enteró de este trabajo?’
‘¿Se considera una persona inteligente?’
¿Qué le parece el horario?’
‘¿Dónde se ve dentro de cinco años?’
‘¿Qué pasó con su trabajo anterior?’
¿Le gusta tener razón?’
‘¿Cómo describiría su puesto ideal?’
‘¿Cuándo puede empezar?’
‘¿Cuánto le gustaría ganar?’

Por parejas, y siguiendo el modelo, hagan entrevistas de trabajo.

8 Cameron está pensando en cómo vestirse para la entrevista que tiene mañana por la mañana. Rellene los huecos con el vocabulario que le damos.

entrevistadores
tradicional
última bandera anticuada
entrevista externos hora
conocimientos desenfadado solapa
maquillaje impecable imagen
atención trabajo chaqueta
impresión prendas

Vista bien y acertará

No es necesario ir a la (1) .... moda para dar una imagen (2) .... y profesional a la (3) .... de presentarse a una entrevista de trabajo; y como todo el mundo sabe, la primera (4) .... es una de las más importantes. Puede parecer una idea (5) .... , pero el traje gris o azul marino para los hombres y el traje de (6) .... discreto para las mujeres siguen siendo las (7) .... preferidas para estos casos. La corbata debe ser clásica sin ser (8) .... Una corbata que a usted le puede parecer divertida y dar un toque (9) .... , distraerá la atención de la (10) .... Tanto la colonia como el (11) .... no deben ser excesivos. No hay que intentar llamar demasiado la (12) .... Evite objetos (13) .... que muestren unas preferencias determinadas. Aunque crea que esa pequeña (14) .... o el símbolo de su club de fútbol preferido que lleva en su (15) .... es un mero adorno, puede predisponer la opinión de los (16) .... No olvide que si da una (17) .... de profesionalidad, unido, por supuesto, a sus (18) .... , tendrá ganado parte del difícil camino que es superar una entrevista de (19) ....

E: Así se hace

1 Cameron está buscando empleo y uno de los medios que utiliza es el periódico. Estos son tres ejemplos de ofertas de trabajo que vamos a analizar. Después de que las haya leído, conteste a las preguntas.

SEGUROTEC

Grupo internacional de seguridad privada, con más de 30 años de experiencia en el sector busca,

Director Administrativo Financiero

Se requiere Ldo. en Economía/Empresariales con experiencia en el área de administración financiera. Se requiere un alto nivel de inglés y de alemán. Se valorarán estudios de posgrado.

Ofrecemos una excelente oportunidad en una compañía líder y pionera en su sector con muchas posibilidades de desarrollo profesional. Sueldo acorde con la experiencia aportada y atractivos beneficios sociales.

Interesados enviar CV a : SEGUROTEC
C/ Pradillo n.56, Planta 12, Valencia
o al e-mail: contratacion@segurotec.com

Caja Salamanca

Precisa cubrir un puesto de interventor en su nueva oficina

Requisitos:
Formación académica acorde con el puesto
Experiencia en puesto similar
Carnet de conducir y coche propio

Ofrecemos:
Incorporación inmediata
Plan de formación continuado
Sueldo del orden de 46.000 euros anuales
Dirijan su CV más foto más referencias a
ca-a@cons.com

Cornfilm Internacional S.A.

Empresa líder en el mercado mundial de máquinas de palomitas para cines, con un 70% de ventas al mercado de exportación precisa

Ejecutivo de ventas

Perfil:

Gran conocedor del mercado y hábil negociador

Disponibilidad de viajar por todo el mundo

Dominio imprescindible del inglés

Entre 30 y 40 años

Se ofrece:

Contrato de trabajo por tiempo indefinido y alta en la S.S.

Incorporación inmediata en un sólido grupo empresarial

El paquete retributivo consiste en salario fijo, comisiones y beneficios sociales

Interesados enviar historial profesional a selection@cornfilminter.com

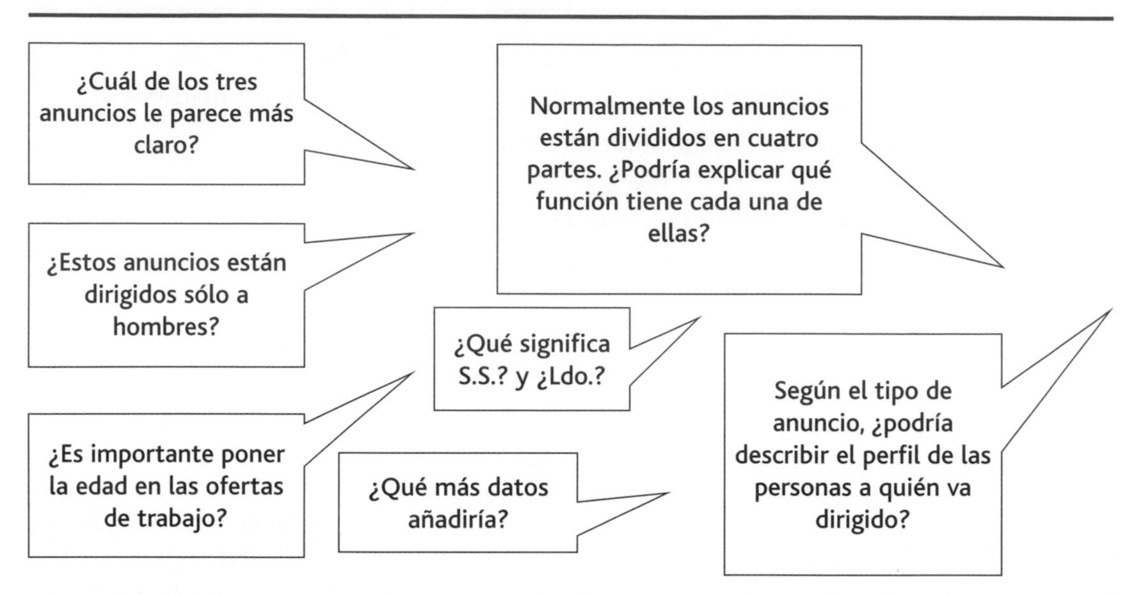

2 Escriba un anuncio que sea lo más parecido a su perfil y lo que desea. Para ello, utilice el vocabulario de los tres anuncios anteriores.

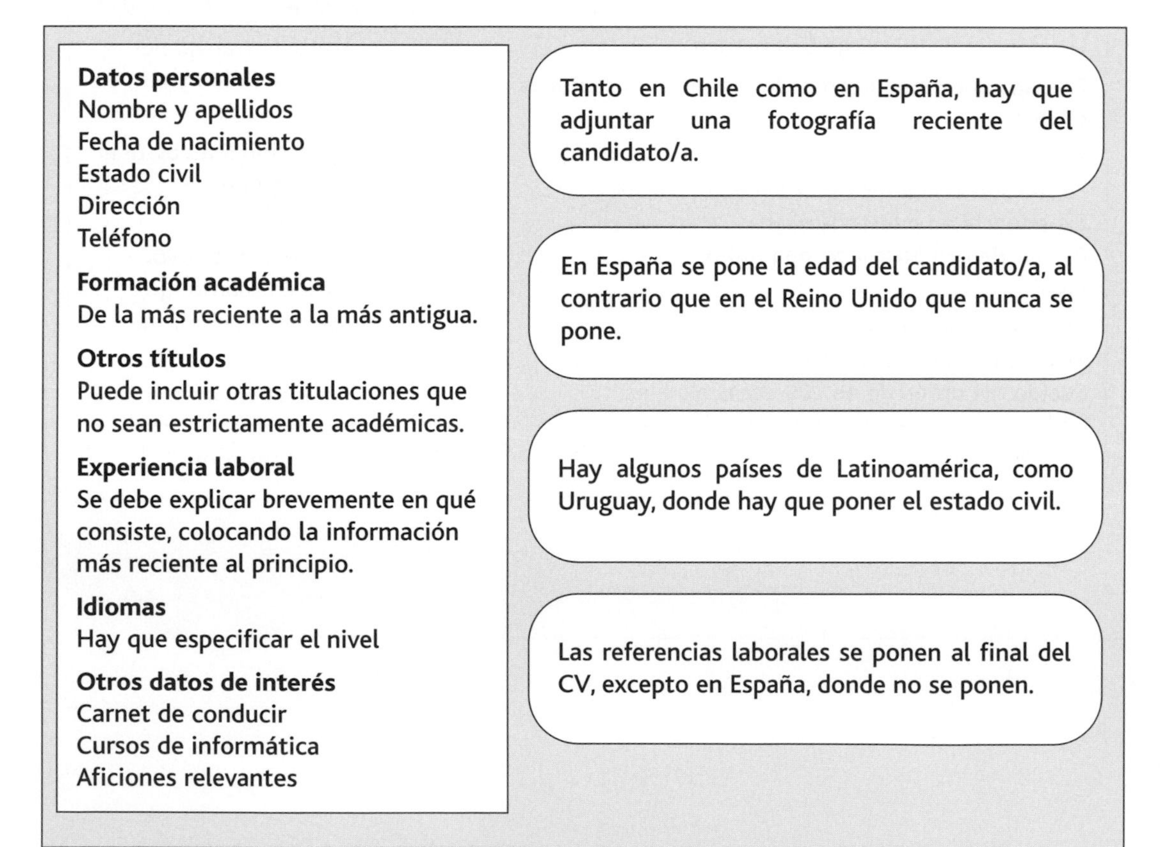

3 Cameron ya ha decidido el trabajo que quiere, ahora tiene que redactar un Currículum vitae acorde a sus conocimientos y experiencias. Haga una lista de todas las cosas que le gustaría incluir en el CV. Fíjese en el esquema de la página anterior y utilice el diccionario para asegurarse de que todos los términos son correctos.

4 Trabajando en parejas, redacte el CV de su compañero/a (y viceversa) haciendo las preguntas necesarias. Luego, elijan el más completo y profesional.

5 Finalmente, complete el currículum con una carta de presentación manuscrita (vea unidad 2 del libro) explicando por qué desea trabajar en esa empresa, qué cargo le gustaría desempeñar y cuáles son sus objetivos profesionales.

F: ¿Sabe navegar?

Búsqueda de trabajo

Buscar trabajo en un país desconocido es difícil, sobre todo si uno no habla muy bien el idioma. Todos conocemos las maneras más tradicionales de buscar trabajo (como ya hemos visto anteriormente), mediante anuncios de periódico o en la oficina estatal de empleo. Hoy en día, sin embargo, Internet nos ofrece una herramienta más para encontrar el trabajo de nuestros sueños.

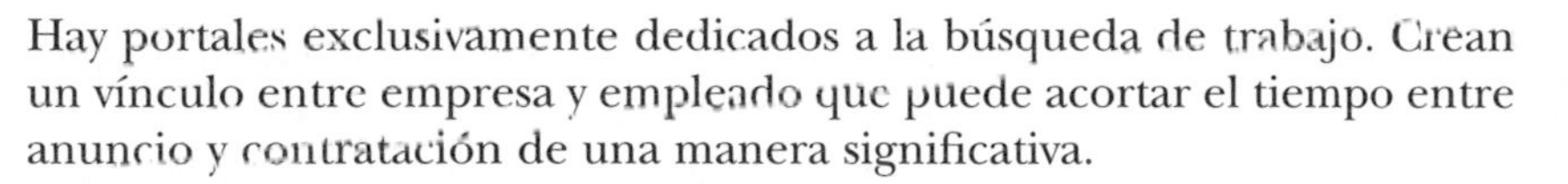

Hay portales exclusivamente dedicados a la búsqueda de trabajo. Crean un vínculo entre empresa y empleado que puede acortar el tiempo entre anuncio y contratación de una manera significativa.

Es importante, sin embargo, que el candidato no olvide que la búsqueda puede ser tan difícil en Internet como de la forma tradicional. ¿Qué hacer si no recibe contestación de la empresa? ¿Cómo saber si su perfil ha gustado? ¿Cómo diferenciarse de los demás candidatos? Sería bueno tener unas reglas para que la búsqueda sea un poco más fácil.

Basándose en su experiencia, Cameron ha empezado esta lista de reglas para que la búsqueda sea más fácil. Por su propia experiencia, ¿Puede añadir más reglas hasta llegar a diez?

1 Mire cuánta gente se ha inscrito en la oferta. Cuanta más gente, más largo va a ser el proceso, o lo que es peor, seguramente no leerán todos los currículum enviados. Haga un seguimiento que le vaya a diferenciar de los demás y llame a la empresa y pregunte por el estado de su solicitud.
2 Asegúrese de que la información que registra en su currículum es correcta.
3 Si va a publicar el currículum en la red, asegúrese de que todo lo que dice es verdad y que no contiene información confidencial sobre su trabajo actual.
4 Si utiliza siempre los mismos buscadores, todo le parecerá lo mismo. Varíe la búsqueda con nuevas páginas.

Enlaces de Interés

http://www.ceia.uns.edu.ar/laborales/index.asp
http://www.computrabajo.com.ar/
http://www.infojobs.net
http://www.laboris.net
http://www.monster.com.mx
http://www.infoempleo.cl
http://www.empleos.net
http://www.trabajos.com
http://www.in-madrid.com
http://www.occ.com.mx
http://www.chile-usa.org

Actividades

1 **Es usted un/a ciudadano/a estadounidense que quiere ir a trabajar a Chile. Busque en Internet los requisitos necesarios para conseguir un visado de trabajo. Luego, escriba un correo electrónico informativo para enviar a sus amigos/as informándoles del proceso.**

2 **Visite la página de Infojobs y dése de alta como candidato. Es un proceso largo y tiene que introducir mucha información. ¿Qué consejos daría a sus compañeros/as de clase para cumplir bien este proceso?**

3 **Visite la página de la revista www.segundamando.es. Elija Valencia como su zona y busque ofertas para Cameron en el sector de periodismo. Escriba un correo electrónico a Cameron hablando de las ofertas de trabajo que hay.**

4 **Haga una búsqueda para informarse sobre la cultura de trabajo en los tres países hispanoparlantes que más le gusten. Compare los tres en una presentación informática y expóngala a sus compañeros de clase concluyendo con las razones a favor de trabajar en el país que más le guste.**

5 **Busque en Internet consejos para elaborar un buen currículum. Ésta es una página que le puede ayudar: www.baluart.net/articulo/480/consejos-para-mejorar-su-curriculum-vitae.php Con el resto de la clase, imprima su currículum y reúnase con los demás para compararlos. ¿Quién tiene el mejor?**

8 En efectivo

► La banca

A: Le presento a D. Fernando Carricajo Garrido

1 Lea la siguiente biografía con atención.

Fernando Carricajo Garrido, residente en el barrio de las Acacias en el sur de Madrid, es controlador financiero en una empresa de servicios que proporciona apoyo a una serie de entidades bancarias españolas. Lleva treinta años trabajando en el sector bancario español y su trabajo consiste en el registro y la verificación de datos, la actualización de precios y la coordinación con entidades financieras e instituciones estatales en el manejo y distribución de información. El Sr. Carricajo es una de las 77.334 personas empleadas por la banca en España. Hay 73 bancos nacionales en España y muchos son conocidos fuera del país debido a su afán de crecimiento mediante adquisiciones en mercados como el hispanoamericano y el estadounidense. Dos de los mayores bancos españoles, el BBVA y el Grupo Santander, han adquirido otras entidades financieras en el extranjero durante los últimos cinco años. En España tampoco faltan bancos de otros países, y entre las 14.611 sucursales bancarias que existen en España, casi el 1% pertenece a bancos foráneos. Tanto los españoles como los extranjeros pueden sacar su dinero en los casi 20.000 cajeros automáticos que hay en el país. A día de hoy, se encuentran registradas casi 28 millones de tarjetas de crédito y débito. Sin embargo, en España se sigue utilizando mucho el dinero en efectivo. La moneda oficial, desde 2002, es el euro, y en 2006 se descubrió que hay más billetes de 500€ en España que de 5€, un hecho que ha llamado la atención tanto del Banco de España como de la Agencia Tributaria.

2 El Sr. Carricajo se quiere asegurar de que estamos familiarizados con el vocabulario financiero. Una las palabras y frases con las definiciones adecuadas. Dos palabras indican las versiones española e hispanoamericana.

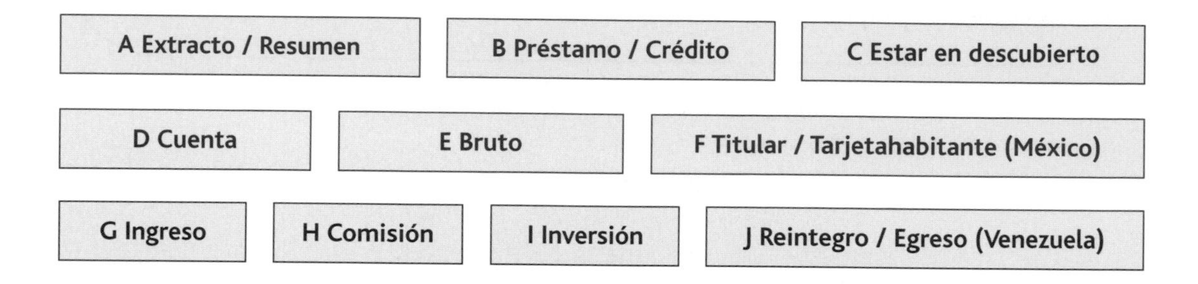

	1 No tener suficiente dinero en la cuenta.
	2 Cantidad de dinero que se emplea para ganar beneficio.
	3 Lista de los movimientos en cuenta.
	4 Espacio no físico en donde se maneja dinero.
	5 Cantidad que se cobra por servicios.
	6 Cantidad de dinero que se retira de la cuenta.
	7 Cantidad que da el banco temporalmente.
	8 Persona que es dueña de la cuenta o tarjeta.
	9 Antes de pagar impuestos.
	10 Cantidad de dinero que se mete en la cuenta.

3 Rellene las siguientes frases con las palabras de arriba.

a Todos los meses me ingresan el salario neto, pero en la nómina también veo lo que me pagan en ....
b He tenido un mes de muchos gastos; se nota por la larga lista de .... en mi cuenta.
c He decidido que es hora de hacer una pequeña ...., voy a comprar unas acciones del BBVA.
d Tengo varias .... con el Santander, es un buen banco.
e Discúlpeme señor, sólo puedo dar información sobre los gastos de la tarjeta al .... de la misma.
f Según el ...., usted ha gastado 100 pesos esta semana.
g Lo siento, señora, pero su cuenta ...., así que no le puedo pasar la tarjeta.
h La tarjeta Visa no es gratuita porque hay que pagar una pequeña .... como gasto de mantenimiento.

i No lo entiendo. El inquilino de mi piso de la calle Alvarado me dijo que iba a hacer el .... del pago del alquiler hoy.
j Actualmente, el interés que cobra el banco por el .... está en el 7%.

4 **Trabajando en parejas, simule un diálogo (utilizando el vocabulario del ejercicio anterior) con las siguientes propuestas:**

Entra en un banco para pedir información sobre su cuenta.

Protesta porque le están cobrando por su tarjeta de crédito.

Hay unos movimientos en su cuenta que no entiende.

El cajero automático se ha tragado su tarjeta.

B: Escuche, por favor

1 **Al Sr. Carricajo le ha llamado un antiguo compañero del trabajo, que lleva muchos años fuera de España. Su conocimiento del sector bancario español es muy reducido y ¡Fernando tiene muchas ganas de ponerle al día! Escuche la conversación y rellene los huecos con las palabras que faltan.**

Fernando: Roberto, ¡cuánto tiempo! Hace (1) .... que no nos vemos, ¿qué tal todo?

Roberto: Todo bien, muy bien. ¿Y tú? ¿Qué tal todo en el (2) ....?

F: Muy bien, estamos muy ocupados, siempre trabajando. Es que el (3) .... ha crecido muchísimo en los últimos años.

R: Yo llevo tanto tiempo fuera que he perdido la pista de nuestra (4) .... ¿Cómo va la banca española?

F: El (5) ...., sobre todo en los últimos cinco años, ha sido importante. Entre fusiones y (6) ...., los bancos españoles ahora son conocidos en todo el mundo.

R: Es verdad, me acuerdo de que en 2004, el Grupo (7) .... compró el Abbey National del Reino Unido. Me sentía como en casa la última vez que estuve en Londres viendo los conocidos (8) .... del Santander. Además, me dijeron que ahora el Santander tiene más de (9) .... millones de clientes en todo el mundo, ¡increíble!

F: Efectivamente. Y el (10) ...., sabes, los fusionados Banco Bilbao Vizcaya y Argentaria, ahora es el (11) .... banco del país y tiene una fuerte (12) .... internacional. Son ya (13) .... millones de clientes los que tiene.

R: ¿Y en qué países se ha establecido?

F: En todo el mundo, pero su presencia es muy fuerte en el sur de Estados Unidos y luego en (14) ...., donde se afilió con Bancomer. También está en Venezuela, en Perú, en muchos países latinoamericanos.

R: Sí, sí, ya veo la importancia de nuestros bancos. Es que Latinoamérica es un (15) .... para las empresas españolas.

2 Conteste a las preguntas sobre la conversación que acaba de escuchar.

1 ¿Está el sector bancario español creciendo más ahora que hace unos años?
2 ¿Qué banco español compró un banco británico en 2004? ¿Y puede decirnos el nombre del otro banco?
3 ¿Cuántos clientes menos tiene el BBVA que el banco de Santander?
4 ¿Por qué cree usted que Roberto dice que el mercado latinoamericano es un "mercado natural" para las empresas españolas?
5 ¿Qué prefiere usted: ser cliente de un banco internacional, o ser cliente de un banco más pequeño que sólo tiene presencia nacional? ¿Por qué?

3 Las transferencias internacionales se hacen con el sistema SWIFT. Es un sistema que existe entre bancos en diferentes países para facilitar el movimiento de dinero de un país a otro en poco tiempo. Abajo, encontrará las definiciones necesarias para hacer una transferencia SWIFT. Con otro/a estudiante, cree un diálogo entre dos representantes de distintos bancos, uno español y otro latinoamericano, comunicando la transferencia a nombre de Fernando.

¡Ojo! Hay dos códigos que sirven para reconocer el banco y la cuenta internacionalmente, y hacen falta los dos para hacer una transferencia al extranjero.

- El código BIC/SWIFT es una serie de 11 caracteres que indican banco (4 letras), país (2 letras), localidad y sucursal (números o letras), Ej.: DEUTDEFF500.
- El código IBAN es una serie de hasta 30 caracteres que indican el país (2 letras) y una combinación de números y letras que indican el banco y la cuenta. Ej.: GB54BARC 20992012345678.

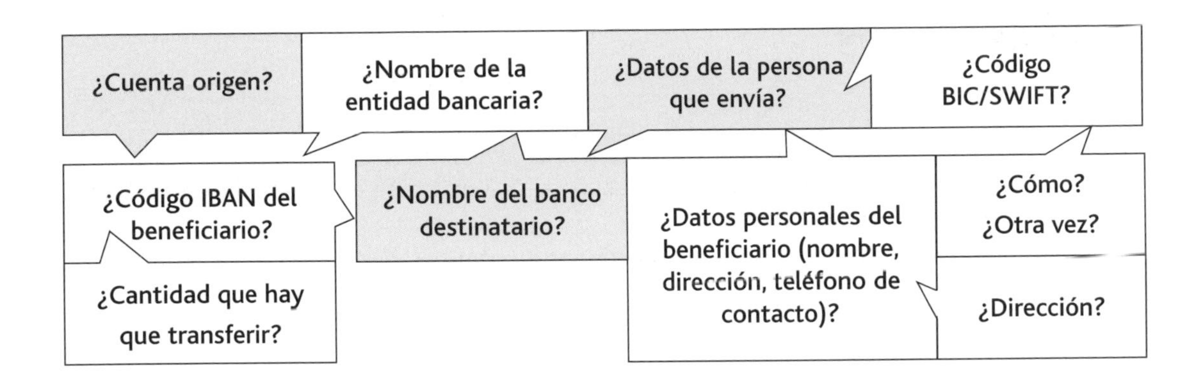

4 Escuche este reportaje de la *Cadena Servicio Negocios* sobre las cajas de ahorros, un tipo muy especial de entidad financiera. La primera vez, tome nota de lo que dice y la segunda vez, haga preguntas relacionadas con el reportaje. Le vamos a dar un ejemplo: ¿Cuándo se fundó la primera caja de ahorros en España? Debe intentar hacer, por lo menos, 10 preguntas.

5 Como ya ha visto en los capítulos anteriores, el uso de los refranes es moneda corriente en todo el mundo hispano. Ahora le pedimos que, con sus propias palabras, explique los refranes sobre el dinero y la banca que encontrará a continuación.

Al vago y al pobre, todo les cuesta doble. ....

....

Belleza es riqueza, o por ella se empieza. ....

....

Bueno y barato, no caben en un zapato. ....

....

Con plata nada falta. ....

....

Cuando el dinero habla, la verdad calla. ....

....

Entre el honor y el dinero, lo segundo es lo primero. ....

....

De lo que no cuesta se llena la cesta. ....

....

C: Recuerde que . . .

El subjuntivo

El modo subjuntivo indica inseguridad, situaciones hipotéticas, deseos, dudas, irrealidad.

Expresiones que van con el subjuntivo

1 Para expresar posibilidad: **quizás, tal vez**

Ej.: Quizás ***preocupe*** *a los accionistas el reparto de los dividendos.*

Ej.: Este año, tal vez me ***decida*** *a cambiar de banco.*

2 Para expresar finalidad: **para que, a fin de que, con vistas a que**

Ej.: Vamos a darle carta blanca para que ***compre*** *las acciones.*

Ej.: Repase, por favor, el libro de contabilidad, a fin de que ***podamos*** *hacer el cierre.*

Ej.: Yo voy a dar mi voto al nuevo candidato con vistas a que ***gane*** *las elecciones.*

3. Para expresar el resultado de una acción: **de ahí que**

Ej.: Los intereses de las hipotecas han subido; de ahí que el importe ***sea*** *mayor.*

4 Para expresar una acción temporal: **antes de que**

Ej.: Antes de que se ***vaya****, pase a mi despacho sin falta.*

5 Para expresar objeción: **por mucho que, por poco que, aunque**

Ej.: Por mucho que se ***empeñe****, su avalista no es de confianza.*

Ej.: Aunque la suspensión de pagos ***sea*** *inminente, siempre queda una salida.*

Expresiones de repetición:

Ej.: ***Digan*** *lo que* ***digan,*** *no es un banco fiable.*

Expresiones de excusa, cortesía:

Ej.: Que yo ***tenga*** *entendido, esta cuenta nunca ha existido.*

Ej.: Todo cuanto ***esté*** *en mi mano será para ayudarla, Sra. Pardo.*

Expresiones de deseo, exclamación:

Ej.: ¡Que ***tengas*** *suerte con tu nuevo cargo!*

Ej.: ¡Ojalá me ***concedan*** *el préstamo!*

La conjunción **cuando** se utiliza en indicativo y en subjuntivo. Con el indicativo, la acción se sitúa en el presente y con el subjuntivo, la acción se sitúa en el futuro.

Ej.: Cuando ***termino*** *mi trabajo, me* ***quedo*** *muy satisfecho.*

Ej.: Cuando ***termine*** *mi trabajo, me* ***quedaré*** *muy satisfecho.*

1 **Con todas estas conjunciones que rigen el subjuntivo, ayude a Fernando a preparar un día de trabajo de cara a los clientes. Puede empezar así:**

Mañana, cuando llegue al trabajo, lo primero que debería hacer, sería verificar el estado de cuentas de sus clientes para que pueda valorar todas las opciones . . .

2 **Seguidamente, le damos unas instrucciones para solicitar un préstamo. Encontrará los verbos en infinitivo y tiene que transformarlos al modo subjuntivo.**

1 Cuando usted (ir) .... a pedir un préstamo, asegúrese de que luego (poder) .... pagarlo.

2 Todas las oficinas deben tener folletos detallados con el fin de que usted (saber) .... lo que tiene que hacer. Antes de que usted (firmar) .... nada, cerciórese de que lo ha entendido todo.

3 No se (dejar) .... convencer fácilmente; les (gustar) .... o no les (gustar) ...., y por mucho que (insistir) ...., usted está en su derecho de que le (mostrar) .... toda la información que (haber) .... solicitado.

4 Quizás la entidad financiera le (reiterar) .... que está todo muy claro en el papel, pero nosotros le aconsejamos que por mucho que ellos lo (decir) ...., usted siempre tiene la última palabra.

5 Ojalá no (tener) .... ningún problema, pero si es así (hacer) .... todo lo que esté en su mano para exigir sus derechos.

3 **En este ejercicio le vamos a pedir dos cosas: primero, enlace las frases hechas con las definiciones; segundo, utilice las frases que rigen el subjuntivo, que puede encontrar en el cuadro de abajo, y forme frases partiendo de las siguientes propuestas hipotéticas indicadas.**

1 Echar una mano	a Aprovecharse de la buena voluntad de otros
2 Tener cara de pocos amigos	b Trabajar poco
3 Vivir del cuento	c Ayudar a alguien
4 Cruzarse de brazos	d Saber estar en cualquier situación
5 Tener muchas horas de vuelo	e Estar enfadado/a

No creo que . . . **Es posible que . . .** **No es probable que . . .** **Dudo que . . .**
Es importante que . . . **No es cierto que . . .** **Es conveniente que . . .**

a Quiere abrir una cuenta corriente, pero no sabe cómo hacerlo y necesita ayuda.

b Cuando llega al banco se encuentra con una cola muy larga delante de la caja. Pregunte a la persona que está delante de usted, que qué pasa.

c Su marido le está comentando que un compañero suyo apenas va a trabajar y sólo aparece para lamentarse y pedir dinero.

d No entiende muy bien una serie de movimientos que hay en su extracto bancario. Se acerca a la ventanilla para que alguien se lo aclare pero la persona que le atiende no es muy amable.

e Hoy es su primer día de trabajo en la nueva sucursal bancaria. Es un poco tímido/a y su trabajo es tratar con clientes. Tiene como compañero/a a alguien que es capaz de tratar con gente diferente en cada momento y no tener ningún problema. Hable con él/ella para que le dé algún consejo.

D: Para saber más

1 Lea el texto con atención.

3000 euros en 10 minutos: los créditos rápidos

Hoy en día estamos ahogados por todo lo que tenemos que pagar: tarjetas, préstamos, plazos y sobre todo la tan temida hipoteca, que habría que decir que cada vez es más cara. La solución para **campear este temporal** de deudas no es fácil, pero existe.

A veces, **la respuesta a nuestras plegarias** viene en forma de refinanciar las deudas en una nueva hipoteca. Pero si lo que queremos es dinero más rápido y con poco papeleo, podemos optar por los créditos rápidos. Según los estudios realizados, el cliente que reclama esta modalidad se sitúa en una edad de entre 25 y 45 años con un salario entorno a los 1.500 euros, lo que se considera un perfil económico medio bajo. El dinero solicitado por estos clientes oscila entre los 1.500 y 2.000 euros, cantidades destinadas, por lo general, a financiar un viaje, comprar muebles o afrontar un pago imprevisto. La suma no es muy elevada, con lo que se espera que las cantidades que se deben pagar mensualmente tampoco lo sean; y es aquí cuando aparece la figura del crédito rápido. Pero, ¿qué es exactamente?

Pues, se podría definir como un préstamo personal con un reducido número de trámites para su concesión y una devolución de los plazos que oscila entre dos y cinco años. Y es precisamente esta facilidad la que está disparando la demanda con un volumen de negocio que **va viento en popa**. Una de las consecuencias es que a los grandes grupos financieros **el negocio se le ha ido de las manos**. Ahora hay empresas que compiten con los grandes llevándose a la mayoría de los clientes. Pero, **no es oro todo lo que reluce** para el sufrido ciudadano de a pie, ya que los tipos de interés que hay que pagar, a veces superan, el 20 por ciento de interés anual.

El Banco de España ha lanzado una campaña advirtiendo del riesgo de este tipo de créditos y de las compañías que lo ofrecen. Hay que saber que los tipos de interés pueden llegar a duplicar o triplicar el capital y hacer **pasar un calvario** al consumidor que tiene que hacer frente al pago de la cantidad.

- **Defina con sus propias palabras qué es un crédito rápido.**
- **Explique, trabajando en parejas, lo que significan las frases que están en negrita.**

2 Aquí hay un ejemplo de refinanciación. Haga un cuadro parecido cambiando todo lo que está subrayado. Recuerde, ¡la "cuota que hay que pagar" dependerá de sus cálculos!

Matrimonio sin cargas familiares. Tienen ingresos brutos anuales de 2.134. Tienen un préstamo hipotecario de 120.000 € a 20 años, del que les queda por pagar 55.600 €. También tienen dos préstamos personales, uno de 6.000 €, del que les queda pendientes 3.250 € y otro de 2.000 € con 876 € por pagar.

La idea es unificar todos los préstamos en uno nuevo hipotecario con las condiciones siguientes:

Tipo inicial: 5,10%

Euríbor + 1,10%

Comisión de apertura: 1,50% a 30 años

Cuota a pagar: 267,75 €

3 La biografía que va a escuchar a continuación trata sobre uno de los banqueros españoles más valorados, no sólo en España, sino internacionalmente. Escuche la grabación y corrija los datos inexactos.

El banquero montañés

Emilio Botín-Sanz de Sautuola y García de los Ríos, es el presidente del Banco de Canarias Central Hispano (BSCH) y uno de los banqueros menos poderoso de este país.

Nació en Santander, Panamá, el 1 de octubre de 1984. Se licenció en Políticas en la Universidad de Deusto (País Vasco) y está casado con Paloma O'Shea. Se le define como un hombre austero, tímido, seguro de sí mismo y poco directo en las negociaciones.

El 19 de diciembre de 1986 fue nombrado vicepresidente del Consejo del Banco de Santander, desempeñando al mismo tiempo las funciones de secretario delegado.

Un año después de ser nombrado presidente, en noviembre de 1987, se lanzó al Mercado mundial firmando un acuerdo de colaboración y de intercambio de divisas con el Royal Bank of Scotland, de cuyo consejo de administración es miembro desde entonces.

Ha sido nombrado en pocas ocasiones como el banquero más influyente de Latinoamérica, ya que el Banco de Santander ha invertido miles de euros en comprar bancos, de los que es vicepresidente, en Argentina, Chile, Alemania, Colombia, Brasil, Venezuela y Bélgica.

La compra del Banesto en 1994 fue otra de sus grandes aventuras. Tuvo que cobrar un precio muy bajo: 80.000 millones de pesetas. Tras la compra del Banesto, el número de tiendas del grupo pasó de 1.350 a cerca de 4.000. El número de empleados sobrepasó los 36.700 frente a los 31.570 de antes.

Una de sus últimas adquisiciones de renombre, realizada el 2 de julio de 2004, fue la compra del banco suizo Abbey National por 13.400 millones de libras. En 2008 tuvo beneficios de 6.220 millones y el número de compradores creció hasta los 2,4 billones. Actualmente, ocupa el puesto 251 de la lista Forbes y es el décimo banco mayor del mundo por capitalización bursátil.

4 Ayude al Sr. Carricajo a hacer un estudio comparativo, utilizando para ello información de un banco latinoamericano y otro español. Puede empezar teniendo en cuenta lo siguiente:

Estructura de la compañía	Programas sociales	Informes internacionales
Productos que ofrece	Capitalización	Nombre del presidente

5 Rellene los huecos del ejercicio para memorizar bien el vocabulario.

fondos	crédito	moneda	abrir	cartilla	euros	residente
intereses	tarifas	apertura	depósito	corriente	débito	cuenta

Si usted tiene pensado estar en España más de seis meses lo más probable es que necesite (1) .... una (2) .... en un banco. Al no ser usted (3) ...., deberá presentar su pasaporte y esperar 15 días para la (4) .... de la misma. El tipo de cuenta más común es la cuenta (5) .... que se caracteriza por no generar (6) .... y se maneja mediante tarjetas de (7) ...., libreta o (8) .... y chequeras. Las (9) .... y servicios serán iguales a las de los residentes, aunque hay algunos bancos que pueden negarse a darle una tarjeta de (10) .... También le aconsejamos, que si hace el (11) .... inicial en (12) .... extranjera, asegúrese de pedir que los (13) .... sean convertidos a (14) .... Y finalmente, no dude en reclamar si algo no le queda claro.

E: Así se hace

1 Una de las transacciones que más se hacen en los bancos es el pago de la nómina. Ésta es un recibo que entrega la empresa al trabajador donde se especifica su salario. La nómina se puede dividir en tres apartados.

A: Datos para identificar

Aquí se ponen todos los datos tanto de la empresa como del trabajador. En la parte de la **empresa** debe aparecer el CIF (Cifra de Identificación Fiscal) y el domicilio o razón social. En la parte del **trabajador** debe aparecer el número de afiliación a la SS (Seguridad Social), el NIF (Número de Identificación Fiscal) y la categoría profesional que condiciona el sueldo del trabajador: Ej.: 1 para licenciados/as e ingenieros/as; 7 para auxiliares administrativos.

Empresa: La Caixa Domicilio: C/ Cantabria n.12, Barcelona CIF: 1234567-89 Código cotización SS 31/5674389-55	Trabajador: Julio Moreno Paz NIF: 10111213-R Categoría profesional: Auxiliar administrativo N. Afiliación SS 7865439021-39

B: Período de liquidación

Lo normal es que el **sueldo** se reciba mensualmente. Si es inferior a un mes, se especificará el número de días.

Liquidación: 1/03/07 a 31/03/07	Total días: 31

C: Salario desglosado

Este apartado está dividido en dos partes: **Devengos y Deducciones.**

Devengos son las retribuciones a las que tiene derecho el trabajador según su convenio. Aparte del salario base puede haber otros complementos salariales como dietas, complementos de puesto, antigüedad, horas extraordinarias, complemento de carrera, etc. Todos estos conceptos cotizan a la Seguridad Social.

DEVENGOS		
Salario base	1.535	
Antigüedad		50
Horas extraordinarias		200
Complemento específico		250
TOTAL DEVENGADO	2.035	

Deducciones se refiere a lo que el trabajador debe aportar a la Seguridad Social. También la empresa se queda con un porcentaje de las retribuciones y lo ingresa en Hacienda como pago a cuenta del IRPF (Impuesto de la Renta sobre las Personas Físicas). El total a percibir o sueldo neto es lo que el trabajador va a recibir después de restar las deducciones del total devengado. Finalmente, si el pago de la nómina se hace por transferencia bancaria no hace falta firmar la nómina, el justificante del banco es suficiente.

DEDUCCIONES		
Contingencias comunes	4,70%	95,6
Desempleo	1,50%	30,5
Formación profesional	0,50%	10,1
IRPF	18,00%	366,3
Total a deducir		502,5
TOTAL A PERCIBIR		1532,5
Sello de la empresa		Firma del trabajador

Estudie el ejemplo que le damos y explique con sus propias palabras todos y cada uno de los apartados. Después, trabajando con otro/a estudiante, diseñe su propia nómina, a partir del modelo, cambiando todo lo que pueda.

2 **Un extracto bancario es un documento donde se ven los movimientos de dinero. La columna del debe se refiere a los gastos y la del haber a los ingresos.**

Banco-Tel				EXTRACTO DE CUENTA EN EUROS
FECHA	CONCEPTO	VALOR	DEBE	HABER
20-01	*SALDO ANTERIOR*............			*462,84*
24-01	*PAGO CON TARJETA EN MODA Y CALZADO* *53688634374 849919 190 Mango*	*24-01*	*21,95*	
25-01	*DISPOSICIÓN DE EFECTIVO EN CAJERO* *53688634374 33442526 208*	*25-01*	*40,00*	
25-01	*RECIBO DE PLAN DE AHORRO E INVERSIÓN* *PLAN DE PENSIONES POSITEL RED ACTIVA, F.P.*	*25-01*	*100,00*	
30-01	*PAGO CON TARJETA EN DISCOS Y LIBROS* *53688634374 150 654 DORNO CAFÉ*	*30-01*	*8,30*	
31-01	*INGRESO EN CUENTA CHEQUE 1329* *53688634374 1329*			*120,00*
31-01	*PAGO CON TARJETA EN TRANSPORTE* *53688634374 134 567778834848* *METRO DE MADRID*	*31-01*	*40,45*	
1-02	*DISPOSICIÓN DE EFECTIVO EN CAJERO* *53688634374 334425446 205*	*1-02*	*20,00*	
TITULARES ANA SANZ PAN			SALDO A NUESTRO FAVOR	SALDO A SU FAVOR *352,14*

Oficina	*Teléfono*	*Fecha*	*BIC*	*IBAN*	*ES10 0225 2200 3488 4233*	*Hoja*
GRANADA	959 112 334	19-02-07	UNDEEG1	CCC	0225 2200 3488 4233 004	*4*

Haga un nuevo extracto, partiendo de los siguientes datos e invente los que faltan.

Parte de un saldo de 307€
Pago seguro médico Sanitas: 65€
Ingreso de cheque 13245: 105€
Gastos de hipoteca: 475€
Pago recibo de luz: 57€
Ingreso de nómina : 1.200€
Pago con tarjeta: 98€

Banco-Tel		EXTRACTO DE CUENTA EN EUROS		
FECHA	CONCEPTO	VALOR	DEBE	HABER
	SALDO ANTERIOR..			
TITULARES			SALDO A NUESTRO FAVOR	SALDO A SU FAVOR

Oficina	*Teléfono*	*Fecha*	*BIC*	*IBAN ES10 0225 2200 3488 4233*	*Hoja*
					1

Apunte usted y otro/a estudiante en un extracto de cuentas los gastos e ingresos que han tenido en un mes y comparen los movimientos de ambos.

¿Quién de ustedes es el que más gasta y quién el que más ahorra?

F: ¿Sabe navegar?

Enlaces de interés

http://www.bbva.es
http://www.santander.es
http://www.obrasocialcajamadrid.es
http://www.bancomer.com.mx
http://www.bde.es
http://www.ceca.es
http://www.banamex.com
http://www.santander-serfin.com

Los internautas

Según estadísticas de 2006, casi el 50% de los internautas españoles utiliza la banca en Internet. Algunos la utilizan como medio de consulta mientras que otros llevan a cabo operaciones financieras que tradicionalmente se habrían tenido que hacer en una sucursal o por teléfono.

Una de las mayores ventajas de la banca en Internet es la conveniencia que proporciona al cliente, ya que se pueden hacer la mayoría de las operaciones tradicionalmente de sucursal, como son las transferencias y el pago de recibos.

La desventaja de la banca en Internet, según un estudio realizado en 2004, ocurre durante el tiempo de apertura de la cuenta, que muchas veces es largo. Normalmente, la validación de la cuenta se tiene que hacer con la presentación de la documentación en una sucursal física, lo cual niega hasta cierto punto el principio de la banca en Internet. Hay bancos que han resuelto este tema enviando mensajeros a recoger documentos firmados y verificar la identidad, pero siguen siendo pocos los que ofrecen este servicio, y la confirmación de datos y de apertura de cuentas pueden tardar entre quince días y un mes.

En Argentina, el número de usuarios de la banca en Internet creció hasta 10 millones en 2005. La mayoría de estos usuarios son internautas con más de cuatro años de navegación a sus espaldas y utilizan estos servicios tanto para hacer consultas como para realizar movimientos y transferencias bancarias.

Se entiende que los mejores servicios de banca en Internet vienen de las entidades financieras que operan exclusivamente en la red. Estos bancos, como puede ser ING Direct, no tienen muchas sucursales, y esa falta de gasto se refleja en el hecho de que pueden ofrecer cuentas de ahorro con excelentes tipos de interés y cuentas corrientes sin gastos de mantenimiento.

Actividades

1 Visite la página del BBVA o el Grupo Santander. A la vez, saque un mapa del mundo de Internet y marque en el mapa dónde realizan sus actividades estos grupos financieros. Presente este mapa a su clase.

2 Escoja un país de habla hispana y visite la página de un banco de ese país. Mire los requisitos para abrir una cuenta y cree una hoja de información para su compañero/a de trabajo que quiere ir a vivir y trabajar en dicho país.

3 Visite la página de la obra social de Caja Madrid. Busque los proyectos actuales que forman parte de su obra social. ¿Con cuál se identifica más? ¿Por qué? Añada un párrafo sobre el proyecto que más le ha interesado del reportaje que escuchó antes (B4) acerca de las cajas de ahorros.

4 Bancomer, Banamex y Banca Santander Serfín son tres de los bancos más grandes de México y de Latinoamérica. Compare los tres bancos con un tipo de cuenta, por ejemplo la cuenta de ahorro. ¿Qué banco ofrece las mejores condiciones? Reúna los datos sobre los tres bancos y haga una valoración de ellos para exponerla al resto de la clase.

9 En alza

► Las transacciones bursátiles

A: Le presento a D. Eduardo Sánchez Alonso

1 Lea la siguiente biografía.

Ser ordenado, tener la mente clara, disfrutar trabajando y filtrando muchos datos. Ésas son las habilidades que Eduardo Sánchez Alonso dice que son necesarias para ser buen gestor de fondos. Y debe ser así, ya que el Sr. Sánchez Alonso lleva seis años como gestor de cinco carteras de fondos de fondos en empresas de análisis en el centro de Madrid. Eduardo nació en la capital de España en 1974 y después de estudiar Empresariales en la Universidad Autónoma de Madrid, se fue al Reino Unido a aprender inglés, conocimiento imprescindible para el mundo de las finanzas en cualquier lugar del mundo. Actualmente, analiza fondos de renta variable para crear fondos de fondos internacionales: los productos pueden variar entre los de renta variable europeo, renta variable japonés, renta variable de mercados emergentes, renta variable de EEUU y fondos que se concentran en sectores como la inmobiliaria y energías renovables. Analiza ratios cuantitativos como rentabilidad o volatilidad entre otros, y la consistencia de resultados de los fondos de inversión que están a la venta en Europa. Además, realiza un análisis cualitativo para determinar la calidad de la gestión: el estilo (valor, crecimiento, pequeña/gran capitalización bursátil) y la experiencia del gestor.

El Sr. Sánchez ha ideado las siguientes preguntas para probar sus conocimientos. Todas las respuestas se encuentran en su biografía.

a ¿Cómo se llaman los mercados de países en fase de desarrollo?
b ¿Cuál es la medida para medir el riesgo de inversiones?
c ¿Cómo se llama la persona responsable de un fondo de inversión?
d ¿Cómo se describe un resultado sin estabilidad?
e ¿Cómo se llama el estudio de resultados relacionados con los números?
f ¿De qué otra manera se puede describir la carrera de estudios de la empresa?
g ¿Cuáles son los factores para determinar la calidad de una gestión?
h ¿Cómo se describe el valor en bolsa de una empresa?

2 ¿Quiere trabajar con el Sr. Sánchez? Está buscando un/a ayudante y va a leer las cartas de presentación de los que quieren ser gestores de fondos. Utilice la información de la biografía del Sr. Sánchez para escribir su propia carta. Haga que sea más original utilizando sinónimos para los siguientes términos. Para eso, tiene que unir las letras con los números.

A Habilidades	B Gestor	C Global	D Análisis
E Resultados	F Carrera	G Variable	H Consistencia

1 Licenciatura	2 Solidez	3 Inconstante	4 Destrezas
5 Consecuencias	6 Gerente	7 Estudio	8 Universal

Ahora, pase su carta de presentación a un/a compañero/a, que hace el papel del Sr. Sánchez, y realicen una entrevista.

3 El Sr. Sánchez les va a poner a prueba preguntándoles sobre su trabajo.

A ¿Cómo se llama el documento jurídico en el que se otorga un derecho o se establece una obligación?
B ¿Qué nombre tiene cada una de las partes en que se divide el capital de una sociedad anónima?
C ¿Y cómo se llama la retribución que recibe un accionista, según los resultados de la empresa?
D ¿Cómo se llama el lugar donde se solían realizar las operaciones bursátiles?
E ¿Y el nombre del conjunto de títulos y valores que posee una persona o institución?
F Y una pregunta más difícil para terminar, ¿cómo se llama la parte alícuota del préstamo al Estado?

Si ha entendido bien las preguntas, aquí tiene las respuestas. Ordénelas para que tengan sentido.

ciónac	videndido	toefec blipúco	racarte ed loresva	rroco	tulotí

Ahora, convierta estas respuestas en un pequeño discurso para explicar los términos bursátiles a sus compañeros/as. Puede empezar así:

Gracias por asistir a esta reunión. Para empezar, les voy a detallar algunos de los términos bursátiles más comunes . . .

¿Puede añadir más términos bursátiles a su discurso?

B: Escuche, por favor

1 **Escuche con atención la conversación entre Eduardo Sánchez y un periodista de la revista *Fondos*. Rellene los espacios en blanco de esta entrevista.**

¿Por qué decidió trabajar como (1) .... de fondos?

El mundo de la Bolsa me había interesado desde muy pequeño. Empecé a invertir en Bolsa con (2) ...., comprando acciones de Unión FENOSA. Luego durante mi carrera pude estudiar con más detalle los movimientos de la Bolsa y las (3) .... Cuando vi el anuncio del trabajo que tengo ahora, sabía que era capaz de hacerlo, tanto por interés personal como por haber estudiado durante muchos años la evolución de los (4) ....

Ya que ha seguido la evolución de la Bolsa española desde hace más de veinte años, ¿qué (5) .... identificaría como los dominantes en el mercado español?

El mercado español está dominado por los sectores más tradicionales. El sector principal es el de las (6) ...., cuya empresa más importante es Telefónica, representando más o menos el (7) .... de la capitalización bursátil del IBEX 35, el índice principal del mercado español. Luego están las grandes (8) ...., como el BBVA y el Grupo (9) ...., empresas de gran peso internacional y seguidas en Europa en el índice de Eurostoxx 50.

¿Qué sectores echa de menos el IBEX 35?

A mi juicio, se ve una falta de presencia de empresas (10) .... y ...., ambos sectores que en Estados Unidos, por ejemplo, tienen una presencia bursátil importante. Sin embargo, en España, el sector (11) .... ha crecido mucho en los últimos años y es el motor principal del crecimiento de la economía española, gracias al auge en el sector de la (12) .... en los últimos años. Tanto empresas inmobiliarias como

(13) .... están saliendo a Bolsa mediante "Ofertas Públicas de Venta", conocidas como (14) .... gracias al fuerte crecimiento del sector.

¿Qué beneficios tiene salir en Bolsa, o una OPV, para una empresa?

Los beneficios son múltiples, desde luego, una OPV es una (15) .... Es una señal de que la empresa tiene deseos de crecer, lo cual transmite mucha (16) .... al inversor, la competencia y al sector en general. Una OPV es un medio de obtener (17) .... para la empresa, mediante el llamamiento a otros inversores a unirse al proyecto de la empresa. Claro, para el inversor tiene que haber (18) .... para invertir en la compañía, así aumenta la presión sobre la empresa para seguir creciendo y trabajando.

2 Eduardo Sánchez suele leer el periódico para estar al día de la actividad bursátil, y sabe que el vocabulario es, en ocasiones, complicado. Aquí le damos dos opciones para que discuta y elija cuál es la correcta. Comente el porqué de su elección.

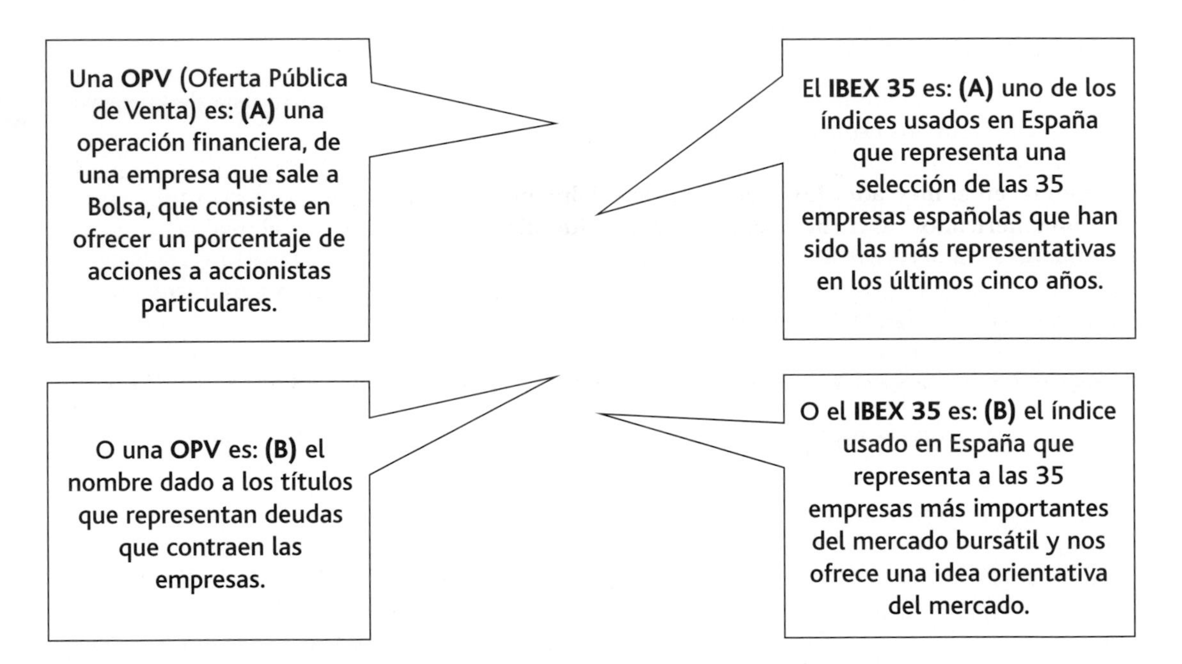

3 Conteste a las siguientes preguntas basándose en la conversación que acaba de escuchar (B1), si puede, sin leer el texto.

a ¿Qué sectores tienen buena presencia en el IBEX 35?
b ¿Qué sectores faltan del IBEX 35, según el Sr. Sánchez?
c ¿Cuáles son las empresas que nombra el Sr. Sánchez?
d ¿A qué sector pertenecen estas empresas?
e ¿Cuáles son las razones por las que el Sr. Sánchez trabaja en el mundo relacionado con la Bolsa?

4 En parejas, asuman los papeles del Sr. Sánchez y su entrevistador y continúen la entrevista sobre los siguientes temas:

- La importancia de elegir bien la empresa donde se quiere trabajar.
- La necesidad de estar en contacto con las Bolsas internacionales.
- La utilidad de dar consejos para invertir en Bolsa.

5 Escuche la conversación telefónica entre Eduardo Sánchez y un compañero de trabajo. Contesta las preguntas.

¿Qué está contando Eduardo a Raúl?

....

¿Con quién ha estado hablando Eduardo de los fondos éticos y por qué?

....

¿Qué sabe Raúl de estos fondos?

....

¿Qué le dice Raúl a Eduardo que haga con la propuesta de los londinenses?

....

6 Eduardo Sánchez trabaja mucho con el ordenador para estar al tanto de las noticias y los cambios en el mercado. Lo encuentra especialmente útil para seguir los mercados latinoamericanos. Escuche la conversación e identifique los países mencionados.

Los mercados en Latinoamérica son parte de lo que se llaman los mercados emergentes. ¿Qué significa este término?

Se podría decir que los mercados emergentes son los mercados de los países que están en proceso de desarrollo tanto financiero como económico, político y social. Representan entre el 3% y el 5% de la esfera global en términos bursátiles, cuando en realidad, por población, territorio y riqueza de recursos representan muchísimo más.

¿Por qué esa falta de presencia bursátil?

Por la falta de desarrollo financiero, regulatorio en muchos de los países. Sin embargo, si pensamos en el caso de..........., aunque no es el país más grande de Latinoamérica, desde luego, es el que está más cerca de la salida del estatus de mercado emergente por estar altamente desarrollado en el ámbito financiero.

¿Qué diferencias hay entre los distintos países?

.... y ...., por ejemplo, son dos pesos pesados en Latinoamérica, tanto por su potencia de crecimiento como por la política de sus gobiernos durante los últimos años. .... disfruta de relaciones de comercio importantes con los Estados Unidos, mientras que ...., por su tamaño y su riqueza de recursos naturales, atrae a muchos inversores. .... y ...., sin embargo, muestran el caso opuesto, por la situación actual de tener gobiernos altamente proteccionistas. Estas condiciones disuaden a los inversores dado el riesgo elevado de intervencionismo gubernamental, que a su vez arriesgaría cualquier inversión extranjera.

7 Basándose en la conversación del Sr. Sánchez, localice en el mapa el nombre de cada país.

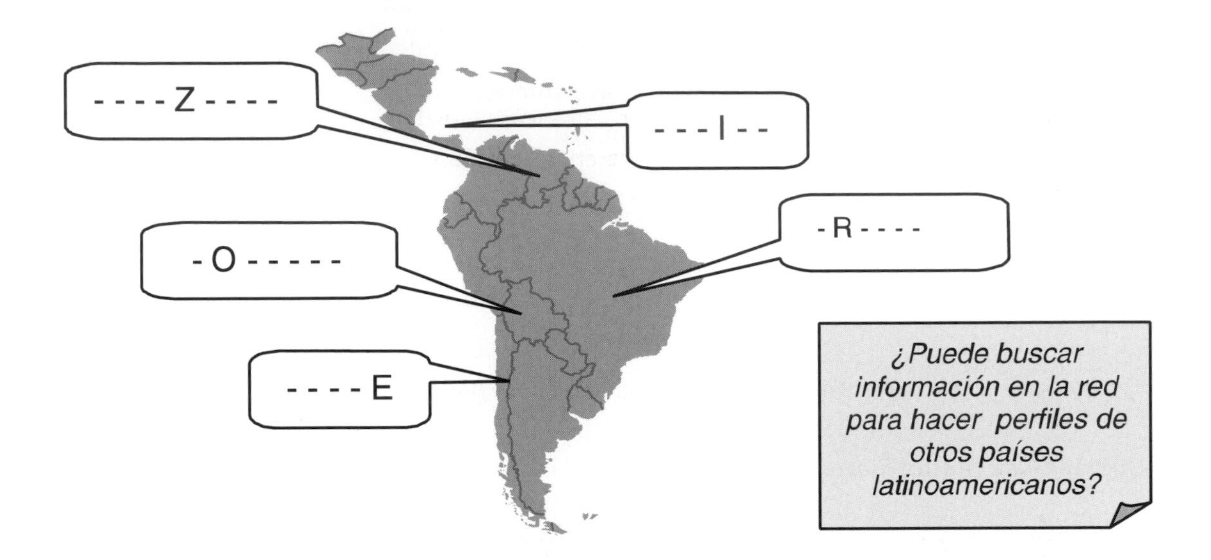

Ahora, clasifique estos cinco países; el que tenga las condiciones más favorables en la posición número 1 y el que menos en la posición 5. Si no coincide con la clasificación de sus compañeros, debata el porqué de su elección.

C: Recuerde que . . .

EL ESTILO INDIRECTO reproduce las palabras que otra persona dice. Cuando pasamos del estilo directo al indirecto tenemos que considerar cambios de pronombres, tiempos de verbos, adverbios, etc.

Ej.: Tengo que hablar con mi agente de cambio y Bolsa, aquí mismo.

PRESENTE: Dice que **tiene** que hablar con su agente de cambio y Bolsa, **aquí** mismo.

PASADO: Dijo que **tenía** que hablar con **su** agente de cambio y Bolsa, **allí** mismo.

Con este esquema se puede ver cómo se realizan los cambios:

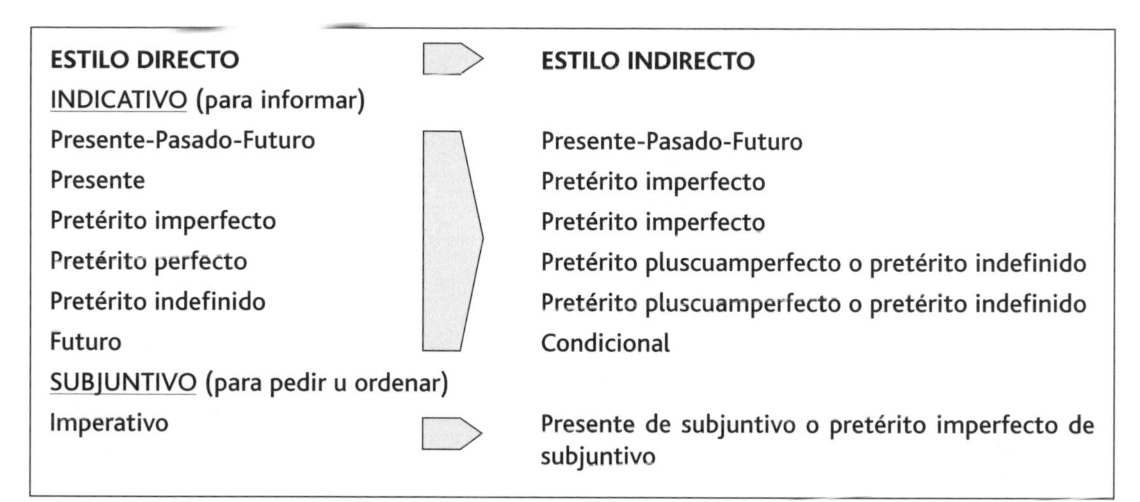

ESTILO DIRECTO	ESTILO INDIRECTO
INDICATIVO (para informar)	
Presente-Pasado-Futuro	Presente-Pasado-Futuro
Presente	Pretérito imperfecto
Pretérito imperfecto	Pretérito imperfecto
Pretérito perfecto	Pretérito pluscuamperfecto o pretérito indefinido
Pretérito indefinido	Pretérito pluscuamperfecto o pretérito indefinido
Futuro	Condicional
SUBJUNTIVO (para pedir u ordenar)	
Imperativo	Presente de subjuntivo o pretérito imperfecto de subjuntivo

1 Después de hablar con Raúl, el Sr. Sánchez ha tenido una reunión con otros colegas para contar la conversación que mantuvieron. Trabajando en parejas, utilice el estilo indirecto para decir lo que pasó.

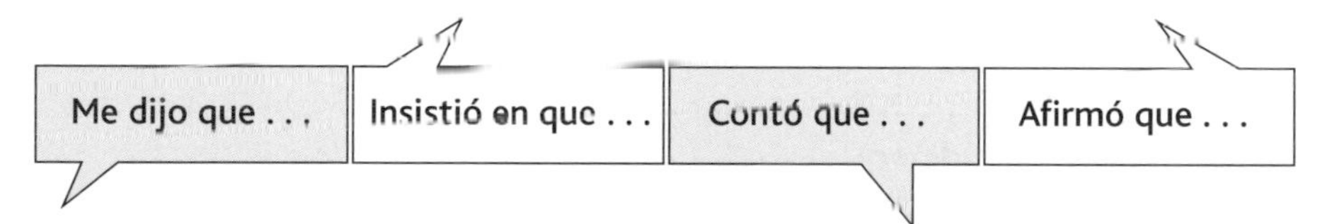

2 El Sr. Sánchez, cuando está haciendo operaciones bursátiles con otros colegas, tiende a utilizar algunas locuciones latinas que le sirven para expresarse de una forma más formal y concreta. Relacione las locuciones latinas con su traducción.

Motu proprio	Aproximadamente	**Sine qua non**	Voluntariamente	
Después	**In fraganti**	Sin fecha fija	**Ipso facto**	Sin lo cual no
Sine die	En el momento de cometer algo ilegal		**Sub judice**	
Grosso modo	Inmediatamente	**A posteriori**	Bajo resolución judicial	

3 Complete el ejercicio utilizando las expresiones latinas anteriores.

1 El director general necesita saber la cotización de Fenosa ....

2 Se quedó a trabajar toda la noche ....

3 No se puede decir nada; el asunto está ....

4 Las cifras que manejamos son, ..., de 500 euros por acción.

5 Juan Hernando, bróker argentino, fue pillado .... cuando manipulaba datos de sus clientes.

6 Dejaremos el contrato .... hasta que lleguemos a un acuerdo.

7 Es condición .... aceptar las normas impuestas por los mercados de valores.

8 Los expertos creen que comprar hoy barato puede ser vender caro ....

4 Escriba un pequeño discurso, en primera persona, sobre su trabajo utilizando todas las locuciones en latín. Por ejemplo, puede empezar así:

Ayer expliqué, grosso modo, mi proyecto al director . . .

Léalo en voz alta mientras un compañero toma nota y convierte las locuciones latinas en castellano. Luego, tiene que contar lo que usted ha dicho al resto de la clase utilizando el estilo indirecto. Podría empezar así:

Dijo que ayer explicó, aproximadamente, su proyecto al director . . .

5 Tiene que saber que los latinos son muy dados a utilizar refranes cuando conversan, incluso en situaciones formales.

Poderoso caballero es don dinero.
Primero es la obligación y luego la devoción.
Unos nacen con estrella y otros nacen estrellados.
Tras la tempestad viene la calma.
No hay mal que por bien no venga.

Busque el significado de las frases en Internet o utilizando su diccionario. Luego, ¿puede pasar los refranes a estilo indirecto utilizando el tiempo pasado?

Ej.: No hay mal que por bien no venga. ▶ *Me dijo que no había mal que por bien no viniera.*

6 Elija el momento más apropiado para utilizar cada uno de los refranes anteriores:

“Hemos estado trabajando sin parar dos semanas seguidas, pero hoy nos han dicho que nos van a recompensar con una paga (1); y es lo que yo digo, que el trabajo es lo primero aunque me haya perdido todos los partidos de fútbol de la selección (2).”

“Hay un accionista avaricioso y testarudo en mi cartera de valores, que sólo venderá sus acciones por un precio elevado (3); lo cual es típico de la mala suerte que he tenido yo en esta empresa mientras tú has subido como la espuma nada más entrar (4).”

"Hoy ha sido un día de infarto en la Bolsa. Menos mal que al final he podido vender las acciones a un buen precio (5)."

7 El Sr. Sánchez ha recibido información sobre la cotización en bolsa de la empresa Repsol. Tomó algunas notas por teléfono pero ahora tiene que sacar sentido de ellas. ¿Puede ordenar estas frases para completar un texto con sentido?

Repsol y el 83% de sus derechos de voto.

Repsol planea vender casi la mitad de sus acciones para

650 millones de euros para competir con Gas Natural. Los

cancelar las deudas contraídas y obtener

nuevos accionistas serán dueños del 49% del patrimonio de

Ahora, presente esta información en un memorándum para su jefe utilizando el estilo indirecto. Cuéntele lo que su informante le ha contado a usted.

8 ¿Está usted muy interesado en los llamados mercados emergentes? Basándose en el texto del ejercicio B5 invente un diálogo nuevo, y con un/a compañero/a imagínese como se desarrollaría una conversación entre usted y el Sr. Sánchez. Siga el ejemplo.

Usted: Sr. Sánchez, tengo un problema
Sr. Sánchez: Cuénteme . . .
Usted: Necesito información sobre la empresa Mecánica de Chile S.A.
Sr. Sánchez: ¿Qué relación tiene con esta empresa?

Ahora, cambie toda la conversación pasando del estilo directo al indirecto.

Usted: Yo dije al Sr. Sánchez que tenía un problema, que necesitaba información sobre la empresa Mecánica de Chile S.A. Él me preguntó qué relación tenía yo con esa empresa y yo le contesté . . .

D: Para saber más

1 **Lea el artículo y haga un resumen del mismo. Confeccione una lista de vocabulario de términos específicos de la Bolsa y explíquelos con otras palabras.**

¡Acción! Historia de las Bolsas españolas

Los orígenes de la Bolsa en España se remontan al año 1652, cuando Felipe IV estableció la llamada Casa de Contratación. Años más tarde, en 1831, se reconoce oficialmente la Bolsa de Comercio de Madrid. Después, la seguirían la de Barcelona en 1915 y Valencia en 1981. La Bolsa es una de las instituciones del sistema financiero que consiste en un mercado organizado en el que se reúnen profesionales de forma periódica para realizar compras y ventas de valores públicos o privados. En España las cuatro bolsas oficiales están reguladas por la Comisión Nacional del Mercado de Valores (CNMV), que es una entidad de derecho público con personalidad jurídica propia. Las funciones básicas de esta comisión son las siguientes:

- Dirigir el sistema bursátil.
- Autorizar la admisión de valores a cotización.
- Proponer la autorización de sociedades y agencias de valores.
- Controlar y supervisar los mercados y las instituciones que intervienen en ellos.
- Velar por la transparencia y por la protección del inversor. En este sentido, ha de controlar que no se haga uso de información privilegiada.

Los miembros del Consejo de Administración de la CNMV son nombrados por el Ministerio de Economía. Por tanto, la CNMV depende del gobierno. El Consejo de Administración de la CNMV es asesorado por la denominada Comisión Consultiva en la que participan los miembros de las Bolsas españolas, los inversores, los emisores y las Comunidades Autónomas que cuentan con Bolsa. Los miembros de cada bolsa son accionistas de la Sociedad Rectora de la Bolsa de Valores correspondiente que tiene la figura jurídica de sociedad anónima. Estos miembros son los únicos que pueden contratar en Bolsa.

2 **Va usted a hacer una visita a la Bolsa de Madrid con el Sr. Sánchez. Basándose en el texto, haga preguntas sobre el edificio, su historia y el actual trabajo de la Bolsa. Para las respuestas, puede buscar más información en la página www.bolsamadrid.es.**

3 Rellene los espacios en blanco con el tiempo y modo del verbo que corresponda.

Atrévase a invertir

Cuando (invertir) .... en Bolsa, (hacerlo) .... con dinero que no (ir) .... a necesitar por lo menos en dos o tres años. Se (demostrar) .... que especular en Bolsa (ser) .... una inversión segura a largo plazo.

Es importante que (dejarse) .... asesorar por un experto. De todas formas, (ser) .... consciente de que siempre se (asumir) .... un riesgo. Para reducirlo, se (recomendar) .... que (diversificarse) ...., es decir que (adquirir) .... varios valores formando una cartera de inversión.

Pero, ¿cómo comprar? El modo más directo (ser) .... acudir a los miembros del Mercado. La Bolsa de Madrid (contar) .... con 49 miembros de los que 36 (ser) .... sociedades de valores y bolsa, 10 (ser) .... agencias de valores y 3 entidades de crédito.

4 El Sr. Sánchez explica a su colega qué son los fondos de fondos. Lea el texto.

Los fondos de fondos son un producto bastante nuevo. Son una modalidad de inversión colectiva que se caracteriza porque los activos en los que invierten son otros fondos de inversión, en lugar de acciones de distintas empresas. Así, por ejemplo, si el fondo de inversión tradicional invierte en diferentes tipos de activos como acciones, bonos, instrumentos derivados, etc. para conseguir su objetivo, el fondo de fondos realizará inversiones en otros fondos.

Un beneficio del fondo de fondo es proponer al cliente una diversificación mayor que con los fondos de acciones, combinando los estilos de varios gestores de fondos en lugar de seguir la metodología de sólo uno. La elección de los fondos que constituyen la cartera siempre se basa en criterios cuantitativos y cualitativos, y mediante la combinación de distintos estilos se aprovechan al máximo los beneficios de la diversificación. Se dice mucho que una desventaja del fondo de fondos es que el cliente tiene que pagar gastos mayores que con los fondos tradicionales, debido a que cada fondo que se elige para formar parte de la cartera tiene sus costes individuales.

Sin embargo, gracias a que el fondo de fondos es un inversor institucional, se tiene acceso a condiciones muy ventajosas y en muchos casos, a gestores inaccesibles para el inversor particular.

A mí me gustan los fondos de fondos, más que nada por las posibilidades de diversificación. Es emocionante trabajar con un producto relativamente nuevo, que deja mucho espacio para la creatividad a la hora de combinar fondos para mis carteras. ¡Espero que los clientes estén de acuerdo!

Ahora, el Sr. Sánchez pone a prueba lo que su colega y usted han aprendido.

1 ¿Los fondos de fondos son fondos de inversión cuyo valor está oculto para poder salir al mercado cuando sea conveniente, o son fondos que invierten su patrimonio en diferentes fondos de inversión?

2 ¿Cómo definiría usted el fondo de fondos?
3 ¿Cuál es la diferencia entre el fondo de fondos y el fondo de acciones?
4 ¿Cuál sería el beneficio del fondo de fondos como producto?
5 ¿Cuál sería una desventaja del fondo de fondos como producto?
6 ¿Por qué le gusta al Sr. Sánchez trabajar con fondos de fondos?
7 ¿Invertiría usted en un fondo de fondos? ¿Por qué?
8 ¿Cree que los productos de Bolsa ofrecen demasiado riesgo para un inversor particular?
9 ¿Se puede asociar la creatividad con la gestión de fondos?
10 Y para terminar, una pregunta difícil: ¿Una OPA (Oferta Pública de Adquisición de Acciones) es una operación de compra por parte de una empresa o grupo de empresas para dar a conocer públicamente a los accionistas de otra empresa, que cotiza en bolsa, su intención de adquirir el control o una parte de la misma; o es una operación financiera por parte de un pequeño inversor que consiste en dar a conocer públicamente su intención de comprar el 10% de las acciones de una empresa que sea parte del IBEX 35?

E: Así se hace

1 **El Sr. Sánchez les propone ir con él a visitar la Bolsa. Para ello les va a dar una pequeña información para que puedan interpretar los diferentes datos bursátiles. La forma en que aparece esta información en la prensa financiera puede que parezca incomprensible, pero como dice Eduardo, "La Bolsa no está reservada sólo para los expertos."**

Capital: Es el conjunto de dinero aportado por los accionistas.

Dividendos: Son los beneficios que obtiene una empresa. Se pone la fecha de cuando se hace el reparto.

Rentabilidad acumulada: Es la apreciación o depreciación más los dividendos que haya percibido una acción.

Capital		Dividendos		Rentabilidad acumulada	Nombre de empresa	
Número de acciones	Capitalización (Mill.)	Fecha	Eur. €	%	Código	Valor
140.264.743	8.213	01/05/08	0,61	1,13	FER	FERROVIAL
137.171.803	3.627	–	–	–	SGC	SOGECABLE
646.297.754	26.272	01/05/08	1,48	100,14	LOR	ARCELOR

Número de acciones: Es la cantidad de acciones de una empresa que están disponibles.

Capitalización: Es el valor de la empresa que se puede negociar en bolsa.

Códigos: Son las abreviaturas de los nombres de las empresas.

2 Lea la información que da el locutor y rellene la tabla siguiente.

***Cadena SNR*, boletín económico: Ahora damos paso a Ana Fernández, nuestra corresponsal en la Bolsa de Madrid. Ana, ¿qué nos puedes contar sobre el mercado en el día de hoy?**

Gracias, Paco. Hoy en la Bolsa de Madrid el IBEX 35 ha cerrado con un avance moderado del 0,2%. Entre los valores más destacados encontramos a SOS-Cuétara, que tras el anuncio del pago de un dividendo a cuenta de los beneficios del ejercicio de 2006 de 0,12€ por acción que se hará efectivo el 7 de julio, ha terminado la sesión con una subida del 4,8%. Así, la rentabilidad acumulada en lo que va de año se sitúa en el 7,89%. SOS-Cuétara disfruta de un total de 137.443.832 acciones y la capitalización bursátil es de 1.629 millones de euros. El valor más negociado ha sido Telefónica con un volumen de 36.972.643 acciones en la jornada, lo que significa un 0,75% sobre los 4.921.130.397 títulos de Telefónica en circulación, que suponen 64.270 millones de euros de capitalización bursátil. La rentabilidad acumulada en el ejercicio es del 4,72%. El próximo dividendo que abonará esta compañía se producirá el 7 de mayo de 2006 siendo el importe de 0,25€ por acción.
Esto es todo desde la Plaza de la Lealtad. Buenas tardes y hasta mañana.

Capital		Dividendos		Rentabilidad acumulada	Nombre de empresa	
Número de acciones	Capitalización (Mill.) €	Fecha	Eur. €	%	Código	Valor
					SOS	SOS-Cuétara
					TEF	Telefónica

¿Qué conclusiones puede sacar de la información sobre las dos empresas? Discútalo con sus compañeros/as y escriba un resumen para dar recomendaciones a sus inversores.

F: ¿Sabe navegar?

Enlaces de interés:

http://www.bolsamadrid.es/esp/portada.htm
http://es.finance.yahoo.com/
http://www.finanzas.com
http://www.invertia.com
http://www.cincodias.com/finanzasper/guias/1.bolsa/guia_bolsa.htm#
http://www.peru.com/finanzas
http://www.larepublica.com.co
http://www.colombialink.com – Opción “Finance”
http://www.cnmv.es
http://www.morningstar.es
http://ve.invertia.com
http://www.inverco.es
http://www.mx.finance.yahoo.com

Actividades

1 Escriba las palabras claves "bolsas+latinoamericanas+resumen+semanal" en un buscador. Allí recibirá un resumen de los mercados de este continente. Ahora, imagínese que está de viaje por Latinoamérica y escribe una carta a su jefe, explicando lo que ha sucedido esta semana en las Bolsas latinoamericanas y por qué.

2 Elija una empresa de la Bolsa de Madrid, del IBEX 35, y sígala durante una semana. Compárela con las empresas que han elegido sus compañeros/as y debatan entre todos su posible futuro.

3 Existen cuatro Bolsas en España y un índice latinoamericano en euros. Busque en Internet la historia de las Bolsas y el índice, dónde están, cómo funcionan y escriba un pequeño resumen de cada una.

4 Elija un fondo de inversión de la página www.morningstar.es. Al presentar este fondo a sus compañeros/as tiene que tener razones concretas para haberlo elegido (rentabilidad, riesgo, clasificación, estilo, valor, crecimiento, etc.).

5 Ponga sus habilidades de búsqueda a prueba buscando el "folleto informativo" del fondo que ha elegido en el ejercicio anterior. Utilice la página www.cnmv.es.

10 En esencia

En esta unidad va a tener otra oportunidad de expresar sus opiniones y puntos de vista sobre temas ya tratados en las cuatro unidades anteriores de *En activo.*

INSTRUCCIONES:

¿Recuerda? Primero, hay que leer el texto para practicar y aclarar cuestiones de vocabulario.

Después, se organizan dos grupos para entablar un debate abierto.

Una vez establecidas las divisiones, cada grupo tiene que preparar argumentos a favor y en contra del tema propuesto.

Cuando termine el debate, cada grupo tiene que presentar un informe oral de conclusiones.

Hay dos debates por cada texto.

Y para concluir, todos los miembros que componen los equipos deberán hacer una puesta en común sobre lo siguiente:

- **Impresiones con respecto a los temas planteados.**
- **Crítica de comportamiento a la hora de trabajar en grupo.**
- **Cuál es el tipo de colaboración que ha existido.**
- **Si han existido problemas de comunicación, cómo se han solucionado.**
- **De qué forma se han tomado las decisiones.**

Le vamos a sugerir unas frases para utilizar que, seguramente, le van a ser útiles. Apréndalas e inclúyalas en el debate cuando crea conveniente.

Mire usted, yo creo que su punto de vista está un poco alejado de . . .

Sea como sea, debemos llegar a un acuerdo porque . . .

Entiendo lo que quiere decir, pero la verdad es que me preocupa que . . .

Volviendo al tema del principio, deberíamos matizar más el punto en el que . . .

Lo siento, pero no tiene razón en lo que se refiere a . . .

Me da la impresión de que estamos dando vueltas a la misma idea y . . .

Texto 1

Ganar mejorando

Cada día la búsqueda de trabajo es más difícil. Antes se tenía que hablar bien inglés, ahora se pide un buen conocimiento del mandarín. Hoy en día todo el mundo es usuario de ordenador, pero ¿quién sabe crear páginas web o montar bases de datos en línea? Antes había que licenciarse, ahora el Master es imprescindible, y el MBA mejor aún.

Pero, ¿cuándo puede decir uno que ya es hora de parar y empezar a trabajar? ¿Debemos estar estudiando el resto de nuestra vida además de cumplir las horas necesarias y, en ocasiones, extras en la oficina todos los días?

Cameron McCool, australiano afincado en Valencia, reflexiona sobre este asunto. "Yo aprendí español, desde luego, por interés personal", dice, "pero también para ayudarme a conseguir trabajo, para tener otra ventaja en el mundo laboral. El tiempo que vaya a pasar en un país de habla hispana me ayudará en el futuro, no sólo para mostrar mis habilidades lingüísticas, sino también como una forma de manifestar mi interés por otras culturas, debido a mi experiencia internacional, que no todo el mundo tiene en Australia."

Sin embargo, ¿seguirá estudiando Cameron más para mejorar su perfil?

"Seguramente sí, aunque no sean estudios formales. Para mí, todo lo que hago es parte de un proceso de aprendizaje que contribuye a mejorar no sólo mi perfil laboral, sino también mi persona como tal. Cuanto más aprenda, mejor seré en todos los sentidos."

Es difícil saber cuándo parar, y cada persona es diferente, pero la competitividad del mundo laboral hace que siempre estemos buscando formas de diferenciarnos. "Para una persona con discapacidad", dice Yolanda Martín, directora de Empleo de la ONCE, "un elemento diferenciador claro es la discapacidad en sí, pero su perfil consiste en mucho más que eso. Esta persona tiene que trabajar tanto como los demás, y estar al tanto de los nuevos retos de búsqueda con los que se enfrentan los que entran en el mercado laboral."

La continua lucha por el éxito, por encontrar el trabajo que más le guste a cada uno, hace que identifiquemos nuevas maneras de diferenciarnos de los demás. Lo importante, desde luego, en este largo proceso de desarrollo laboral, es que siempre seamos quienes somos, sin pretender ser algo que ni nos conviene, ni nos gusta.

DEBATE 1 Cuanto más sepas, mejor: la continua evolución del perfil laboral

EL GRUPO A defiende la postura de:

La formación continua fomenta una mejor calidad de candidatos y trabajadores.

En un mundo laboral tan competitivo hay que saber diferenciarse aprendiendo nuevas destrezas.

La carrera laboral es un proceso continuo de aprendizaje personal y laboral.

EL GRUPO B defiende la postura de:

La formación después de conseguir un trabajo es innecesaria.

La experiencia es lo más importante a la hora de destacar en un proceso de selección.

La carrera laboral es el medio de ganar dinero y estabilidad para desarrollarse fuera del trabajo.

DEBATE 2 En la desunión está la debilidad: ¿las diferencias entre trabajadores llevan al equipo perfecto o al estado de guerra?

EL GRUPO A defiende la postura de:

El lugar de trabajo como una mezcla apasionada y necesaria de diferentes personas y perfiles que crean buenos resultados.

EL GRUPO B defiende la postura de:

La diferencia crea conflictividad y los mejores resultados se consiguen de gente que se entienden por sus similitudes.

Texto 2

Los bancos que nos cuidan

¿Se puede vivir sin dinero? Es una pregunta fácil de hacer pero muy difícil de contestar. Si llegamos a la conclusión de que el dinero es una parte necesaria de la vida moderna, la siguiente cuestión que se puede plantear es que si se puede vivir sin los bancos. Cuidan del dinero de miles de millones de personas, ayudándonos a conseguir mejores resultados en inversiones u ofreciéndonos préstamos e hipotecas para comprar coches y casas. Pero ¿de qué otra manera nos cuidan los bancos?

Fernando Carricajo es controlador financiero de un grupo de entidades financieras españolas. "Yo cuido de los clientes, siempre asegurándome de que toda información que se procesa sobre ellos y sus inversiones sea correcta," dice Carricajo. "Los errores afectan directamente al cliente y hay que evitarlos a toda costa."

Una parte fundamental del cuidado que ejercen las instituciones financieras sobre sus clientes es también la vigilancia de actividades irregulares. "Cuando alguien intenta obrar de una manera ilegal, perjudica a todos los clientes," confirma Carricajo.

Los bancos no sólo cuidan del dinero de sus clientes, sino que también se preocupan por su bienestar. Las obras sociales de las cajas de ahorro españolas son un ejemplo del ejercicio de la responsabilidad por parte de los bancos. Asimismo, con la expansión extranjera de las instituciones financieras existe una mayor necesidad de adaptación del producto y la manera de operar, además de mayor responsabilidad para las sociedades donde ejercen su negocio.

La introducción de nuevos productos, como los microcréditos a mujeres emprendedoras en la India, o la inversión de parte de los beneficios de un banco en la sociedad donde opera, muestran otro tipo de celo que ofrecen los bancos.

"La manera en la que una empresa ejerce la nominada responsabilidad social es un criterio cada vez más frecuente que se utiliza para medir el éxito," dice el analista de fondos Eduardo Sánchez. "Hay índices en mercados tradicionales como Estados Unidos y el Reino Unido, y en los emergentes como Brasil, que miden la manera en que se atienden las empresas, entre ellas bancos como Citibank o Banco Itau. Estas empresas serán valoradas mejor o peor según su comportamiento responsable."

Los bancos, aunque su ejercicio básico es ser un agente de confianza entre los individuos que necesitan financiación para sus proyectos y los que disponen de liquidez y desean obtener rentabilidad, muestran con su comportamiento que los servicios que prestan son mucho mayores que solamente la vigilancia de nuestro dinero.

DEBATE 1 ¿Poderoso caballero es don dinero?

EL GRUPO A defiende la postura de:

La única ruta hacia el poder es mediante la adquisición de la mayor cantidad de dinero posible.

EL GRUPO B defiende la postura de:

El poder se define por más factores que sólo el dinero que tenga uno.

DEBATE 2 El comportamiento responsable – ¿cuánto interés?

EL GRUPO A defiende la postura de:

Los bancos están para cuidar de nuestro dinero y poco más.

El cliente sólo puede esperar que el banco no le engañe, no que construya una escuela para sus hijos.

La única confianza que puede aportar un banco a la sociedad es la de ser buen intermediario entre el que presta y el que toma prestado.

EL GRUPO B defiende la postura de:

El cliente tiene derecho de esperar muestras de confianza de su banco que superen el servicio básico.

Un banco es parte de la sociedad donde ejerce, entonces su deber es apoyar su desarrollo.

La confianza se gana con grandes gestos.

11 En espera

El sector de la salud

A: Le presento a Dña. Jimena Rueda-Hernández

1 Lea la siguiente biografía.

Jimena Rueda-Hernández es colombiana. Especialista en neurología, trabaja en el área de desarrollo y coordinación con niños pequeños que tienen problemas neurológicos, como parálisis cerebral y distrofia muscular. Su labor consiste en desarrollar un programa de ejercicios que se adapte a las necesidades de cada niño y que sea adecuado al grado de discapacidad que tengan. Una de las cosas más importantes para Jimena es el poder comunicarse con sus pequeños pacientes y aliviar de alguna forma cualquier tipo de sufrimiento que tengan. La capacidad de informar y a la vez de escuchar a sus pacientes, es importante y le ayuda a mejorar en su trabajo cada día.

Colombia es un país de casi 45 millones de habitantes con una esperanza de vida de 72 años, casi 6 años más que Bolivia. Sólo el 0,7% de la población es seropositiva, una cifra mucho menor que en países más desarrollados; sin embargo, su tasa de mortalidad infantil es cinco veces mayor que la de los Estados Unidos. En Colombia existen sistemas de salud tanto públicos como privados. El Sistema General de Seguridad Social proporciona ayudas a los colombianos de escasos recursos y este sistema está regulado por el Ministerio de Protección Social: **www.minproteccionsocial.gov.co**. El método de clasificación SISBEN cataloga a los colombianos según su poder adquisitivo. De esta forma se decide quién tiene derecho a acceder a la ayuda social, que incluye la asistencia médica gratuita. Actualmente, muchas grandes empresas en Colombia, junto con sus empleados, pagan por servicios privados, como pueden ser Colsanitas o CAFAM, para proporcionarles asistencia médica subvencionada.

2 ¿Qué más sabe usted de Colombia?

Al este, comparte frontera con V________ y B_____.
Al sur, comparte frontera con E______ y P___.
Al norte, su costa linda con el M_____ C_______.
Es el cuarto país más grande de Suramérica, tras B_____, A_______ y P___.
Su nombre se deriva del navegante C_______ C___.

3 Aquí encontrará usted palabras y frases de diferentes países de habla hispana relacionadas con el sector de la salud. Agrupe los conceptos que tengan el mismo significado.

A **DROGUERÍA DE TURNO** (Colombia)	B **URGENCIAS** (España)	C **HOSPITAL DE POSTA** (Chile)
D **UVI** (España)	E **ESTAR DE BAJA** (España)	F **RECIPE MÉDICO** (Venezuela)
G **ESTAR DE INCAPACIDAD** (México)	H **FARMACIA DE GUARDIA** (España)	I **ESTAR CON LICENCIA MÉDICA** (Argentina/Chile/Uruguay)
J **EMERGENCIAS** (Uruguay)	K **UTI** (Latinoamérica)	L **RECETA MÉDICA** (España y Latinoamérica)

Ahora, junte las letras con las definiciones.

1 Servicio del hospital que proporciona cuidados especiales para pacientes en estado grave.
2 Departamento de un hospital que proporciona servicios de atención inmediata.
3 Documento firmado por un médico asignando medicamentos y tratamientos.
4 No trabajar debido a una condición médica.
5 Establecimiento, abierto las 24 horas del día, que vende medicinas.

4 Revise esta información y escriba 10 frases comparando las estadísticas. Utilice las siguientes estructuras para expresarse. ¿Qué conclusiones puede sacar?

por un lado | en cambio | no sólo . . . sino | por otro lado | mientras que

	Colombia	Venezuela
Población	45 millones	26 millones
Esperanza de vida	72,27 años	73,28 años
Tasa de natalidad	20,16/1.000	22,52/1.000
Tasa de mortalidad infantil	20,13/1.000	22,52/1.000
Muertes por SIDA/VIH	3.600 al año	4.100 al año
Edad media	26,6 años	24,9 años

en comparación con | peor, mejor | más alto, más bajo | mayor, menor

5 **Jimena nos va a enseñar 5 refranes populares sobre la salud. Explique lo que significa cada uno.**

De penas y de cenas están las sepulturas llenas.
Querer sanar es media salud.
La comida reposada y la cena paseada.
Gástalo en la cocina y no en medicina.
La enfermedad se siente pero la salud no.

Ahora utilícelos como titulares para hacer un folleto que dé consejos sobre la salud.

B: Escuche, por favor

1 **Un periodista de *Salud y Vida* quiere hablar con la Sra. Rueda-Hernández del asunto de la salud en Colombia. Escuche la conversación y rellene los huecos.**

***SV:** ¿Qué (1) .... puede tener un colombiano respecto a su salud?*

JRH: Depende, claro está, de las (2) .... de la persona, pero como promedio, un hombre puede esperar vivir sano hasta los (3) .... años, mientras una mujer puede estar sana y llegar a los (4) .... años.

***SV:** Pero el gobierno está comprometido a mantener sanos a los colombianos ¿no?*

JRH: El nivel del compromiso depende del gobierno que esté en el poder, desde luego, pero el (5) .... actual dice claramente que su compromiso con el pueblo colombiano es de (6) .... la protección a todo ciudadano, no importa su condición social o económica, y promover la solidaridad entre afortunados y menos afortunados. Luego está la Organización Mundial de la Salud, con su oficina en Colombia, que intenta (7) .... compromisos parecidos, y responde a (8) .... respecto a la salud y también trata el tema de los que (9) .... por la guerrilla en el país.

***SV:** ¿Y el gasto en servicios de salud hecho por el Estado?*

JRH: Actualmente, se gasta casi el (10) .... en salud, que en comparación con los demás países del continente es un número (11) .... Colombia gasta muchísimo más de su PIB en salud que los países del (12) ...., por ejemplo, y sólo el (13) ....

***SV:** ¿Y qué nos puede contar de los médicos?*

JRH: Los médicos en Colombia trabajan muchísimo; hay menos de (14) .... Si lo comparamos con España, donde hay 3,30 médicos por la misma cantidad de personas, se ve (15) ....

2 En algunos países, como España, existe un servicio de Seguridad Social universal. Se financia a base de cotizaciones de trabajadores que pagan parte de su sueldo al estado para que ellos y sus familiares reciban cierta protección social que incluye el acceso gratuito al servicio de salud nacional y sus diferentes especialidades. Ahora, trabajando con otro/a estudiante, elija una de las especialidades médicas. Sin decir el nombre, descríbala para que la adivine el/la otro/a estudiante. Hágalo con todas.

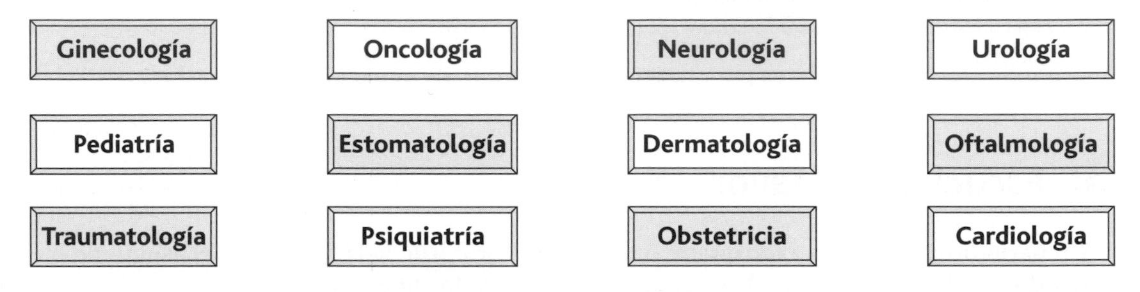

3 Escuche el siguiente texto sin mirarlo y conteste a las preguntas. A continuación, léalo detenidamente y haga un resumen de 100 palabras.

Puerto Rico y sano

Entre los productos que exporta Puerto Rico están el ron y el atún. Sin embargo, este país, que tiene una de las economías más exitosas del Caribe, es ya más conocido por sus productos químicos, farmacéuticos e instrumentales médicos. Muchas multinacionales farmacéuticas, como Bristol-Myers Squibb y Pfizer han empezado a invertir en Puerto Rico, estableciendo fábricas de medicamentos.

Gracias a la unión económica, política y estatal que tiene Puerto Rico con los Estados Unidos, la isla ha atraído a muchas empresas que quieren encontrar una vía más directa hacia el mercado estadounidense para sus productos.

La industria farmacéutica ha hecho que Puerto Rico sea conocido tanto por sus medicamentos como por sus playas, y es el sector que más gente contrata en ciertas zonas de la isla. El trabajo de más de 30.000 puertorriqueños está directamente vinculado con la industria, y además de la producción de fármacos, la industria fomenta el crecimiento en otros sectores que proporcionan servicios a las fábricas y empresas en sí.

Gracias a los medicamentos, Puerto Rico ya no es sólo una nación que exporta productos agrícolas. La revolución farmacéutica ha ayudado a promover más desarrollo en industrias basadas en la alta tecnología, mejores sueldos entre los trabajadores y mejor infraestructura para el transporte tanto de personas como de productos farmacéuticos.

1 ¿Cuánta importancia tiene la economía de Puerto Rico en el Caribe?
2 ¿Por qué es conveniente para las multinacionales invertir en Puerto Rico?
3 ¿Cuánta gente trabaja en la industria farmacéutica?
4 ¿Cuáles son las ventajas para Puerto Rico de esta inversión farmacéutica?
5 ¿Cuáles cree que pueden ser las desventajas de este tipo de inversión?

4 La llegada de una nueva fábrica farmacéutica al pueblo puertorriqueño de Barceloneta ha causado una gran conmoción. Parte de la población defiende la inversión de las multinacionales farmacéuticas en Puerto Rico, mientras que la otra parte se opone a tal desarrollo. ¿Puede imaginar y apuntar posibles razones partiendo de lo siguiente?

La importancia de . . .

. . . conocer nuevas tecnologías relacionadas con el mundo de la medicina, etc.

La necesidad de . . .

. . . intercambiar conocimientos y personal sanitario entre regiones, etc.

La utilidad de . . .

. . . abrir nuevos caminos para el desarrollo sanitario, etc.

Para terminar, declárese a favor de una postura en concreto y diga el porqué, debatiendo su posición con otros/as estudiantes. Finalmente, escriba un resumen, mencionando todos los argumentos que aparecieron a favor y en contra de la inversión.

C: Recuerde que . . .

La voz pasiva

La voz pasiva es una forma del verbo constituida por el verbo **ser** y **estar** más un participio. En estas oraciones el sujeto es paciente, es decir, que recibe la acción del verbo. Esta forma se utiliza para dar más relevancia al complemento directo de la forma activa.

Ej.: El gobierno aprobó el presupuesto de Sanidad. (oración activa)

El presupuesto de Sanidad fue aprobado por el gobierno. (oración pasiva)

La pasiva con **ser** indica una acción realizada; y con **estar**, indica el resultado.

Ej.: Las encuestas sobre la seguridad fueron hechas por Demoscopia.

Ej.: Las encuestas sobre la seguridad en el trabajo están hechas.

La forma llamada pasiva refleja o pasiva con *se*, (que no debe confundirse con la construcción impersonal) sólo admite el verbo en la tercera persona.

Ej.: Se aprobó el presupuesto de Sanidad.

1 Transforme el texto en activa por la voz pasiva.

La OMS

La Organización Mundial de la Salud se creó en 1948 con el fin de lograr que la salud estuviera al alcance de todos los individuos. Una de las primeras tareas que realizó con éxito fue combatir el cólera. La constitución de la OMS define la salud como un estado de bienestar físico, mental y social y no solamente la ausencia de enfermedades. La OMS ha alcanzado resultados sorprendentes en la lucha contra la malaria y ha conseguido erradicar de raíz la viruela, enfermedad que diezmó poblaciones enteras. Después de una difícil campaña, en 1994 consiguió eliminar la poliomielitis de Latinoamérica. Esto ha significado un gran paso para la erradicación de esta enfermedad en todo el mundo.

Asimismo, la OMS tiene en cuenta las siguientes prioridades:

1 Con ayuda del resto de los países, reducir enfermedades como el paludismo y la tuberculosis.

2 Aumentar la vigilancia y supervisión de las enfermedades propagadas a escala mundial.

3 Invertir en investigación y estrategias para utilizarlas en países en vía de desarrollo.

La construcción impersonal con *se*

Una oración impersonal es la que no tiene sujeto.

Ej.: Cuando se está con estrés no se puede trabajar.

No son oraciones pasivas y el verbo va siempre en singular.

Ej.: Se dice que el equipamiento médico no está dando buenos resultados.

2 Con los datos estadísticos que encuentre a continuación, cree frases impersonales.

- Yo creo que la población total de Argentina es de 40.301.927.
- He leído que el ingreso nacional bruto per cápita (en dólares) es de 13.920.
- Los expertos dicen que la esperanza de vida al nacer (en años) h/m está en 72/78.
- Los datos cuentan que la probabilidad de morir antes de alcanzar los 5 años (por 1000 nacidos) es de 16.
- Mi hermana me ha señalado que la probabilidad de morir entre los 15 y los 60 años h/m (por 1000 habit.) es de 62/86.
- Los profesores cuentan con que el gasto total en salud por habitante ($) es de 1.274.
- El Ministro de Salud calcula que el gasto total en salud, como porcentaje del PIB, es de 9,6.

3 **Partiendo de la palabra de la cuadrícula, que es la profesión de Jimena, busque los participios irregulares de los siguientes verbos y póngalos en su lugar correcto.**

abrir							F							
satisfacer							I							
escribir							S							
decir							I							
despertar							O							
imprimir							T							
romper							E							
suspender							R							
elegir							A							
descubrir							P							
suscribir							E							
manifestar							U							
volver							T							
transcribir							A							

D: Para saber más

1 **Lea el texto con atención.**

El trabajo: un peligro para la salud

David se levanta agotado todos los días. Apenas **pega ojo**, tiene fuertes dolores de cabeza y está deprimido. Hoy tiene que entregar un informe importante en su departamento y no se siente con fuerzas para **afrontar el día**.

¿Se siente usted identificado con él?

David sufre lo que la medicina denomina estrés laboral. Este tipo de enfermedad es una de las primeras causas de **absentismo laboral**; y las cifras son alarmantes: en España, más de un 50% de las bajas laborales se deben al estrés; en el Reino Unido, casi 3 de cada 10 empleados sufren este trastorno; en Alemania, el estrés es responsable del 7% de las jubilaciones prematuras y de incapacidad laboral; en Estados Unidos, los trastornos depresivos afectan a la décima parte de adultos en edad de trabajar. ¿Estamos ante la mayor **epidemia laboral** del siglo XXI?

Por desgracia, este fenómeno no es nuevo. En los años 30 del siglo pasado, el médico austríaco Hans Selye, definió el estrés ante la OMS como: "la respuesta no específica del organismo a cualquier demanda del exterior". Desde entonces, este término, que proviene del inglés, se ha ido incorporando a todos los idiomas y **ha calado en la conciencia popular**.

Para las empresas, la falta de asistencia de trabajadores por enfermedad, puede tener efectos desastrosos. Se calcula que en la UE, casi 150 millones de empleados consideran que su trabajo es estresante, lo que significa un daño importante para las empresas y la economía. La OIT estima que el coste que se produce por las bajas laborales relacionadas con el estrés es de 20.000 millones de euros anuales, con una pérdida del 4% del PIB.

Si no se toman **medidas drásticas**, el futuro no va a ser **nada halagüeño**. Se estima que en el año 2020 la depresión será la segunda causa de absentismo laboral en el mundo desarrollado, ya que como dice Bernd Tenckhoff, profesor de la Universidad de Bochum: "la salud mental es el **talón de Aquiles** de la economía basada en el conocimiento".

2 Haga lo siguiente:

- Cambie el título del texto para hacer un artículo menos alarmista y más apropiado para un contexto que tenga como objetivo dar consejos de prevención.
- Para empezar este nuevo artículo, describa, con sus propias palabras, qué es "el estrés" y cómo afecta a la economía de mercado.
- Para escribir su artículo, encuentre las siglas que hay en el texto y escríbalas con todas las palabras.
- En su artículo, defina los términos en negrita que encontrará en el texto de arriba.
- Termine su trabajo con consejos que ilustren el tema, por ejemplo, "El liderazgo sin estrés es posible."

3 Jimena, por el tipo de trabajo que desempeña, oye con mucha frecuencia cómo muchos pacientes hacen preguntas sobre temas relacionados con bajas laborales. A continuación va a escuchar a expertos contestar a varias cuestiones planteadas. Su trabajo consistirá en corregir los datos inexactos (no son gramaticales) del texto.

Buenas tardes. Me llamo Tanya Galindo y mi pregunta es la siguiente. Tengo un compañero que ha estado sano, pero no me ha entregado los partes de alta. ¿Qué puedo hacer? ¿Le puedo coaccionar para que me los entregue?

Lo segundo que debería hacer es pedirle, por el medio mecánico más lento, los partes de negación y una explicación. Si no lo hace, puede recurrir a imponerle una multa disciplinaria ya que, según su Contrato Colectivo, está obligado a hacerlo.

Hola. Soy Juan Fuensanta. ¿Podría aclararme una duda? He estado dos semanas de alta por enfermedad, y cuando he regresado, me encuentro con que me han descontado varios meses de mi nómina. ¿Debería aplaudir a la empresa?

Le aconsejo que no se precipite ya que la Sociedad Social establece muy claro las normativas. Si ha tenido una enfermedad común o un accidente en el trabajo, empezará a recibir la prestación a partir del sexto día de la fecha de la baja. Si la enfermedad y/o el accidente es en casa, empezará a recibir la prestación a partir del día anterior de la baja. Y dos cosas más para el futuro. Si hay una situación de huelga o la empresa abre, no recibirá ningún tipo de compensación.

4 En este ejercicio han aparecido varios conceptos nuevos. Enlace cada término con su definición.

1 **Partes de baja**		a Acuerdo sobre las condiciones generales de trabajo entre trabajadores y empresarios.
2 **Partes de confirmación**		b Asistencia financiera a un trabajador por parte de una empresa con el fin de costear sus gastos.
3 **Sanción disciplinaria**		c Documento que acredita que un trabajador no puede asistir a su puesto de trabajo por causa médica.
4 **Convenio colectivo**		d Dinero que recibe un trabajador cuando está de baja.
5 **Prestación**		e Documento que va confirmando la situación de incapacidad de un trabajador.
6 **Subsidio**		f Multa o castigo que impone una empresa a un trabajador si éste no cumple con sus obligaciones.

E: Así se hace

1 Hoy en día, rellenar impresos es una tarea casi cotidiana. Los hay para informar o solicitar información, para cumplir con un requisito legal o protestar contra una decisión injusta. Y no sólo los hay en papel, sino también en la red. A lo largo de esta sección va a poder ver una serie de ejemplos de impresos y de cómo se rellenan.

Con estos datos básicos, ¿podría rellenar este impreso?

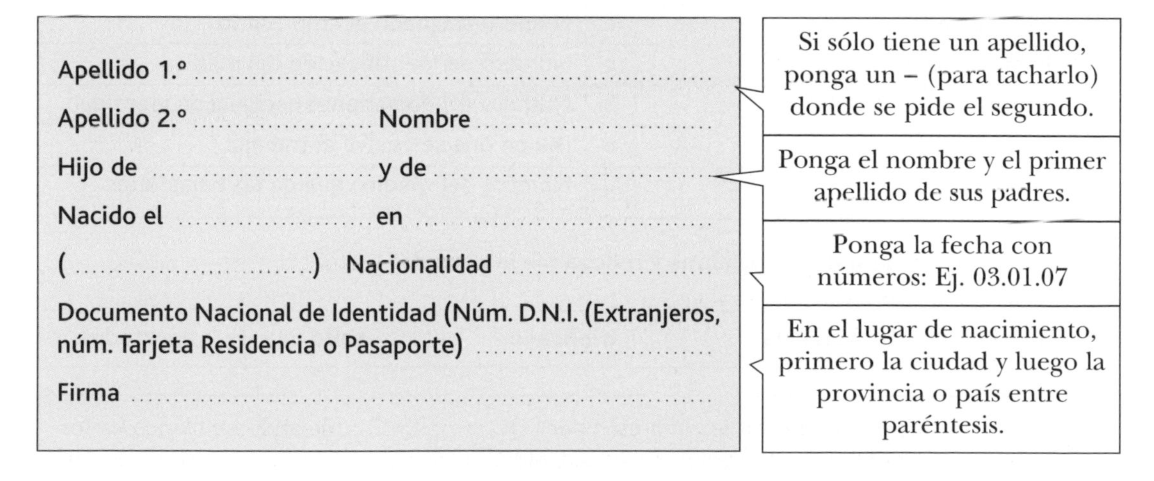

Apellido 1.° ....

Apellido 2.° .... Nombre ....

Hijo de .... y de ....

Nacido el .... en ....

(..............................) Nacionalidad ....

Documento Nacional de Identidad (Núm. D.N.I. (Extranjeros, núm. Tarjeta Residencia o Pasaporte) ....

Firma ....

2 **Los partes médicos de baja y de alta sirven para que el trabajador pueda seguir recibiendo su salario mientras está de baja y la empresa obtenga una compensación de la Seguridad Social. A continuación, puede ver un modelo de este tipo.**

Datos del trabajador		Datos de la empresa	
Nombre:		Nombre:	
N. de afiliación a la Seguridad Social:		N. patronal:	
D.N.I.:		Actividad:	
Domicilio:		Domicilio social:	
Fecha de:	Alta: _ _ / _ _ / _ _	Baja: _ _ / _ _ / _ _	
Causas de la baja:			
Datos del facultativo			
Nombre:			
N. de colegiado:			

3 **Rellene el parte y relacione los datos con las definiciones.**

1	N. de Patronal	a	Enfermedad, maternidad, accidente laboral.
2	N. de afiliación a la Seguridad Social	b	La dirección de la sede de la empresa.
3	D.N.I.	c	Día en que se empieza la ausencia del trabajo.
4	Domicilio	d	El número de identificación de un trabajador.
5	Domicilo social	e	El lugar donde vive el trabajador.
6	Fecha de alta	f	Número asignado al empresario.
7	Fecha de baja	g	Número de identificación del médico.
8	Causas de la baja	h	Número del documento nacional de identidad.
9	Datos del facultativo	i	Día en que se vuelve al trabajo.
10	N. de colegiado	j	Nombre del médico que da las bajas/altas.

4 **Busque el significado de las palabras y rellena los huecos del texto.**

resguardo	garantía	triplicado	sello	apartados

Normalmente, hay que presentar los impresos por (1)..................., dejando en blanco varios (2).................. para que los rellenen las autoridades oficiales. Muchos impresos llevan un (3)......................, que es la parte que se queda la persona que lo rellene como recibo o (4).................. de que ha sido entregado. A continuación, se le pondrá un (5).................. oficial para legalizarlo. La modificación de cualquier dato de la hoja entregada debe comunicarse por escrito o en otra copia del impreso original.

5 **Ahora, diseñe su propio impreso. Haga que sea claro, que recoja toda la información básica y que pida algo que sea único y necesario para su negocio.**

6 **Lea este artículo sobre impresos y compras *online*.**

Armadura virtual

Como ya sabe, los impresos electrónicos se utilizan para hacer un número variado de actividades: enviar quejas, suscribirnos a publicaciones, inscribirnos (darnos de alta) en organizaciones, o darnos de baja, comprar y devolver cosas, etc. Como resultado de todo esto, hay mucha información personal en el ciberespacio y son muchos los casos de robo de identidad. He aquí una guía de seguridad y buena práctica en lo que se refiere a los impresos electrónicos.

1 Busque el símbolo de la cerradura en la parte baja de su pantalla. Esto significa que hay un sistema de seguridad en funcionamiento. También busque y pruebe el número de teléfono que aparece como número de contacto de la empresa.
2 Muchas páginas piden su número de identidad o pasaporte. También las hay que piden su número de seguridad social. Si no está completamente seguro/a, no se lo dé nunca.
3 Proteja su contraseña y su nombre de usuario. No los apunte en sitios obvios como su agenda. Las contraseñas deben ser difíciles de adivinar: nada de mascotas, apellidos o números consecutivos. Lo mejor es mezclar símbolos, números y letras. Si le cuesta recordarlos, utilice un truco de memoria; por ejemplo, la contraseña AdMe80D parece imposible, pero viene de "Alrededor del Mundo en Ochenta Días". Y, díganos, ¿qué sería "Hd2C"? (*La respuesta está al final del artículo*.)
4 Use un "firewall" y un anti-virus actualizado en su ordenador.
5 Nunca utilice su dirección de correo electrónico como su identificación en las páginas de Internet. Hay programas que buscan esta información para luego escribirle fingiendo ser representantes de una empresa. Borre cualquier carta que pida que verifique su información, no importa lo oficial que parezca.
6 Cuando haya terminado, borre todo lo que tiene dentro. También piense en todos los sitios y organizaciones que tienen información sobre usted, como su médico, contable y empresas de seguros y pida que hagan lo mismo cuando termine usted de trabajar con ellos.
7 Haga una lista de todas sus tarjetas de crédito, números de cuenta, carnets y pasaportes y guárdelos en un lugar seguro. Si algo va mal, será su mejore arma.

(Hd2C = Historia de Dos Ciudades)

¿Puede añadir más consejos a la lista?

F: ¿Sabe navegar?

1 Lea el artículo.

El médico en Internet

Internet, una fuente incomparable de información, también sirve a la industria de la salud. Tanto los empresarios del sector como médicos y pacientes pueden utilizar el ciberespacio para aprender o conocer más sobre su campo, su trabajo y las diversas enfermedades.

En ciertos lugares de España, ya es posible concertar citas con el médico a través de Internet. Con la tarjeta sanitaria, el internauta entra en la página de su centro de salud y pide hora y fecha según le convenga.

Internet también proporciona información sobre enfermedades y posibles terapias. La página www.netdoctor.es facilita información sobre los síntomas de muchas enfermedades. Siempre existe el peligro, sin embargo, de que sólo con una consulta en Internet se diagnostique mal una enfermedad.

Las nuevas tecnologías también proporcionan ayudas a los médicos, dándoles acceso a información y material de investigación que antes se encontraba solamente en revistas impresas. Además, los beneficios de la comunicación virtual están revolucionando el proceso diagnóstico. Los médicos pueden compartir imágenes, sesiones de reconocimiento y rayos X a través del correo electrónico y la transmisión de operaciones por videoconferencia.

2 Veamos qué tal funciona Internet como médico. Vaya a www.netdoctor.es y busque el tratamiento para:

1 El dolor de muelas.
2 La gripe.
3 La depresión.
4 La alergia al polen.
5 Un dedo, posiblemente, fracturado.

Enlaces de interés. Páginas webs de los Ministerios de Salud en Latinoamérica.

Argentina	www.msal.gov.ar	**Honduras**	www.salud.gob.hn
Bolivia	www.sns.gov.bo	**México**	www.salud.gob.mx
Brasil	www.saude.gov.br	**Nicaragua**	www.minsa.gob.ni
Chile	www.minsal.cl	**Panamá**	www.minsa.gob.pa
Colombia	www.minproteccionsocial.gov.co	**Paraguay**	www.mspbs.gov.py
Costa Rica	www.ministeriodesalud.go.cr	**Perú**	www.minsa.gob.pe
Cuba	www.infomed.sld.cu	**Rep. Dominicana**	www.sespas.gov.do
Ecuador	www.msp.gov.ec	**Uruguay**	www.msp.gub.uy
El Salvador	www.mspas.gob.sv	**Venezuela**	www.msds.gov.ve

Actividades

3 Visite las páginas webs del ejercicio anterior para compararlas y contrastarlas. ¿Cuáles son las campañas principales que están promoviendo los diferentes ministerios y secretarías? ¿Cómo se parecen estas campañas a las que promueve el Ministerio de Salud de su propio país?

4 Visite la página www.gobierno.pr y busque información sobre el sector farmacéutico en Puerto Rico. ¿Por qué Puerto Rico es un sitio favorable para este sector? ¿Cuál es la historia del sector? ¿Y el futuro? Busque información en español sobre una de las multinacionales farmacéuticas con inversiones en Puerto Rico. ¿Qué cuentan sobre sus proyectos?

5 Visite la página www.madrid.org. Allí encontrará información sobre la salud. Intente encontrar información sobre cómo concertar una cita con el médico por Internet. Luego, investigue las páginas de otras comunidades autónomas españolas. ¿Proporcionan el mismo servicio? Cuente sus conclusiones a sus compañeros/as.

6 Visite la página www.vacunas.org. Elija un país de habla hispana y encuentre información sobre qué tipo de protección médica o vacunas necesitaría antes de visitar ese país. Prepare una hoja informativa sobre el país, dando indicaciones al viajero.

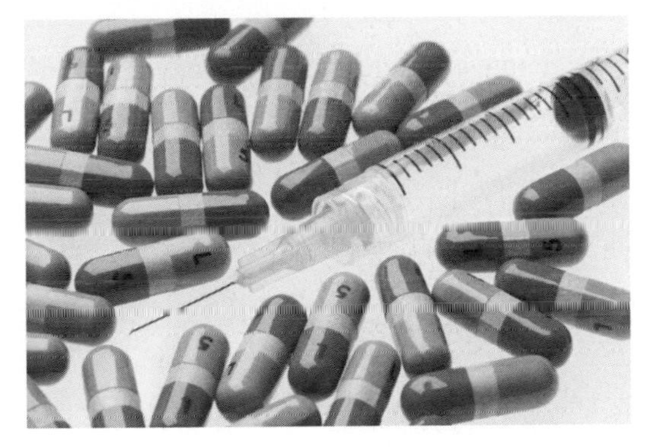

7 Vaya a estas páginas web de Madrid www.madrid.org y Extremadura www.saludextremadura .com para ver las diferencias entre el servicio de salud en España y el de los países de Latinoamérica.

8 Al igual que Puerto Rico, Cuba es un país pionero en biotecnología, industria farmacéutica y formación médica en América Latina. Investigue por qué.

http://www.infomed.sld.cu/webs/finlay/
http://www.cubaverdad.net/themefeeds/salud.php
http://www.cubagob.cu/otras_info/historia/salud.htm

12 En desacuerdo

➤ La atención al cliente

A: Le presento a Dña. Susana Vega Daumen

1 Lea la siguiente biografía.

Susana Vega Daumen empezó su trayectoria laboral como azafata de congresos, turismo y protocolo donde obtuvo experiencia trabajando de cara al público. Éste no ha sido el único contacto con el público que ha tenido Susana durante su carrera profesional ya que también trabajó durante un año como encargada de una tienda de enmarcado de cuadros y venta de obra gráfica en Sevilla y allí aprendió a ser tolerante y amable con los clientes. Sin embargo, su momento de trabajar por su cuenta le llegó cuando entró a formar parte de un negocio con una socia, haciéndose cargo de una tienda en un pueblo situado cerca de su Sevilla natal.

La tienda era lo que se conoce en España como un "todo a cien", una tienda que vende todo tipo de artículos por menos de una cantidad específica. El nombre viene de la antigua moneda española, la peseta, ya que se vendían los artículos a precios muy baratos, normalmente a cien pesetas, que hoy serían unos sesenta céntimos de euro. Se abrió la tienda en 1995 y siempre se ha caracterizado por vender mercancías de buena calidad a precios muy baratos. Lo que más le gusta a Susana de tener una tienda es trabajar de cara al público. Y no es tan fácil como parece: hay días que son más difíciles que otros y siempre hay que estar en disposición de agradar aunque no se tengan ganas de ser simpático. No obstante, tiene claro que aunque el cliente no siempre tiene razón, hay algunos momentos en que se la tiene que dar aunque salga perdiendo. En el mundo del comercio, el boca a boca es fundamental y un cliente insatisfecho puede hacer comentarios que perjudiquen las ventas. La regla de oro, entonces, es siempre actuar con diplomacia y mucha calma.

2 La Sra. Vega Daumen le ha mostrado que existen palabras claves para poder trabajar bien de cara al público. Para aprenderlas, búsquelas en el texto y cáselas con los antónimos que encontrará a continuación.

a ímpetu ~ .... b rudeza ~ .... c disgustar ~ ....
d antipático/a ~ .... e mediocridad ~ .... f vendedor/a ~ ....

Luego, escriba cinco frases empleando ambas palabras para mostrar la diferencia de significado entre sí.

3 Susana ha recopilado información durante varios años sobre los problemas que le presentan sus clientes. Para hacer este ejercicio, usted va a adoptar el papel de Susana y otro/a estudiante, el papel del cliente. Utilicen las frases dadas para hacer diálogos.

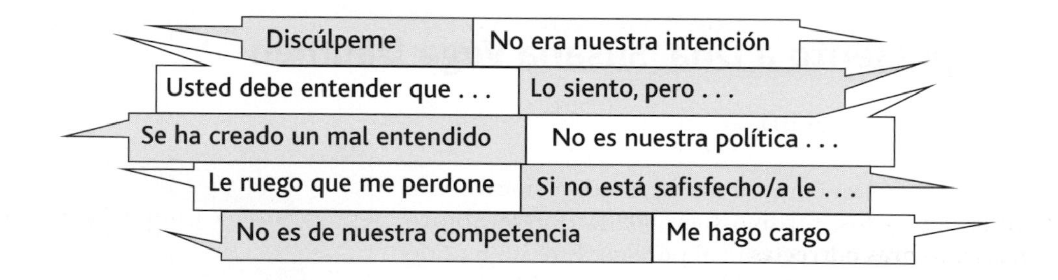

1 Compra un reloj y se rompe el día después de la compra.
2 El televisor, que ha adquirido recientemente, es demasiado grande para el salón de su casa.
3 Le han cobrado demasiado por la compra de un colchón de látex. Cree que le intentan timar.
4 Compró un marco para un cuadro hace una semana en un establecimiento y lo acaba de ver por la mitad precio en otra tienda. Quiere que le devuelvan el dinero.
5 Siente que no le están ayudando lo suficiente. Quiere hablar con el encargado/a.
6 Cuando llegó a casa, vio que faltaban páginas del libro que había comprado.
7 No puede montar las estanterías porque no entiende las instrucciones. Exija que un empleado de la tienda le ayude.
8 Compró un juego de sábanas hace una semana y ahora no le gustan.
9 Acaba de comprar una figurita de porcelana y, al salir de la tienda, su hijo la ha tirado al suelo y se ha roto.

4 Debido a estas situaciones que ha leído anteriormente, Susana se ha encontrado con problemas serios y ha tenido que acudir a los tribunales. Enlace las palabras del cuadro con las definiciones.

abogado/a	juicio	condena	denuncia	tribunales

Declaración del conocimiento de un hecho con apariencia de delito.	
Proceso judicial en que las partes implicadas disputan por sus derechos.	
Profesional que se dedica a la defensa de los intereses de otras personas.	
Jueces y magistrados que imparten justicia.	
Resolución judicial que impone el cumplimiento de una sanción.	

B: Escuche, por favor

1 Escuche las conversaciones entre Susana y dos de sus clientes. Primero, rellene los huecos con las palabras correctas.

A

Susana: Buenos días, Bea. ¿Qué tal todo?
Bea: Buenos días, Susana. Todo bien . . . bueno, no todo. Mira, te cuento lo que me pasa y a ver si me (1) ....
S: Claro, mujer, ¿qué es lo que pasa?
B: Compré esta (2) .... aquí la semana pasada, y me la puse por segunda vez ayer y mira el agujero que tiene, justo aquí por la manga.
S: Sí, sí. Ya lo veo. Pero Bea, este agujero, parece que lo ha hecho algún animal . . . ¿no ves que hay marcas como si hubiera sido roto por los dientes de un perrito o algo así?
B: ¡¿Qué dices, Susana?! ¿Por un perrito? (3) ...., no tengo perro.
S: Bueno, te he visto varias veces con uno por aquí, por el barrio. ¿No es tuyo?
B: ¿Mío? No, no. Madre mía, Susana, ¡qué disgusto me das! ¿Yo, con un perrito? Nunca jamás. Te digo que se ha descosido la manga, ¡(4) ....! ¡Me vas a tener que dar otra camiseta!
S: Bueno, Bea, no sé, el agujero, ya te digo, no viene de unos (5) .... Pero si tú me dices que no está hecho por un animal, pues . . .
B: Claro que no, mujer. ¿Me das otra camiseta entonces?

B

Susana: Sr. Guzmán, buenas tardes. ¿En qué puedo ayudarle?
Guzmán: Hola Susana. Pues sí, me va a tener que ayudar. Mire, compramos mi mujer y yo este anillito para nuestra hija, aquí, ayer. Era un regalito de nada, pero le hizo mucha ilusión a la niña. Se lo puso (6) .... y a los quince minutos notamos que se había roto en dos piezas, pero así, de golpe.
S: Qué raro. A ver, ¿trae el anillo con usted?
G: Sí, sí, aquí lo tiene. Puede ver lo que le digo. Está roto pero (7) .... ¿No le parece una rotura perfecta?
S: Sí, sí, veo lo que dice. Parece que tenía algún (8) .... este anillo.
G: Claro, así pensaba yo. Podía haberlo arreglado con un poco de pegamento en casa, pero no me parecía normal que se rompiera (9) ...., y eso que la niña había estado viendo la tele con el anillo puesto. Nada de dar golpes ni jugar con él puesto, no no.
S: No se preocupe, Sr. Guzmán, es un fallo del producto.
G: ¿Entonces (10) ....?

- ¿Cómo reaccionaría usted ante Bea y el Sr. Guzmán?
- ¿Qué opina de la forma que tiene Susana de reaccionar ante estas quejas?
- Termine los diálogos con otro estudiante.

2 Escuche el siguiente programa de radio, *El abogado en casa*, en el que un abogado contesta a las preguntas de los radioyentes. Ordene los diálogos.

A *Si piensa que el trabajo realizado no es el que esperaba, puede acudir a la OMIC o a cualquier AC para que le asesoren en el procedimiento a seguir.*

B He contratado los servicios de una empresa para hacer obras dentro de mi casa. He pedido que me den un presupuesto y me dicen que me lo dirán por teléfono y que tengo que darles una respuesta inmediatamente. ¿Qué debo hacer?

C Tengo un problema con una factura por el arreglo de una lavadora. La cantidad que me han cobrado me parece excesiva y el aparato no está en las condiciones que yo esperaba. No sé dónde puedo acudir.

D *Tengo que decirle que la ley les autoriza a registrar y mantener en custodia momentánea a personas que estén cometiendo un delito. Pero la detención legal sólo la pueden hacer las FCS ya que la policía es la única fuerza autorizada para hacer detenciones legales.*

E *Nunca acepte un presupuesto de palabra. Pida que se lo hagan por escrito porque, entre otras cosas, tiene que verificar que la empresa que usted va a contratar esté dada de alta en el IAE. Siempre exija un recibo con el CIF y, por supuesto, pague el IVA.*

F Me gustaría saber si las personas que vigilan los centros comerciales tienen autoridad para detener a los clientes.

3 Escriba a continuación lo que cree que significan las siguientes siglas:

IAE	CIF	IVA	OMIC	AC	FCS

4 Usted tiene problemas con su proveedor, el Sr. Calvo, que es la persona que le suministra material de cocina para la tienda. Escríbale un correo electrónico pidiéndole explicaciones por todos los problemas que le está causando. Sugiera una forma de resolver la situación en beneficio de ambos. Ayúdese con las frases dadas.

Redacción: (sin asunto)

Archivo Editar Ver Opciones Herramientas Ayuda

Enviar Dirección Ortografía Adjuntar Seguridad Guardar

De: cocinascalvo@horizonte.net

Para:

Asunto:

Me gustaría proponerle lo siguiente...
Voy a exponer claramente...
A ver si de esta forma resulta más...
Su comportamiento deja mucho que desear.
Quiero que quede bien claro que...
Me pregunto si está usted dispuesto a...
¿Le parece bien que...?

C: Recuerde que . . .

El imperativo

EL MODO IMPERATIVO se utiliza para expresar mandatos, ruegos, órdenes y deseos. Hay que tener en cuenta que:

1 El imperativo sólo tiene dos formas: 2ª persona del singular y 2ª persona del plural. El resto pertenece al presente de subjuntivo.

*Ej.: Elena, **atiende** al cliente que tú tienes más tiempo.*

*Ej.: Si creéis que tenéis razón, **protestad** todo lo que queráis.*

2 En la forma afirmativa los pronombres personales van detrás del verbo de forma enclítica.

*Ej.: **Devuélvame** el dinero, que no estoy satisfecho con el producto.*

3 En la forma negativa los pronombres personales van delante del verbo conjugado.

*Ej.: **No se le ocurra** volver otra vez por mi establecimiento.*

4 Para dar órdenes impersonales en la forma negativa, se utiliza el infinitivo (forma coloquial).

*Ej.: No **tocar** los productos expuestos.*

1 Susana tiene mucha experiencia con todo lo relacionado con los derechos del consumidor. Le va a dar una serie de consejos para que conozca sus derechos. Cambie los verbos en infinitivo por el imperativo (usted).

Susana le aconseja lo siguiente: ¡(Quejarse) ...., que es sano!

1 Si la factura que le entregan no está clara, (insistir) .... en que se la expliquen.

2 (Analizar) .... detenidamente lo que va a comprar. (Tomarse) .... todo el tiempo que necesite.

3 (Cerciorarse) .... de que la empresa que le ha hecho un presupuesto está legalmente establecida.

4 (Reclamar) .... que le especifiquen el IVA por un trabajo realizado.

5 No (tirar) .... la toalla ante una situación difícil.

6 (Salir) .... del establecimiento convencido/a de que ha hecho una buena compra.

7 No (fiarse) .... de la publicidad. En ocasiones resulta engañosa.

8 Si piensa que el trato que ha recibido no es el correcto, (pedir) .... el libro de reclamaciones.

9 Nunca (suplicar) .... (Recordar) .... que, como cliente, siempre tiene razón.
10 No (ser) .... tímido/a y (hacer) .... valer sus derechos.

Los indefinidos

PRONOMBRES	
Afirmativos	**Negativos**
algo alguien alguno/a/os/as cualquiera	nada nadie ninguno/a

ADJETIVOS	
Afirmativos	**Negativos**
Algún-alguna/os/as cualquier todo/a/os/as	ningún ninguna/os/as

ADVERBIOS	
Afirmativos	**Negativos**
siempre alguna vez también	jamás nunca tampoco

Reglas

1 **Alguna** en frases negativas equivale a ninguna. *Ej.: No hay solución alguna (ninguna) para este caso.*	2 **Ninguno** no tiene plural. *Ej.: Ninguno de nuestros clientes se ha quejado hasta ahora.*
3 **Algo** y **nada** llevan la preposición **de** cuando expresan una cantidad reducida. *Ej.: Aún queda algo de dinero en la caja.*	4 **Alguien** no tiene plural y es masculino. *Ej.: Las denuncias las ha puesto alguien de la competencia.*
5 **Cualquiera que** necesita la forma del subjuntivo. *Ej.: Cualquiera que te oiga diría que eres millonaria.*	6 **Todo/s**, cuando es pronombre, expresa la totalidad. *Ej.: Después del juicio, todos llegaron a un acuerdo unánime.*

2 **La Sra. Vega siente que se han vulnerado sus derechos y necesita la ayuda legal del Defensor del Pueblo. Rellene los huecos con los indefinidos apropiados.**

Por el pueblo y para el pueblo

.... vez habrá oído que hay .... personas que se han sentido afectadas por .... problemas y han decidido recurrir al Defensor del Pueblo. En .... ocasiones se emplea esta institución como último recurso para luchar contra las injusticias. Sin embargo, no podemos esperar que .... problema sea resuelto por ella; por ejemplo, lo que .... podemos llevar ante el Defensor del Pueblo son conflictos entre ciudadanos particulares, porque estos .... son llevados a los tribunales. .... se puede recurrir a este organismo cuando una sentencia judicial no nos da la razón. En .... en lo que sí nos ayuda, sin embargo, es en .... las situaciones de discriminación o limitación de nuestros derechos. Para .... de estas situaciones nos recomienda hacer un escrito con los detalles de la queja y .... dejar muy claro cuál es el derecho que ha sido vulnerado.

D: Para saber más

1 **Lea el texto con atención.**

El cliente siempre tiene razón: el defensor del consumidor

¿Quién no se ha sentido alguna vez desesperado, desprotegido, intimidado, despreciado y por qué no, timado después de salir de un establecimiento, agencia inmobiliaria, aeropuerto, y un largo etc.? Hacía falta una voz que representara al consumidor y la respuesta llegó en el año 1975 cuando se creó la Organización de Consumidores y Usuarios (OCU), una asociación sin ánimo de lucro con la única intención de informar y defender a los consumidores.

Esta organización (www.ocu.org) cuenta en sus filas con asesores fiscales y abogados que ayudan al consumidor a resolver dudas y atender sus consultas. Además de los expertos mencionados, la OCU posee un personal fijo de más de 140 trabajadores y cientos de voluntarios, pero al ser una entidad privada, y no contar con el apoyo estatal, depende para su subsistencia de aportaciones de socios que están llegando a más de 220.000 en todo el territorio español.

Ser socio trae ventajas añadidas como recibir información privilegiada y actualizada a través de OCU Ediciones, tener acceso a productos en condiciones ventajosas, ser poseedor de la tarjeta visa OCU y la Línea OCU Bolsa y obtener descuentos en alojamientos rurales.

Pero la OCU no sólo se limita a trabajar en España. Desde hace unos años forma parte de las principales asociaciones de consumidores de Europa: EUROCONSUMERS.

Por todo ello, el Congreso de los Diputados español ha decidido aprobar una Ley de Mejora de la Protección de los Consumidores y Usuarios. Esta ley no pretende sustituir la antigua Ley General para la defensa de los Consumidores y Usuarios, sino agregar una serie de mejoras para hacer más eficaz la defensa de los derechos de los consumidores.

Así mismo, esta ley pretende terminar con el abuso al que son sometidos los consumidores de manera reiterada y generalizada. También se pretende regular las asociaciones de consumidores ofreciendo más transparencia. La respuesta de la OCU a esta ley ha sido muy positiva, ya que consideran que esto les va a permitir consolidarse y ser más fuertes en la lucha por los derechos de los consumidores.

2 Para entender y analizar mejor el texto, le pedimos lo siguiente:

- Indique cuál de los párrafos pertenece a la introducción, al desarrollo y a la conclusión.
- Sintetice cada uno de ellos y deles un título.
- Trabajando con otro/a estudiante, decidan cuál es la función de:

La introducción

....

El desarrollo

....

La conclusión

....

3 Haga un resumen del artículo utilizando sus propias palabras. Busque más información en la página web www.ocu.org sobre EUROCONSUMERS y agréguela a su texto.

4 Susana no ha podido solucionar el problema que tenía con su proveedor, así que tiene que ir a juicio. El juicio civil, al que se va a presentar la Sra. Vega, se llama Juicio de Faltas. Cambie las palabras en negrita por los sinónimos del cuadro.

denuncia	verbal	procesal	alegaciones	impartir
litigio	interponer	dictamen	acusador	acusado
procedimiento	asistir	cerrar	magistrado	sanción
proceso	resoluciones	súplica	tribunal	letrado
sentenciar		compensación		acciones

Un Juicio de Faltas es un proceso **penal** rápido y sencillo, sin demasiadas formalidades, que tiene por objeto el **enjuiciamiento** de hechos de poca gravedad. Es un procedimiento fundamentalmente **oral** que se termina, generalmente, en una sola **vista** donde se detallan los **hechos**, se celebran las **pruebas** y se exponen las **conclusiones** quedando el juicio pendiente de **sentencia**.

El procedimiento se inicia mediante una **querella** y no es obligatoria (aunque sí conveniente) la intervención de un **abogado.** Junto con la acción penal podrá ejercitarse la acción civil, esto es, la petición de responsabilidad civil o la reclamación de una **indemnización** por los daños y perjuicios sufridos. Así, por ejemplo, en un juicio de faltas por accidente de tráfico, el **juez,** además de **condenar** al conductor culpable al pago de una **multa**, también puede condenarle a que abone a la víctima los gastos de reparación de su coche.

En principio, la ausencia del **inculpado** no suspende la celebración del **juicio** de faltas siempre que se le haya citado debidamente. En estos casos, y dado que no **comparece** para oponerse a los hechos denunciados, se considera que está conforme con los mismos y el juez **dicta** sentencia en consecuencia. Si, por el contrario, es el **denunciante** el que no comparece al juicio de faltas, se **archiva** el caso.

La sentencia que ponga fin al procedimiento puede ser **recurrida** interponiendo en el plazo de 5 días desde su notificación, el llamado recurso de apelación, que deberá presentarse ante el mismo **Juzgado** que dictó la sentencia. La sentencia que resuelva el recurso de **apelación** formulado no puede recurrirse.

5 **Parecen iguales, pero no lo son. Los parónimos son palabras que resultan muy parecidas en su forma escrita y pronunciación pero que tienen un significado muy distinto. Enlace las palabras con su definición.**

1	**Rebelar** **Revelar**	Forma de conducta Cualidad	A
2	**Absolver** **Absorber**	Reunión Dar algo a otra persona	B
3	**Ratificar** **Rectificar**	Aplicar un castigo Quebrantar una ley	C
4	**Actitud** **Aptitud**	Dejar libre a una persona acusada Hacer desaparecer	D
5	**Sesión** **Cesión**	Alzarse contra una autoridad Descubrir un secreto	E
6	**Infligir** **Infringir**	Causar daños Hacer juicios previos	F
7	**Perjuicio** **Prejuicio**	Confirmar algo Corregir algo	G

¿Podría hacer frases de contenido legal utilizando estos parónimos?

E: Así se hace

1 **La administración española dispone de un impreso llamado "hoja de reclamaciones" que actúa como una herramienta para que el consumidor pueda registrar sus quejas de una manera oficial. Una vez que se han hecho constar todos los datos en este impreso, el empresario lo entrega a la administración pública y cabe la posibilidad de que reciba una multa como consecuencia de la reclamación.**

Pero . . . ¿Cómo se hace una reclamación?

No es tan difícil como parece. Siga los pasos que le ha preparado Susana y "recuerde que se trata de hacer valer sus derechos como consumidor, no de sacar provecho de la situación".

Primero: Identifique el establecimiento del que se hace la reclamación. El proveedor debe dar sus datos del domicilio y nombre de la empresa. Estas entidades pueden ser tanto públicas como privadas.

Segundo: Como consumidor que reclama, deje constancia de los datos que le identifican: nombre, DNI, domicilio, teléfono.

Tercero: Haga una descripción clara y detallada de los hechos que se denuncian. Pueden ser desde un cambio de producto, pasando por el pago de una cuantía de daños, hasta la mala educación de un camarero.

Cuarto: Presente toda la documentación que pueda para fundar su reclamación: recibos, correos electrónicos, facturas, presupuestos, etc.

Quinto: Siempre es aconsejable utilizar un lenguaje enérgico pero respetuoso.

Una vez que ha estudiado cómo hacer una reclamación, haga los siguientes ejercicios.

2 **Imagine que es usted un funcionario de la administración pública a quien la Sra. Vega ha llamado para hacer una reclamación. El problema es que el ayuntamiento aún no le ha concedido el permiso de obras que lleva reclamando hace un año y esto le está perjudicando su negocio. Cree un diálogo telefónico entre los dos. Puede utilizar para hacerlo las siguientes frases:**

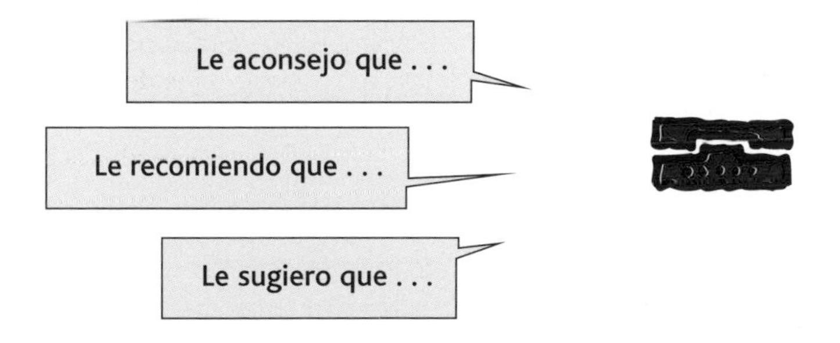

3 **La conversación entre Susana y el Sr. Guzmán (B1B) ha tenido un resultado negativo y éste le pide la hoja de reclamaciones para registrar su queja. Rellene el siguiente formulario conforme a las explicaciones que ya ha estudiado.**

Consejería de Trabajo e Industria
Dirección General de Comercio,
Consumo y Cooperación Económica

CONTROL DE ENTRADA EN LA OFICINA DE RECEPCIÓN

FECHA:
FIRMA RECEPTOR:

HOJA DE RECLAMACIÓN

1 LUGAR DEL HECHO
en .... PROVINCIA .... FECHA ....

2 IDENTIFICACIÓN DEL RECLAMANTE
1° APELLIDO .... 2° APELLIDO .... Nombre ....
SEXO .... EDAD .... PROFESIÓN ....
D.N.I. .... DOMICILIO C/ ....
MUNICIPIO .... PROVINCIA .... CÓDIGO POSTAL ....
NACIONALIDAD .... TELÉFONO ....

3 IDENTIFICACIÓN DEL RECLAMADO
NOMBRE O RAZÓN SOCIAL ....
C.I.F. o D.N.I. .... ACTIVIDAD ....
DOMICILIO .... MUNICIPIO ....
PROVINCIA .... CÓDIGO POSTAL .... TELÉFONO ....

4 HECHOS RECLAMADOS ....

DOCUMENTOS QUE SE ACOMPAÑAN: FACTURAS, ENTRADAS, MUESTRAS, ETC.

FIRMAS:
CONSUMIDOR: .... RECLAMADO: ....

F: ¿Sabe navegar?

Enlaces de interés

http://www.adecua.org.ar
http://www.padec.org.ar
http://www.deloitte.com
http://www.elmundo.es/sudinero/noticias/act-144-06.html
http://www.asdetour.com/php/hojas-reclamacion.html
http://igc.xunta.es

De compras por la red

La compra de productos hoy en día no sólo se puede hacer en tiendas físicas. El número de personas que compra en Internet aumenta cada año en todo el mundo y los artículos comprados son de una gran variedad: de ropa a coches; de libros a viajes.

La venta en Internet permite al vendedor llegar a un número muy superior de compradores en todo el mundo, y cuanto más segura es la compra virtual, más se compra.

¿Pero qué pasa cuando una compra sale mal? ¿A quién reclamar si no existe una tienda física?

Si se compra en el espacio virtual de una tienda con sucursales de cara al público, normalmente se puede reclamar en la misma tienda. Sin embargo, con una empresa sin presencia física, hay que pasar por el departamento de atención al cliente virtual que, a menudo, no tiene línea telefónica, sólo un formulario en la página web que se rellena y se manda, para que un representante luego se ponga en contacto con usted o por teléfono o por correo electrónico.

El proceso de espera de la reclamación puede crear impaciencia. Sin embargo, hay que decir que muchas grandes empresas que venden a través de Internet tienen un proceso de atención al cliente muy bien desarrollado.

Siempre hay excepciones, pero la presencia física no lo es todo. A menudo una queja a una empresa que vende en línea puede ser atendida y resuelta con mayor rapidez y con menos inconvenientes para el consumidor, mediante llamadas telefónicas o mensajes de correo.

Sin embargo, el cliente tiene un papel cada vez mayor en el comportamiento de las tiendas en Internet y esto se muestra con el aumento de las encuestas electrónicas que siguen una compra. "¿Está usted satisfecho, muy satisfecho o nada satisfecho con el servicio? ¿Por qué eligió nuestra compañía? ¿Volvería a utilizar el servicio de compra en línea?" Son unos ejemplos de las posibles preguntas que se hacen y es la oportunidad de darle al consumidor una voz crítica a la hora de comprar. Además, a menudo su contestación tiene un premio, porque la empresa premia a los que se toman el tiempo de hacer las encuestas, introduciendo su nombre en un sorteo para un regalo.

Por mucho que sean símbolos de un intento de desarrollar el servicio al cliente durante su compra virtual, estas encuestas y regalos no pueden disminuir del todo el hecho de que la percepción del riesgo de la compra en línea siga influyendo a mucha gente. Cuanto más experiencias positivas se vayan acumulando, más se compra; entonces la única manera de saberlo es probando.

Cuanto más normal es la compra de todo tipo de productos en línea, mejor será el servicio. Hasta entonces, seguiremos intentando llevar lo mejor posible los problemas de la compra virtual.

Actividades

1 **¿Ha hecho usted alguna vez una compra en Internet? ¿De qué página(s)? Con unos compañeros/as, compare sus experiencias, mostrando las páginas y la manera en la que hizo la compra. Si nunca ha hecho una compra en línea, comparta con todos el porqué.**

2 **Busque en Internet información y artículos sobre la ley del redondeo en Argentina. ¿Qué es y de qué trata? ¿A quién favorece según la ley en sí y a quién favorece en realidad?**

3 **Visite la página www.padec.org.ar ¿Cuáles son los temas que preocupan al consumidor argentino actualmente? De la información que encuentre, cree el guión para un boletín informativo radiofónico sobre este tema y expóngalo delante de sus compañeros/as. Comparen sus conclusiones.**

4 **"Las organizaciones exitosas son aquéllas que reconocen en el cliente su razón de ser, por lo tanto sienten la necesidad de conocerlo profundamente para satisfacer con oportunidad sus necesidades y expectativas y desarrollar en su personal los conocimientos y actitudes adecuadas para brindarle la atención que se merece." En su página web costarricense la consultora Deloitte expone esta opinión sobre las relaciones con el cliente. Busque más información sobre este tema en Internet y cree una presentación acerca de las recomendaciones de las grandes empresas como Deloitte.**

5 **Ya que está familiarizado/a con la hoja de reclamaciones, busque más en Internet y escriba un artículo para la revista Consumidores, explicando qué son, cómo se rellenan, cuáles son las consecuencias de su entrega y las opiniones de los empresarios y consumidores de esta herramienta de queja.**

6 **Después de todo lo que ha escuchado y leído hasta ahora, debata con sus compañeros/as los siguientes puntos.**

La importancia de actuar con rapidez ante un conflicto de intereses.

La necesidad de conocer nuestros derechos.

La utilidad de recurrir a asociaciones de consumidores y usuarios.

13 En marcha

La importación y la exportación

A: Le presento a D. Alfredo Santamaría Iglesias

1 Lea la siguiente biografía.

Alfredo Santamaría Iglesias es gerente de la empresa COSCO Iberia Shipping Agency S.A. que se dedica a la exportación e importación de diferentes artículos y productos. La empresa tiene su sede en Barcelona y la mayoría de los productos que se exportan e importan entran y salen de España por el puerto de Barcelona. Éste es uno de los puertos más importantes de Europa adonde llegan mercancías de todo el mundo. En 2006 trató con más de 50 millones de toneladas de mercancía, entre las cuales había gran parte de los artículos con los que comercia la empresa del señor Santamaría. Su trabajo, en particular, consiste en la coordinación de fabricantes, productos y agentes de aduana, para organizar el transporte de mercancías desde España al extranjero y viceversa. Las mercancías se transportan en contenedores y hay una gran variedad de productos, desde alimentos a productos químicos peligrosos. Cada tipo de producto tiene diferentes requisitos y reglas para su importación o exportación, las cuales varían mucho dependiendo del país. Sin embargo, como regla general, un requisito básico para coordinar la importación o exportación de un producto es tener las licencias necesarias para poder mandar el producto de un país a otro. Para el Sr. Santamaría, trabajar en el sector de la exportación e importación le proporciona la oportunidad de estar en contacto con gente de todo el mundo, exportando su propio conocimiento e importando las particularidades de los demás a su propia vida.

2 **Como su trabajo es la coordinación de productos, Alfredo tiene que tener una información exacta de la mercancía con la que trabaja. Él nos informa de que España exporta productos que tienen un valor de más de 160.000 millones de euros al año, y que según el Instituto de Comercio Exterior, los tres sectores que más exportan son:**

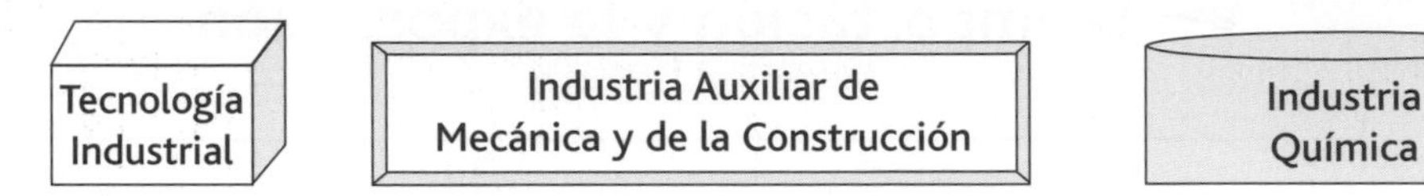

Ahora, le va a pedir a usted que clasifique las mercancías que están abajo, según el sector, para entender mejor qué productos exporta España al extranjero.

Motores	Tintes	Aviones	Uralita
Petróleo	Azulejos	Cosechadoras	Agroquímicos
Tractores	Ladrillos	Medicamentos	Cemento

Si no conoce alguno de estos productos, recuerde que siempre puede utilizar el diccionario o consultar la página web www.rae.es.

3 **¿Sabe usted los pasos que tiene que dar el Sr. Santamaría para coordinar el traslado de mercancías de España al extranjero y del extranjero a España? Pues con otro/a estudiante, y basándose en la biografía, desarrollen una serie de 10 viñetas que describan el proceso de exportación de un producto de España a EEUU. Luego, expongan las secuencias en clase y describan cada uno de los pasos que hay que realizar. Le damos como ejemplo el principio y el final.**

1 El fabricante se pone en contacto con el Sr. Santamaría en Barcelona.

10 El producto se entrega al comprador en EEUU.

4 **Asia es uno de los continentes con el cual España tiene amplias relaciones comerciales, y últimamente el Sr. Santamaría está trabajando más con esta zona del mundo. Le han llegado datos del Instituto de Comercio Exterior sobre las relaciones comerciales hispano-asiáticas.**

País	**Miles de euros de productos exportados desde España**	**Miles de euros de productos importados a España**
China	437.597	4.261.071
Japón	330.796	1.582.753
Singapur	138.779	–
Hong Kong	130.677	–
Corea del Sur	125.624	850.058

Con todos estos datos, ayude al Sr. Santamaría a escribir un artículo para el boletín mensual de su empresa, hablando de las relaciones comerciales con Asia.

B: Escuche, por favor

1 Alfredo Santamaría está convencido de que para hacer bien su trabajo, tiene que mostrar siempre seriedad y seguridad sobre la calidad de su servicio y el producto que maneja. Escuche la conversación entre el Sr. Santamaría y Gustavo Millán, un gerente de exportación e importación en Perú.

AS: Buenos días, Gustavo, ¿cómo estás? Soy Alfredo, de Barcelona.

GM: Buen día, Alfredo, gracias por llamarme de vuelta. Quería preguntarte cuándo iban a salir los (1) .... para Perú.

AS: Ningún problema Gustavo, tú pregunta lo que quieras. Te contestaré (2) ....

GM: Adelante Alfredo . . .

AS: Pues, pensamos que saldrán antes de (3) .... Se ha retrasado un poco el proceso porque hemos tenido que (4) .... más papeles con el (5) ....

GM: ¿Qué pasó, Alfredo? ¿se te olvidó entregar los papeles a tiempo?

AS: Desde luego que no, Gustavo. Nosotros somos una empresa (6) ...., y tú sabes que trasladar (7) .... de un país a otro no es fácil. No sólo tenemos que conseguir las licencias normales, sino que también hay que pensar en el tema de la (8) ....

GM: Ya va, pero mi cliente necesita la (9) .... cuanto antes. Me está poniendo mucha presión. Tengo que decirle algo.

AS: Pues, le dices la verdad, que no se puede meter demasiada prisa a (10) ....; que hacemos lo que podemos. Mi cliente paga por un servicio completo, y yo tengo que asegurarme de que todo (11) .... para que el traslado se haga bien. No te olvides de que son productos no sólo peligrosos, sino también muy (12) .... y tienen que ser tratados correctamente. Cuando tu cliente los reciba, estará satisfecho y habrá merecido la pena esperar.

GM: Bueno, Alfredo, confío en usted, pero no me fallés, ¿eh?

AS: Gustavo, confía en mí, haremos todo para que esto salga bien.

GM: Bueno, seguimos en contacto. Chau.

2 Ahora, le toca a usted mostrar las mismas cualidades que el Sr. Santamaría. Usted ha recibido otra queja de Gustavo Millán, cuyo cliente se está poniendo más nervioso cada día. Escríbale un correo electrónico, explicando la situación y pidiendo paciencia, pero ¡recuerde!, además de la seriedad hay que mantener la calma para asegurar las buenas relaciones comerciales. Puede utilizar las expresiones dadas en la unidad 12. Luego, compare su mensaje con el de otro/a estudiante. Entre todos, escojan las frases que mejor reflejen cómo expresarse con seriedad pero con educación. Cree un banco de frases como referencia para el futuro.

3 En Barcelona se habla tanto el castellano como el catalán. Ya que el señor Santamaría vive en Cataluña y trabaja con gente en el extranjero, es muy consciente de la importancia de hablar varios idiomas para poder comunicarse bien. Escuche la charla que da el Sr. Santamaría. Escriba, en la parte de abajo, los factores que determinan una buena comunicación y los que no.

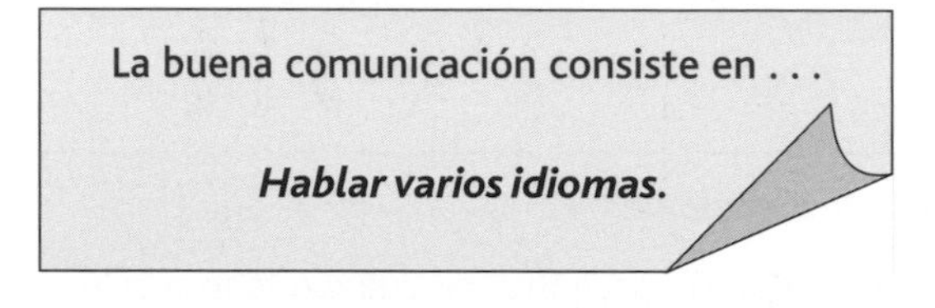

La mala comunicación consiste en . . .

Hablar demasiado rápido.

Con las listas, cree una hoja informativa para empresarios que quieren hacer negocios en el extranjero.

4 A continuación, encontrará un texto que le ha interesado mucho a Alfredo.

El "producto nacional"

En todos los países la gente se enorgullece de sus "productos nacionales": productos que capturan la esencia del país y de su gente, pero que también refuerzan la marca del país en el extranjero. En España, a menudo se dice que los "productos nacionales" son el jamón, el aceite de oliva y el vino, todos alimentos que representan la calidad de la comida española. Sin embargo, aunque "los productos nacionales" dominan la marca del país en el extranjero, en realidad no son los productos que más se exportan. En el caso de España, el vino es, en realidad, el número 13 de la lista de los productos más exportados y se exporta más maquinaria y automóviles que jamones. En el caso de México, los "productos nacionales", como pueden ser el maíz o el tequila, también pertenecen al sector de la alimentación y bebida. Sin embargo, los productos que más exportan los mexicanos son productos manufacturados, procedentes de la industria maquiladora, así como más de la mitad de su producción petrolífera, la mayoría a Estados Unidos.

1 ¿Cómo definiría usted el "producto nacional"?
2 ¿A qué sectores suelen pertenecer los "productos nacionales", según el artículo?
3 ¿Existe coincidencia entre la realidad de la exportación y la percepción que crea la idea del "producto nacional"?
4 ¿Está usted de acuerdo con los "productos nacionales" mencionados en el artículo? ¿Puede pensar en otros?
5 ¿Cuáles son los "productos nacionales" de su país? ¿Coinciden con la realidad de la exportación?

Piense en los "productos nacionales" de otros países de habla hispana y la realidad exportadora (busque las cifras en www.cia.gov) – ¿coinciden las dos cosas?

-ar -er -ir

amar

amando (-ing) bebiendo

comedo

Voy a cantar

Estoy hablando → Estabe hablando

He comido → comí

Vos Estoy estudiando

~~Bus~~ Negocios :

· Pg 24→25: Una vez más

· Internet:

? Diferencias Culturales

· Imagen

-

· "Sucesión Otoño 2006

- Diferencias Culturales entre Países

Diferencias culturales: Gestos y Actitudes

Spanish Verb Conjugation

- conjugemos.com / list.php.

- Diccionario Rae

- Livemocha

- ~~[illegible]~~

sas-eligclass.rutgers.edu

businessspanish.com

· Glosario

· Ser el Tiempo

- [illegible] uve estético

C: Recuerde que . . .

POR

1 Causa, motivo.
*Ej.: Perdió el negocio **por** su mala gestión.*

2 Oraciones pasivas.
*Ej.: La negociación fue llevada a cabo **por** el jefe.*

3 Equivalencia.
*Ej.: Compró la mercancía **por** 20.000 €.*

4 Idea de algo no terminado.
*Ej.: A la UE le queda aún mucho **por** hacer.*

5 Tránsito de un lugar a otro.
*Ej.: En el año 2008 se espera un mayor moviento de trabajadores **por** Europa.*

6 Velocidad.
*Ej.: Por las autopistas españolas no se puede ir a más de 180 kilómetros **por** hora.*

7 Medio de transporte.
*Ej.: Enviaron el cargamento **por** barco.*

8 Equivale a "en lugar de, en favor de".
*Ej.: No cancele la conferencia; ya iré yo **por** el embajador.*
*Ej.: El nuevo líder sindicalista siempre habla **por** nosotros.*

9 Tiempo aproximado.
*Ej.: España entró en la UE **por** los años 80.*

10 Compromiso personal.
*Ej.: Podemos firmar el acuerdo enseguida; **por** mí no hay inconveniente.*

1 Destinatario.
*Ej.: El mensaje del correo electrónico es **para** ti.*

2 Equivale a "teniendo en cuenta que".
*Ej.: **Para** ser la primera vez que exportamos, nos ha salido muy bien.*

3 Punto de vista.
*Ej.: **Para** ser sincero, no estoy muy de acuerdo con las nuevas medidas aduaneras.*

4 Finalidad, utilidad.
*Ej.: La introducción del euro ha servido **para** bajar los tipos de interés.*

5 Tiempo.
*Ej.: Se prevé una nueva ampliación de la UE **para** finales de 2008.*

6 Indica la poca importancia de un hecho.
*Ej.: **Para** tener estos beneficios, mejor no haber hecho nada.*

7 Indica aptitud.
*Ej.: El subsecretario está más que capacitado **para** tomar decisiones.*

1 **Ordene las frases para hacer un texto completo y añada las preposiciones.**

El dólar sorprendido .... el euro

Y todo esto, ¿ .... qué sirve? La mayoría de los usuarios del euro piensan que no sirve .... nada. En su etapa más baja, un euro se cambiaba .... sólo 0,82 dólares, pero en 2003 la situación cambió .... sorpresa de los mercados y se empezó a cotizar .... encima de lo esperado. Si el euro es más fuerte que el dólar, productos como el petróleo se podrán comprar .... un precio más bajo. Desde que el euro empezó su andadura en el año 1999, ha pasado .... malos momentos. Pero se equivocan. También las compras nos saldrán más baratas en países que están influidos .... la moneda norteamericana como Ecuador, Panamá o Guatemala. .... el mes de julio consiguió una cotización de 1,14 y sigue subiendo.

2 **Inserte estas locuciones preposicionales en el texto.**

al lado de	A lo largo del	cerca de	a favor de	a través de
en torno a	en función de	al frente de	A raíz del	a pesar de

América (1) .... la unidad y más (2) .... la integración

(3) .... tratado de Montevideo del 18 de febrero de 1960, se acordó la creación de la Asociación Latinoamericana de Libre Comercio, también conocida como ALALC. (4) .... tiempo se han ido integrando diferentes países (5) .... este tratado. Los primeros países (6) .... ALALC fueron Argentina, Brasil, Chile, México, Paraguay, Perú y Uruguay, pero no tardarían en ponerse (7) .... de estos Colombia, Ecuador, Venezuela y Bolivia. El objetivo de ALALC fue la creación de una zona de libre comercio (8) .... la cual se eliminarían los obstáculos para el intercambio comercial. Pero, (9) .... la buena voluntad, surgieron diversos problemas como la falta de coordinación económica y un estancamiento en las negociaciones. Por este motivo se decidió modificar el tratado (10) .... una nueva estructura que dio origen a la Asociación Latioamericana de Integración (ALALDI).

3 **En ocasiones es difícil distinguir entre abreviaturas, siglas y acrónimos. Mire las definiciones y coloque cada uno de los elementos, de la página siguiente, en el cuadro correspondiente.**

Abreviaturas Palabras que se reducen suprimiendo las letras finales	**Siglas** Palabras que se forman con las iniciales de otras palabras	**Acrónimos** Tipo de sigla que se pronuncia como una palabra
....	....	....
....	....	....
....	....	....
....	....	....

OPEP	Bco.	Mercosur	OMC	Ayto.	Vd./Ud.
Cap.	Admón.	PIB	DNI	Banesto	IPC
Cía.	Sida	Ovni	Renfe	IVA	Unicef
RAE	Docum.	UE	Ofimática	Pdte/a	Pyme

4 **¿Puede escribir las abreviaturas completas y lo que significan las siglas y los acrónimos?**

D: Para saber más

1 **Lea el siguiente texto con atención.**

Mirando al exterior con optimismo

Las empresas españolas están de enhorabuena. En los primeros tres meses de 2006 las **ventas al exterior** crecieron un 5,1% debido a la fuerte subida de las importaciones y exportaciones. El incremento registrado en términos nominales fue de un 17,4%, superando a Estados Unidos y a los países de la eurozona.

Las empresas que más se han beneficiado de esta bonanza económica son las del **sector alimentario** y las de tamaño medio, que han facturado en las exportaciones entre 1,5 y 3 millones de euros. Por otra parte, las empresas que no han salido tan bien paradas son las de **bienes de equipo** y Pymes. Sin embargo, hasta las empresas más optimistas son conscientes de que deben apretarse el cinturón, ya que para sobrevivir tendrán que reducir sus **márgenes comerciales** de exportación para mantener sus ventas, lo que supone un **recorte de beneficios** por el efecto de la **inflación**.

Otro factor que las empresas exportadoras ven como perjudiciales es la **competencia de precios.** Aún con estos elementos en contra, el optimismo es manifiesto y hay que destacar en esta reactivación de las exportaciones la aportación de los Planes Integrales de Desarrollo de Mercados que se crearon hace un año para corregir la **concentración geográfica** de las exportaciones, centradas, fundamentalmente, en la Unión Europea. El objetivo es acercar las empresas españolas a otros mercados de mayor potencial de crecimiento. Y como muestra de esta nueva estrategia, la **Dirección General de Aduanas** revela unos datos contundentes: los mercados de Argelia e India han alcanzado **crecimientos interanuales** del 47,7% y el 47,5%, cada uno, con 1.228 millones de euros de ventas con el país argelino y 562,4 millones con el asiático.

2 **Conteste a las preguntas utilizando sus propias palabras.**

A ¿A qué se refiere el texto con la expresión "estar de enhorabuena"?
B ¿Puede sustituir "apretarse el cinturón" por otra frase?
C ¿Cuáles son los factores negativos de la exportación?
D ¿Qué son los Planes Integrales de Desarrollo de Mercado?

3 Sustituya las palabras que encuentre en el texto en negrita por las definiciones del cuadro.

Rivalidad entre el valor de los productos
Aumento del producto interior bruto en un año
Reducción de las ganancias
Países que están en la misma área
Diferencias entre el precio de venta y coste
Parte de la economía relacionada con la comida
Forma parte del Ministerio de Industria y Comercio y controla la entrada y salida de productos
Aumento del índice de precios acompañado de una reducción del poder adquisitivo
Productos exportados
Objetos o servicios que producen otros objetos de consumo

4 Después de lo que ha leído en el texto, ¿qué país le aconsejaría al Sr. Santamaría para que exportara?

5 La compañía del Sr. Santamaría está pensando en hacer negocios de exportación con empresas europeas. El texto que va a leer trata sobre la ampliación de la UE. Rellene los huecos con las palabras del cuadro.

miembros Telón protagonismo acuerdos naciones
intereses Unión división Berlín políticas
cruenta millones continente económicas

Europa se hace mayor

La (1) .... Europea se creó para alcanzar (2) .... políticos y económicos después de pasar por una (3) .... guerra que había arrasado media Europa. En un principio, se compuso de un pequeño grupo de (4) .... con la idea de unirse y hacerse más fuertes. Ahora, el objetivo es juntar a todos los países del viejo (5) .... Con la caída del muro de (6) .... en noviembre de 1989, se creó un espacio europeo único y se dejó atrás la (7) .... creada por el llamado (8) .... de Acero.

Uno de los retos al que se enfrenta la UE es al aumento del número de países con situaciones (9) .... diversas; con diferentes lenguas y actitudes (10) .... Todo esto supondrá un esfuerzo humano y financiero por parte de todos los estados (11) .... Pero este noble objetivo también esconde (12) .... económicos: crear una Europa de más de 500 (13) .... de consumidores supone tener un mayor (14) .... en la economía mundial.

6 Tiene que hacer un informe para su empresa sobre los países más adecuados para hacer negocios. Para hacerlo, hay que realizar un poco de investigación sobre la siguiente propuesta: ¿qué condiciones tiene que tener un país para ser parte de la UE?

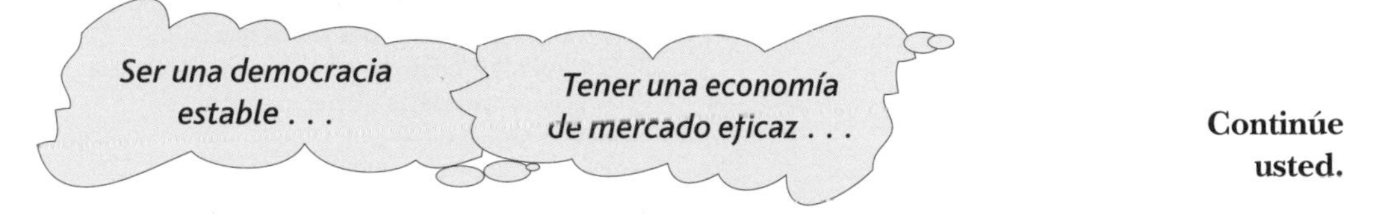

Continúe usted.

7 Este calendario de ampliación de la UE le va a servir para que busque el gentilicio de cada país, la población, la renta per cápita, y el PIB (producto interior bruto) en euros. Utilice Internet para obtener los datos.

1957	Bélgica, Alemania, Francia, Italia, Luxemburgo, Holanda
1973	Dinamarca, Irlanda, Reino Unido
1981	Grecia
1986	España, Portugal
1995	Austria, Finlandia, Suecia
2004	Chipre, República Checa, Estonia, Hungría, Letonia, Lituania, Malta, Polonia, Eslovaquia, Eslovenia
2007	Bulgaria, Rumanía

E: Así se hace

Gran parte del trabajo del Sr. Alfredo Santamaría es el manejo de estadísticas que, a menudo, tiene que presentar a su equipo y clientes. Un buen diagrama vale mucho más que folios y folios de números. Existen muchos tipos, pero los dos más tradicionales y más útiles son el diagrama de tarta (pie chart) y el de barras (bar graph). A continuación, le vamos a explicar las ventajas y desventajas de cada uno, así como una serie de frases para estructurar una presentacion utilizando gráficos.

1 Diagrama o gráfico de tarta

Este diagrama es útil cuando se tienen que mostrar porcentajes. El total de la tarta es del 100% y los trozos equivalen a fracciones. Se utiliza cuando las proporciones son significativas, pero no es aconsejable cuando hay demasiados datos para distinguir entre ellos. Es difícil mostrar comparaciones con este diagrama porque hay que calcular áreas en vez de, simplemente, observar las diferencias de longitud que son obvias con un diagrama de barras. También es problemático mostrar una cantidad cero.

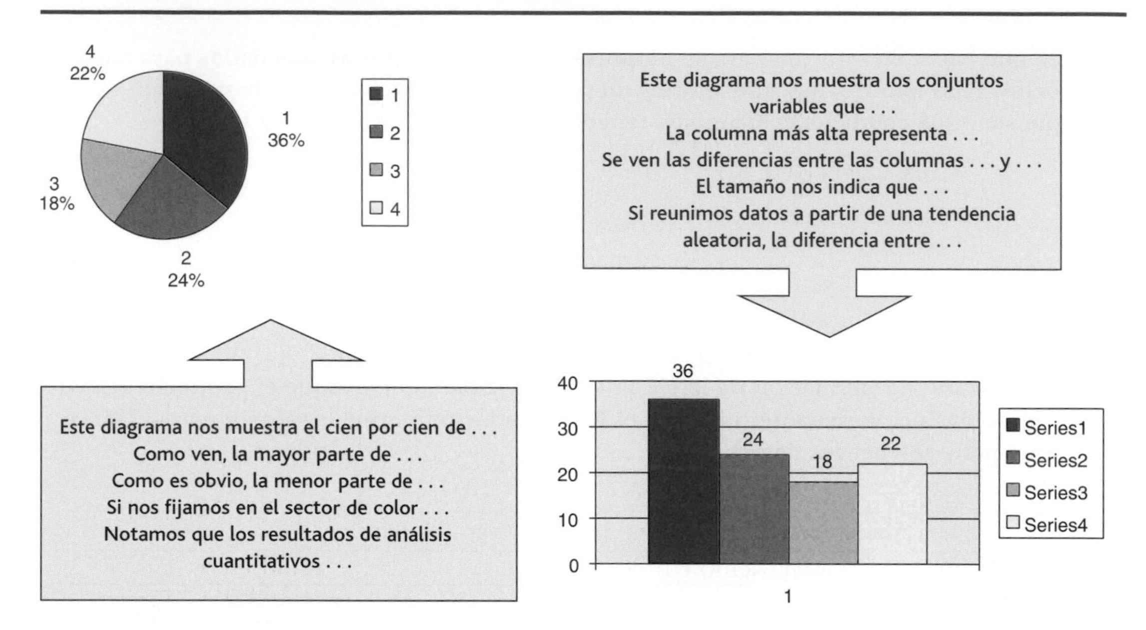

2 Diagrama o gráfico de barras

Este diagrama es útil cuando se quieren mostrar comparaciones de dos o más datos o la evolución de algo. Muestra barras de longitudes distintas que pueden ser horizontales o verticales. El impacto visual puede ser algo menor que el de la tarta, pero permite más exactitud y es especialmente recomendable cuando se necesitan mostrar los cambios durante un período de tiempo, por ejemplo, las fluctuaciones en el mercado o los cambios de volumen, precios o cantidades.

3 A continuación, podrá ver tablas que muestran las exportaciones e importaciones (en miles de euros) durante seis años con China. http://aduanas.camaras.org/

IMPORTACIONES

	2001	2002	2003	2004	2005	2006
Animales vivos	559	674	10	0	7	0
Plantas vivas	317	513	472	533	558	456
Frutas y frutos comestibles	40	425	818	315	39	0
Café, té y especias	36	38	127	84	261	198

EXPORTACIONES

	2001	2002	2003	2004	2005	2006
Animales vivos	1.448	857	899	1.206	1.371	1.582
Plantas vivas	1.161	1.738	1.291	1.224	2.006	2.206
Frutas y frutos comestibles	1.732	3.321	5.740	14.843	12.785	10.254
Café, té y especias	2.351	1.587	2.200	1.875	3.788	4.589

Ahora, cree un diagrama de tarta y de barras para mostrar esta información.

Para hacerlo de la forma más fácil, puede sumar el total para luego sacar los porcentajes.
Por ejemplo, en el año 2001 el total de exportaciones fue de 559 + 317 + 40 + 36 = 952.
Esta cifra de 952 es el 100% de las exportaciones.
Ahora, convertiremos los datos en porcentajes al multiplicarlos por 100 y dividir el total por 952.
Así, 559 nos dará 58,73%. De la misma manera, 317 será igual a 33,29%, 40 será igual a 4,2% y 36 será igual a 3,78%, dándonos el 100% (58,73 + 33,29 + 4,2 + 3,78 = 100%).
Cuando termine, presente la información a los otros/as estudiantes.
¿Cuál de los diagramas les ha parecido el más efectivo?
¿Qué problemas encuentran?

Saque más información de la Base de Datos de Comercio Exterior http://aduanas.camaras.org/ para crear y presentar diferentes diagramas con otros datos.

F: ¿Sabe navegar?

Ayudas para la exportación

La exportación es una manera de aportar riqueza a un país. Con la venta de productos al extranjero un país se encuentra en una posición económica más fuerte que ayuda a su desarrollo. Sin embargo, en el mercado internacional hay una fuerte competencia, sobre todo si consideramos que hay muchos países que compiten entre sí para vender el mismo producto de la mejor calidad, pero a la vez, al precio más bajo posible.

En la mayoría de los países existen agencias públicas, financiadas por el gobierno, que ayudan a los fabricantes de productos a exportar su mercancía al extranjero. A menudo, en sus páginas web, estas agencias proporcionan ayuda práctica a la hora de buscar potenciales clientes, además de ofrecer subvenciones para las empresas que forman parte de los sectores en los que el gobierno del país quiere concentrar su desarrollo económico.

En España, la agencia que promueve la exportación se llama el Instituto Español de Comercio Exterior y en su página web (www.icex.es) es posible encontrar información tanto estadística como práctica sobre la exportación de productos al extranjero. También se puede encontrar en la página un aula virtual que permite al interesado acceder a conferencias y cursos de formación relacionados con la exportación.

En Colombia, la página web de Proexport Colombia (www.proexport.com.co) incluye noticias sobre las exportaciones de Colombia al extranjero, un calendario de eventos organizado por la agencia y un directorio de exportadores para los que estén interesados en recibir productos de Colombia.

En un mundo tan competitivo, la ayuda siempre es bien recibida, y a través de estas agencias y sus páginas web, es posible que el exportador no tenga que salir de su oficina para hacer que sus productos lleguen más allá de sus fronteras nacionales.

Enlaces de interés

http://www.apb.es
http://www.puertos.es
http://www.icex.es
http://www.proexport.com.co
http://www.exportapymes.com.ar
http://www.infocomercial.com
http://www.cia.gov/library/publications/the-world-factbook/index.html

Actividades

1 Visite la página del ICEX. Ahí encontrará estadísticas sobre la exportación de productos desde España al extranjero. Busque la información por sectores y estudie la tabla. Luego, presente a la clase la información que ha encontrado, nombrando las grandes empresas de cada sector.

2 El puerto de Barcelona es uno de los más grandes de Europa. ¿Qué otros puertos tiene España? Busque información sobre el sector portuario y el volumen de mercancías que utiliza todos los años y cree una presentación electrónica sobre este sector. Puede comparar la información sobre el sector portuario español con el de otros países.

3 Visite la página de la CIA y entre en el World Factbook – ¡ya debería conocerlo bastante bien! Elija 5 países (por lo menos 3 tienen que ser de habla hispana) y compare los datos sobre la importación y exportación que aparecen. Luego, escriba un artículo corto sobre estos, comparando las cifras entre cada uno, y subrayando, sobre todo, cualquier información que compartan dichas naciones.

4 Visite la página www.forumdelcomercio.org. Aquí encontrará mucha información sobre el comercio internacional y cómo la internacionalización de las empresas, sobre todo en países en vías de desarrollo, ayuda a hacer crecer la economía nacional. Escoja un artículo de la sección llamada "Negociaciones comerciales" y explique a un/a compañero/a de qué trata el artículo. ¿Está usted de acuerdo con el artículo? ¿Le parece un artículo interesante? Debata los puntos de vista que se expresan en el artículo con otros/as estudiantes.

14 En directo

Los medios de comunicación

A: Le presento a Dña. Paola Ugaz

1 Lea la siguiente biografía.

Paola Ugaz es una periodista peruana, residente en Lima. Entró en el mundo de la comunicación después de estudiar antropología. Posteriormente, con más experiencia como colaboradora, reportera y productora periodística en varios programas y revistas, la Sra. Ugaz encontró trabajo de redactora para la agencia de noticias española EFE. En EFE, escribe sobre todo tipo de acontecimientos políticos, deportivos, sociales, culturales o curiosidades que tengan relevancia internacional. Siente que ser periodista es formar parte de la historia, contar los momentos importantes de cada país para la posteridad.

Es una profesión que le apasiona y que hace que durante las veinticuatro horas del día esté alerta de lo que pasa y de lo que puede transformarse en una buena historia. El sector de la comunicación en Perú está formado por diferentes medios; y, entre ellos, nueve cadenas analógicas de televisión además de cadenas de cable y satélite; periódicos nacionales y locales, entre los que destacan *El Comercio* y *La República*, y emisoras de radio que emiten tanto música como análisis político. La Sra. Ugaz cree que el sector de la comunicación en Perú ha cambiado mucho durante los últimos años y los últimos cambios de gobierno y, por falta de financiación, es un sector donde la gente trabaja por pasión más que para ganar un buen sueldo. Sin embargo, ella sigue trabajando cada día para que la gente pueda tener acceso a una información que les ayude a vivir mejor.

2 Siguiendo las definiciones, busque las palabras en el texto.

Un suceso	Una emisora	Significación
....	....	....

Una persona que contribuye a un programa/ periódico pero que no es periodista	El traspaso de información de un lugar a otro o de una persona a otra
....	....

Alguien que hace reportajes	Alguien que escribe información	Búsqueda de información
....	....	....

3 La Sra. Ugaz ha encontrado la siguiente noticia en Internet y piensa que será de gran interés escribir un artículo sobre el suceso para los lectores españoles.

Asunto:

ASUNTO: Niña venezolana, Carolina Verdú, de 3 años, hospitalizada en Lima con lesiones graves como resultado de una caída desde el balcón de su hotel. Hija de empresario venezolano que ha denunciado al hotel. Según la policía, podría haber una falta de seguridad y un fallo en la fabricación o mantenimiento de la estructura del balcón. El hotel fue denunciado hace un año por problemas de este tipo. Empleados del hotel también denuncian el estado del edificio.

Describa el contenido posible que pueda tener el artículo y su valor. Puede, por ejemplo, hacer una entrevista al padre de la niña, a la gerencia del hotel, a los empleados y a la policía. Ahora, junto con otro/a estudiante, interpreten e intercambien los papeles de periodista y entrevistado. Luego, junten toda la información, escriban el artículo y pónganle un título. Como fue señalado en el texto principal sobre Paola Ugaz, *El Comercio* y *La República* son los periódicos principales de Perú. Busque sus versiones *online* para estudiar su estilo de reportaje y aplicarlo a su artículo.

El Comercio:

http://www.elcomercio.com.pe/online/

La República:

http://www.larepublica.com.pe/

4 **Paola es muy consciente de que vivimos en un mundo donde es importante saber dispersar bien la información. Cada vez hay más medios y formas de difundir la información, que pueden ser formales o informales. Discuta y apunte las ventajas y desventajas de los medios que le indicamos.**

MEDIO	VENTAJAS	DESVENTAJAS
Periódico	Oficial, alta exposición	
SMS		No se puede profundizar
Revista		
Radio		
Televisión		

¿Puede añadir más medios y formas a la lista de ventajas y desventajas?

B: Escuche, por favor

1 **Escuche la siguiente conversación entre la Sra. Ugaz y un joven periodista español, Nacho García.**

NG: Paola, es un placer hablar contigo, gracias por concederme tu tiempo.

PU: No hay de qué, es un placer hablar contigo. ¿Cuánto tiempo hace que (1)..........................?

NG: Hace sólo un mes que llegué aquí. Terminé de estudiar la carrera de periodismo en Santander y decidí hacer un viaje por Latinoamérica para ver (2)........................ los periodistas aquí y (3) .... el sector de la comunicación.

PU: Qué interesante, ¿estás pensando en estudiar más sobre el tema?

NG: Efectivamente, es lo que espero poder investigar, y más aún con la nueva información que estoy encontrando durante el viaje. El sector de la comunicación en Perú está en una (4)........................, ¿no?

PU: Así es, Nacho. La televisión ha dejado de hacer investigación política y parece que la política pesa más que el periodismo a la hora de investigar, (5)........................ y (6)........................ la veracidad de las noticias.

NG: Pero la política, hoy en día, está altamente ligada con la comunicación. En España es así, (7)........................ nos gustaría que no lo fuera.

PU: Me imagino que Perú no es el único país que sufre esta situación, de hecho hasta en los países donde existe un (8)........................ claro con la (9)........................ para la prensa es difícil la (10)......................... Pero creo, de verdad, que la política y los medios de comunicación deben tener una relación de respeto y de (11).........................

NG: A mi entender, aquí los políticos no entienden el papel de los medios que cuestionan, investigan y sobre todo informan a los ciudadanos.

PU: Exacto. Las reacciones suelen ser (12)........................ a las noticias que cuestionan el trabajo de (13)........................, cuando en realidad, un político debería ser cuestionado siempre, porque obra (14)........................?

NG: Pero ¿esta situación no te hace querer dejar el periodismo?

PU: En absoluto. Como dijo el director de mi primera revista, ser periodista es ser (15)........................ que luego estudiarán los historiadores y formar parte de esa obra me parece muy gratificante.

2 ¿Qué habilidades tiene que tener un/a buen/a periodista?

Discútalo con sus compañeros/as.

'No hay que ser tímido/a, vago/a, antipático/a, introvertido/a, egoísta . . .'

'Hay que ser honesto/a, detallista, energético/a, tenaz, trabajador/a, astuto/a . . .'

3 Lea el siguiente artículo sobre la prensa económica y conteste a las preguntas:

Dinero a diario

Los lectores de los diarios financieros que eligen este medio específico para poder saber lo que está pasando en el mundo en el que se mueven son ejecutivos medios y altos, en su mayoría hombres, ansiosos por saber quién sale en bolsa hoy y cómo afectarán las decisiones del presidente al desarrollo económico internacional.

En Chile, el país con el sector financiero más desarrollado de Latinoamérica, son 70.000 lectores los que ojean las páginas del *Diario Financiero* todos los días. Estos lectores forman parte de una red de diarios de prensa, que es una asociación de los principales periódicos financieros de Latinoamérica, que desde 1995 colaboran intercambiando información. Ha logrado una audiencia superior al medio millón de lectores diarios y está apadrinada por el Sistema Económico Latinoamericano (Sela) y por las Naciones Unidas a través de la oficina de la Unesco en Quito. (Nota: Encontrará los periódicos afiliados que tienen una página web en la sección final de la unidad.)

Dos de las publicaciones de negocios más importantes en lengua inglesa, *The Wall Street Journal* y *The Economist*, alimentan la curiosidad de más de 5 millones de lectores a nivel mundial, y entre ellos no son pocos los que los leen en Latinoamérica. De hecho, *The Wall Street Journal* publica una versión en castellano de su periódico llamado *The Journal Americas* que se distribuye con diferentes diarios en toda la zona.

Pero, ¿por qué leer un diario financiero? La respuesta está en que estas publicaciones proporcionan información sobre el desarrollo de diferentes sectores, análisis de la actuación de las bolsas internacionales a diario, e investigación sobre la política y su relación con el desarrollo económico. Sin embargo, los negocios y las finanzas no son las únicas fuentes de inspiración para estas publicaciones. También intentan proporcionar información de calidad sobre la cultura y el ocio, artículos sobre el desarrollo personal y familiar, innovaciones e historia; porque como dice *The Wall Street Journal*, sus lectores no sólo hacen negocios, sino también hacen sus vidas.

- ¿Cómo es el perfil del lector medio de la prensa económica?
- ¿Por qué en Chile existe un especial interés por la prensa financiera?
- ¿Qué ha hecho *The Wall Street Journal* para alimentar la necesidad de información que tienen sus lectores hispanoparlantes?
- ¿Cuáles son las razones para leer un diario financiero que no sean de trabajo?
- ¿Usted lee la prensa de negocios? Razone su respuesta.

4 A continuación, Nacho García ha reunido información sobre la prensa económica en lengua española. Escuche la grabación y rellene los huecos en la tabla.

Publicación	País	Circulación	Frecuencia
		33.000 ejemplares	diaria
Expansión	España		
	Venezuela		diaria
El Financiero			semanal

Escriba 8 frases sobre estas publicaciones, comparándolas entre sí.

Ej.: Expansión *es el periódico que más ejemplares vende de los cuatro.*

C: Recuerde que . . .

Adverbios

1 Son palabras invariables que no tienen género ni número. En los tiempos compuestos nunca se intercalan.

*Ej.: Los que han trabajan **allí**, saben lo duro que es.*

2 La mayoría de los adjetivos se transforman en adverbios si se les añade *-mente*.

*Ej.: Trabajó **duramente** para hacer la portada de la revista.*

3 Cuando hay dos adverbios seguidos que terminan en *-mente*, el primero pierde esta terminación.

*Ej.: Está convencida **total** y **plenamente** de su talento.*

4 Delante de adjetivos, participios y adverbios, mucho y tanto se transforman en *muy* y *tan*.

*Ej.: Está **muy** interesado en la tecnología. Nunca he visto a un periodista **tan** responsable.*

Clasificación de los adverbios

Afirmación:
Cierto, claro, seguramente, sí, también

Cantidad:
algo, apenas, demasiado, mucho, muy, nada, poco, sólo, tan, tanto

Duda:
Acaso, a lo mejor, quizá(s), tal vez

Lugar:
Acá, abajo, allí, aquí, arriba, cerca, dentro, detrás, donde, fuera, lejos

Modo:
Así, bien, casi, como, despacio, deprisa

Negación:
Jamás, ni, no, nunca, tampoco

Tiempo:
Ahora, antes, ayer, hoy, luego, mañana, siempre, tarde, temprano

1 **Ordene los titulares de prensa que aparecieron en el diario *La República* de Lima.**

cerca/claro/ha/FMI/bancos/El/a/dejado/vigilar/los/a/va/muy/estatales/de/que

1. ....

el/de/más/clima/zonas/Hoy,/será/las/turística/caluroso/Lima/de/cerca

2. ....

restos/casi/valle/Encuentran/de/de/maní/junto/mil/Nanchoc/años/al/9/de

3. ....

apagaron/y/Los/incendio/bomberos/ayer/rápida/de/tremendo/eficazmente/el

4. ....

2 **Cree tres titulares de prensa sobre (1) Economía, (2) Deportes y (3) Sociedad que contengan dos adverbios.**

Ej.: Los fondos de pensiones siguen **tan** *seguros como* **antes**.

3 Complete el texto con las locuciones adverbiales que encontrá a continuación.

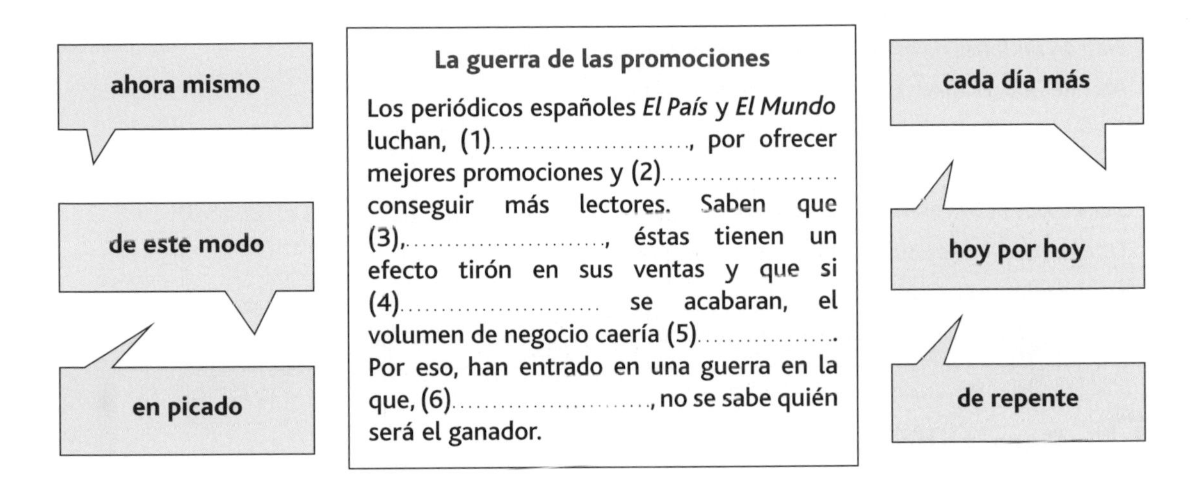

4 Ahora, siguiendo el texto anterior, sustituya los adverbios por las frases dadas.

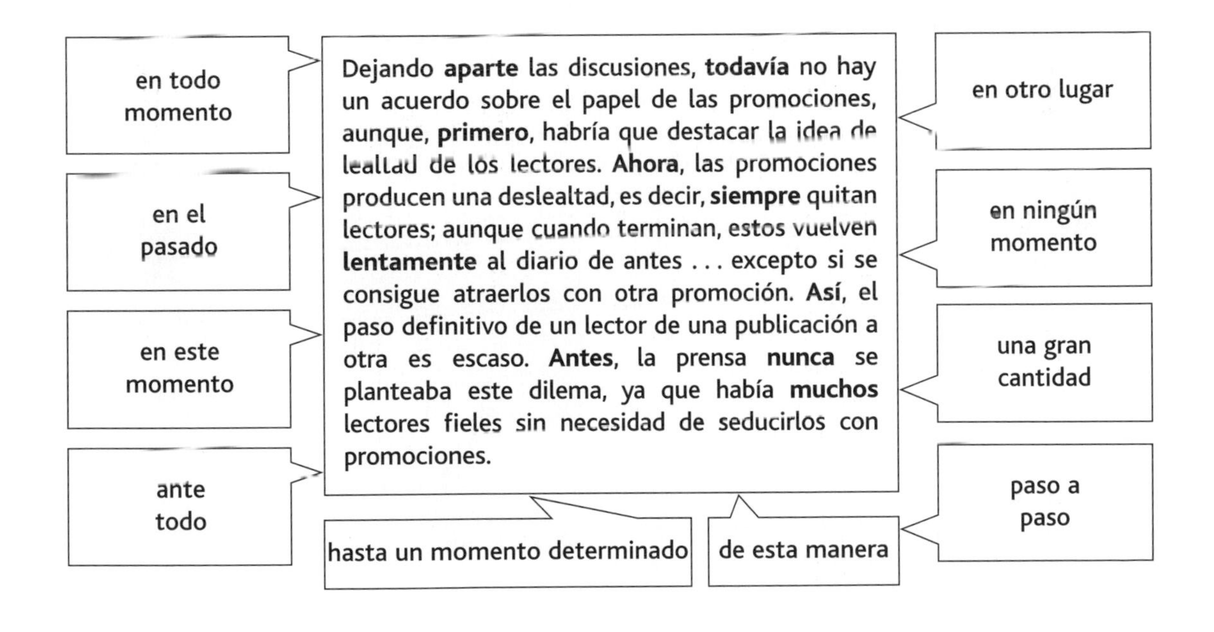

5 Le han encargado que haga un artículo sobre el español en el mundo. Hay información útil aquí, aunque esté muy desordenada. Ponga un título y utilice adverbios para escribir el artículo.

En Los Ángeles, el 46% de la población son hispanos.
Ocupa el segundo lugar en la red.
Hay 46 millones de estudiantes de español en todo el mundo.
Más de 380 millones de personas hablan español.
Siete de cada diez estudiantes de las universidades de EE.UU eligen estudiar español.
Es la tercera lengua más hablada en el mundo.
38 millones de hispanoparlantes viven en países donde la lengua oficial no es el español.
Una veintena de países lo tienen como lengua oficial.
Es una lengua en expansión.
El español ocupa una de las áreas lingüísticas más extensas del mundo.

D: Para saber más

1 Lea el texto con atención.

Unión Radio: la marca hispana

El periodismo radiofónico está en su mejor momento; y la lengua de Cervantes, de moda. Los grandes de la comunicación, el grupo PRISA y el grupo Godó, junto con Grupo Latino de Radio se han unido para crear la mayor radio del mundo de habla hispana: Unión Radio (http://www.unionradio.com.ve/). Esta nueva compañía tendrá una facturación de casi 350 millones de euros, con un EBIT que se aproxima a los 90 millones y un EBITDA de 110 millones. Max Aub, director de programas de W Radio en Estados Unidos, opina que "este conglomerado de más de 1000 emisoras y 28 millones de oyentes es la empresa de comunicación hablada más grande del mundo".

En Latinoamérica, los buques insignia de Unión Radio son Radio Caracol en Colombia con 171 emisoras y Radiópolis en México con 89 emisoras. El grupo también posee 77 emisoras en Argentina, 91 en Chile, 63 en Perú, 32 en Guatemala y Ecuador, 13 en Panamá y 3 en Costa Rica. Además, las ondas de Unión Radio se extienden a los EE UU con emisoras propias en Los Ángeles y Miami. Augusto Delkader, consejero delegado de Unión Radio, explica que "estar presentes en este país es un gran reto ya que las tasas de crecimiento de la inversión están entre el 15% y el 19%".

Para ayudar en su crecimiento, Unión Radio pretende establecer marcas globales y potenciar las sinergias comerciales que posibiliten un ambicioso plan de expansión. En la parte que se refiere a los contenidos, se quieren poner en marcha programas globales como, por ejemplo, los procesos de independencia de los países latinoamericanos y el 200 aniversario de la Constitución de Cádiz. Pero el próximo reto de Unión Radio va más allá. Las nuevas tecnologías pisan fuerte y la apuesta va a ser a favor de las transmisiones por la red y a través del móvil. Muchos ya lo vienen diciendo: será la radio que se ve.

2 Haga lo siguiente:

- Redacte un pequeño artículo sobre **Unión Radio** utilizando información del texto.
- Explique, con sus propias palabras, qué significan las expresiones **buques insignia**, **pisan fuerte**, y qué quiere decir **la radio que se ve**.
- En el texto puede ver las siglas **EBIT** (Earning Before Interest and Tax) y **EBITDA** (Earning Before Interest, Taxes, Depreciation and Amortisation) que son dos conceptos que se utilizan para medir y evaluar los resultados de una empresa. La forma del inglés es la más usual pero también se utilizan las siglas en español. ¿Cómo serían estas siglas? Compárelas con las de sus compañeros/as.
- El término **sinergia** significa cooperación y concentración de varios elementos. Ahora, díganos, ¿qué significa **potenciar las sinergias comerciales**? (Para saber más vocabulario económico, vaya a la última sección del capítulo para encontrar enlaces útiles.)

3 Paola nos ha contado un poco la historia de la Agencia EFE, donde actualmente trabaja. Usted tendrá que hacer las preguntas que correspondan a las respuestas.

Pregunta 1:

....

Respuesta: *La Agencia EFE es un servicio de noticias internacional que se fundó en 1939.*

Pregunta 2:

....

R: *Tiene más de 60 delegaciones y corresponsalías internacionales.*

Pregunta 3:

....

R: *Cuenta con una sección específica dedicada a la información ambiental.*

Pregunta 4:

....

R: *La sección gráfica de la Agencia EFE ha cubierto los más importantes sucesos tanto en España como en el extranjero.*

Pregunta 5: ....

R: *Es la primera agencia de noticias en español y la cuarta en el mundo.*

Pregunta 6: ....

R: *EFE emite 3 millones de noticias al año a través de soportes informativos tales como texto, fotografía, audio, vídeo y multimedia.*

Pregunta 7: ....

R: *En 1995 obtuvo el Premio Príncipe de Asturias de Comunicación y Humanidades.*

4 Redacte un comunicado de prensa para conmemorar el 70° aniversario de la fundación de la Agencia EFE. Utilice datos del ejercicio anterior.

5 Aquí tiene vocabulario perteneciente a medios de comunicación. ¿Podría colocar al lado de cada palabra lo que pertenece a Prensa (P), Radio (R) o televisión (T)?

titular		editorial		artículo	
columna		secciones		corresponsal	
noticia		crónica		cabecera	
audiencia		periodista		oyente	
presentador/a		lectores		emisora	
tirada		ejemplar		cámara	

6 Usted, como persona emprendedora que es, va a crear su propio periódico. Para ello, elabore un decálogo de consejos.

1 Decidir a quién va dirigido.
2 Hacer un estudio de Mercado para conocer la competencia.
3 Elegir un nombre sonoro, pero no pretencioso.
4 Rodearse de un equipo de profesionales en quien pueda confiar.
5 Decidir cómo será la promoción.

Continúe con la lista. Ya tiene la idea; ahora, ¡hágalo!

E: Así se hace

1 Lea el artículo.

Ponga un blog en su vida / Ponga su vida en un blog

Un blog, también llamado "bitácora" en español, es un sitio web que contiene textos ordenados cronológicamente de un autor/a o de un grupo de autores. El blog se renueva periódicamente, así que cada vez que se accede al blog se encontrará con artículos o textos recientes. No es como un periódico o una revista online, ya que el autor/a puede escribir lo que quiera en ellos. Por eso, se pueden encontrar blogs de políticos y periodistas famosos que, de otra forma, no encontrarían la libertad que buscan para expresarse. Por tanto, algunos lectores creen que ciertos blogs dan una información más veraz que la que se puede encontrar en otros medios de comunicación; aunque, también es verdad, que los blogs pueden ser un arma de propaganda sin control.

El término blog combina las palabras inglesas we**b** y **log**. El log es lo que se llamaba al diario que escribían los capitanes de barcos, lo que en español se llama cuadernos de bitácora. En ellos, un autor/a escribe sobre su vida, sus experiencias, sus pensamientos y sus creencias.

En ocasiones, uno se puede encontrar con blogs realmente buenos si la persona que los escribe tiene un mensaje claro o es un buen escritor/a. Una de las cosas más interesantes que se pueden hacer es crear un diálogo entre los lectores que escriben sus comentarios y el autor/a que les responde.

En Internet hay más de 60 millones de blogs y cada segundo se crean dos nuevos. Pero uno de los problemas de los blogs es que vienen y se van; es decir, muchos usuarios los dejan después de que ya haya pasado la novedad. Sin embargo, http://google-earth-es.blogspot.com/ es un blog permanente y muy popular sobre Google Earth para los curiosos de América Latina y España; www.nuyorker.com es un ejemplo de un blog en el cual hablan ciudadanos hispanos de la ciudad de Nueva York; www.economista.com.mx/videoblogs/ es la página de blogs del periódico mexicano *El Economista*. Radio Televisión Española S.A tiene varios blogs en su sala de prensa: www.rtve.es. Le recomendamos que navegue por Internet para encontrar blogs de su interés. Puede hacer una búsqueda en este directorio: www.directorio-blogs.com/, donde encontrará blogs personales, educativos, políticos, periodísticos y de economía; pero, por supuesto, lo más divertido será crear su propio blog.

2 Para crear su propio blog, haga lo siguiente:

- Lo primero que usted tiene que hacer es ir a www.blogger.com/start?hl=es, que es la herramienta más utilizada, y pinchar sobre el botón en forma de flecha que pone **crear tu blog ahora**. A partir de aquí, usted puede seguir tres sencillos pasos: **crear, nombrar** y **diseñar** su blog.
- No hacen falta elevados conocimientos técnicos para administrar un **blog**. De hecho, su forma de uso se ha simplificado tanto que cualquier persona puede crear y administrar un blog, lo que requiere coordinar, borrar o reescribir artículos, moderar los comentarios de los lectores, etc.

3 El nombre de su blog servirá como su marca en la red. He aquí algunos consejos:

- Si es un blog personal, puede registrarlo en su nombre. Por ejemplo, **paolaugaz.com**.
- Si trata de un tema en concreto, podría darlo un nombre como **periodismoperuano.com**.
- Si representa su negocio, debe tener el nombre en su título: **caretas.com.**
- En cuanto a las terminaciones, siempre es mejor utilizar el **.com**, aunque no siempre está disponible. El **.net** es posible, pero da una imagen menos comercial, y el **.org** sirve para las organizaciones, normalmente, públicas o no-gubernamentales.

4 ¿Puede unir estos términos con las definiciones del cuadro?

permalink	bloguear	borrador	fotoblog	bloguero/a
	entrada, entrega, posteo o asiento			
podcasting	plantilla	comentarios	blogalifóbica	blogosfera

1 .... es la unidad de publicación de una bitácora o blog.

2 .... es un texto que todavía no se ha publicado porque se puede optar por guardarlo para corregirlo o ampliarlo antes de publicarlo.

3 .... significa la unión de una foto y un blog y describe un blog fotográfico.

4 .... es el/la escritor/a de los textos o quien pone las fotos en un blog. También se puede llamar bitacorero.

5 .... son los textos que dejan los visitantes del blog.

6 .... es un verbo que describe la acción de publicar mensajes en los blogs.

7 .... es el conjunto de blogs agrupados por un criterio, que puede ser el idioma, el tema o la localización, por ejemplo.

8 .... es el documento que contiene un diseño pre-codificado que facilita su uso, aunque se puede modificar cambiando los colores, etc.

9 .... es un enlace que está abierto siempre, como la página principal, que se debe usar para enlazar o encontrar el blog.

10 .... consiste en crear archivos de sonido en vez de sólo texto para que el usuario/a lo escuche en el momento que quiera. Aquí hay información sobre su uso en la comunidad hispana: www.podcastellano.com.

11 .... es un calificativo que se aplica a aquellas organizaciones que no aceptan que sus empleados tengan blogs por miedo a que algo pueda perjudicar la imagen o el negocio de la empresa.

5 **¿A qué espera? Ya puede crear un blog sobre algún tema relacionado con el comercio y los negocios en español y entrelazarlo con los blogs de sus compañeros/as.**

F: ¿Sabe navegar?

Pinchar en el periódico

Hace tiempo que la publicación mensual de estadísticas acerca de la venta de periódicos traen malas noticias. Poco a poco, a nivel mundial, el número de copias físicas vendidas va disminuyendo. Sin embargo, una manera en que los periódicos sí han podido aumentar la cantidad de lectores es a través de Internet.

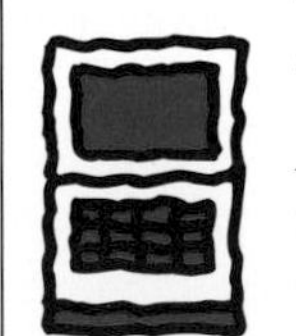

Aunque Internet proporciona un reto a la distribución de periódicos en papel, no debemos olvidarnos de que el ciberespacio está lleno de información sin editar y no siempre correcta. Como nos dice Paola Ugaz, "Google no es infalible", y por eso necesitamos una fuente de fácil acceso de la que fiarnos, y ¿y qué mejor que nuestro periódico de toda la vida, pero en su versión electrónica?

Internet proporciona a los editores y lectores una oportunidad de facilitar información y acceder a ella de una manera rápida. Mientras que hoy en día la gente no tiene tiempo para leer un periódico entero, o por lo menos leer detenidamente todos los artículos deseados, sí tenemos tiempo para acceder al correo electrónico, leer los titulares recién llegados al buzón de entrada y escoger los tres o cuatro artículos que queramos leer rápidamente.

Además, en la página web se ofrecen varios servicios que serían imposibles de encontrar en un periódico físico, por ejemplo, la asociación de artículos a través de links, el uso del archivo gratuito, que tiene una gran cantidad de publicaciones en línea, o hasta la oportunidad de charlar con el autor/a o la persona que aparece en el artículo en directo mediante un sistema de chat.

No es que vaya a desaparecer el periódico físico, ni mucho menos. Sin embargo, una complementareidad entre el producto impreso y el digital parece una relación de necesaria convivencia en un futuro no muy lejano.

Enlaces de interés

Algunas de las páginas web de los principales periódicos financieros de Latinoamérica:

El Cronista	Argentina	http://www.cronista.com/contenidos/ultimasnoticias.html
El Diario	Chile	http://www.diariofinanciero.cl/
Gestión	Perú	http://www.gestion.com.pe/
La República	Colombia	http://www.la-republica.com.co/
Prensa Libre	Guatemala	http://www.prensalibre.com/
Diario Hoy	Ecuador	http://www.hoy.com.ec/home.htm
El Economista	México	http://www.economista.com.mx/

Actividades

1 **Para disfrutar, utilizar y aprender de los periódicos financieros hay que saber más sobre vocabulario económico. Aquí también le puede ayudar Internet con las siguientes páginas: www.eumed.net/cursecon/dic/index.htm y www.gruposantander.es/ieb/glosario/glosariou.htm**

2 **Visite www.bbcmundo.com. Navegue por la página, y luego presente una valoración a la clase.**

¿Qué tal estéticamente?
¿Invita a leer?
¿Está bien organizada?
¿Es capaz de reemplazar el producto físico?
¿Proporciona suficiente información?

3 **Siga en la misma página del ejercicio anterior. Elija una sección, ya sea Economía, Internacional, etc., y siga esta sección durante una semana. Luego, escriba un resumen de las noticias de la semana y preséntelo a sus compañeros/as.**

4 Nos dice Paola Ugaz que ninguna fuente en Internet está libre de fallos. Busque información sobre la fiabilidad de la información que uno encuentre en Internet. También visite http://es.wikipedia.org, una página enciclopédica modificable por cualquier usuario. Prepare una presentación digital sobre la fiabilidad en Internet y añada consejos sobre cómo encontrar información veraz.

5 Visite www.periodismoenlinea.com/, una página de información de Perú. Visite la Zona de Blogs y elija un blog.

¿Cuál es la intención del autor en este blog?
¿Por qué le gusta (o no)?

15 En esencia

En este capítulo va a tener otra oportunidad de expresar sus opiniones y puntos de vista sobre temas ya tratados en las cuatro unidades anteriores de en activo.

RECUERDE:

La forma de organizar discusiones se hace mediante debates. Primero, la clase leerá el texto para practicar la pronunciación y estar al tanto del vocabulario. Luego, se organizarán dos grupos que prepararán argumentos a favor y en contra del tema. Cuando termine el debate, cada grupo presentará un informe oral de conclusiones. Como en unidades anteriores, hay dos debates por cada texto y los estudiantes tendrán que expresar sus impresiones con respecto a los asuntos planteados y hacer una crítica de comportamiento a la hora de trabajar en grupo. También deberán describir el tipo de colaboración que ha existido y puntualizar si han tenido problemas de comunicación y de qué forma se tomaron las decisiones.

Frases para utilizar en un debate:

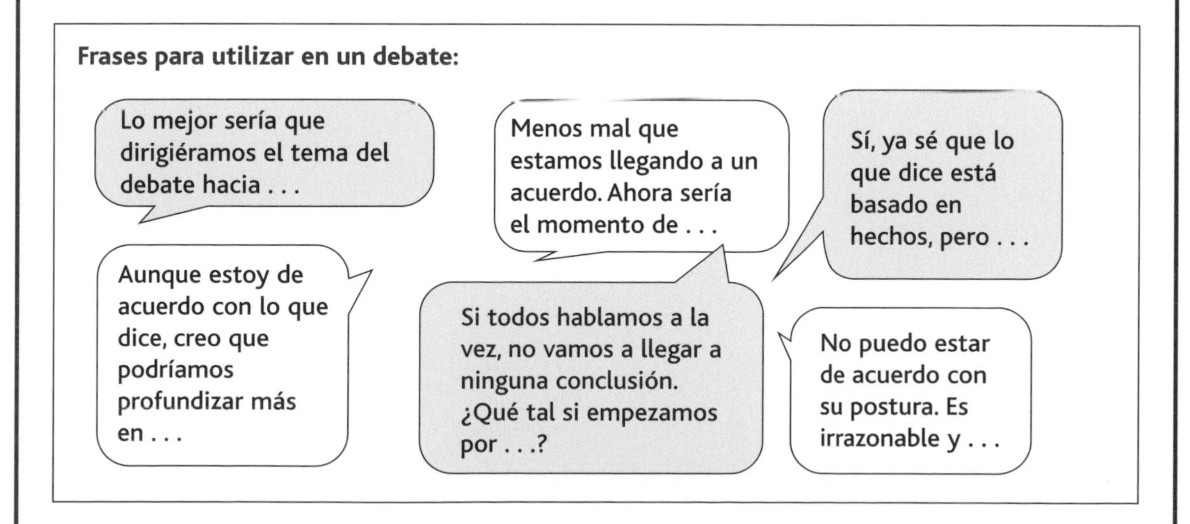

Texto 1

Hacia un mundo sano

Las amenazas a nuestra salud son un problema para todos, no importa el país donde se esté o el idioma que se hable. Hay brotes de enfermedades que se concentran en ciertas zonas geográficas, como pueden ser la malaria o la fiebre amarilla, pero también hay enfermedades que nos afectan a nivel global, sin importar el estatus económico o el nivel social que uno tenga.

Sin embargo, lo que sí cambia, según donde se esté y el dinero que se tenga, es el tratamiento de estas enfermedades. En los países más ricos el tratamiento es, a menudo, gratuito o cubierto por un seguro privado, mientras que en los países más pobres el tratamiento es casi inexistente.

El SIDA, por ejemplo, es una enfermedad que no tiene prejuicios sociales y los enfermos portadores de este virus provienen de diferentes países y clases sociales distintas, aunque hay lugares donde el SIDA se manifiesta más prolífico. Esto es debido, por un lado, a la falta de información de cómo evitar la enfermedad y, por otro, a la falta de ayuda a la hora de acceder a los diferentes tratamientos.

Para intentar concienciar al mundo rico sobre la necesidad de igualar el acceso al tratamiento del SIDA entre los países ricos y los países más pobres, se han lanzado campañas que intentan comunicar esta injusticia para sensibilizar al mundo desarrollado.

Un ejemplo de esta concienciación puede ser el "Project (RED)", un intento de crear un vínculo entre el consumidor del mundo rico y el acceso a medicamentos que tratan el SIDA en los países menos desarrollados. Mediante una interesante estrategia que reconoce la receptividad que existe en los países desarrollados a los productos de marca, el Project (RED) ha formado alianzas con grandes empresas, como American Express o Apple, para crear productos de la gama (RED). El dinero que gana cada empresa con estos productos, muy cotizados por su valor social, se invierte en la compra de medicamentos para la gente que sufre el SIDA en África.

Como dice (RED), su proyecto es un nuevo modelo de comunicación y de negocio: la toma de conciencia del consumidor sobre el efecto de sus compras y el efecto de esas compras hacia uno de los mayores problemas de salud al que se enfrenta el mundo en el siglo XXI.

DEBATE 1 *Lo importante es que llegue el mensaje*

EL GRUPO A defiende la postura de:

Da igual cómo se consigue la igualdad: con un i-Pod de marca o con el dinero donado por los gobiernos. Lo importante es que toda la gente sea consciente de la crisis provocado por el SIDA y actúe en consecuencia.

EL GRUPO B defiende la postura de:

Es más importante que los países más ricos se organicen bien en el ámbito gubernamental para cancelar deudas y organizar donaciones a gran escala que un joven gaste $100 en un i-Pod.

DEBATE 2 *¿Juntos venceremos?*

EL GRUPO A defiende la postura de:

La salud es un asunto mundial y los países y sus gobiernos, junto con las organizaciones internacionales como la ONU y la OMS, deben trabajar unidos para resolver los problemas de salud.

EL GRUPO B defiende la postura de:

La salud es un asunto nacional: cuanto más control tenga un gobierno sobre su gente, menos problemas de salud habrá. Las organizaciones internacionales son instituciones sin poder que se entremeten indebidamente en asuntos nacionales.

Texto 2

¿El cliente siempre tiene razón?

Magdalena tiene 33 años y trabaja con clientes por todo el mundo, pero más en concreto, en Latinoamérica y España.

"Yo siempre he pensado que es muy importante tratar bien al cliente y siempre estar dispuesta a todo. Al fin y al cabo, sin el cliente no somos nadie, porque nuestra razón de ser es proporcionar un servicio que sea pagado. No importa donde esté, lo importante es pensar primero en el cliente."

"A veces, cuando hay mucho jaleo, el cliente se enfada, porque piensa que no estás atendiéndole debidamente. ¿Mi táctica cuando pasa esto? Hablar con él, explicar lo que está pasando, que estoy manejando más cuentas que la suya, pero que no me he olvidado de él y que soy consciente de todas las fechas de cierre que tenemos y que para entonces habremos resuelto sus problemas."

"Para mí, lo más importante es ser honesta, e informarle de cualquier cambio en el estado de su cuenta. A veces, me dicen en el trabajo que no sea tan sincera, que a veces hay que ser más cínica y vender otra historia. Pero yo veo que lo único que crea ese tipo de comportamiento es una falta de confianza, y al final no se puede trabajar así."

Ismael tiene 36 años, y sus clientes se centran en Latinoamérica y España.

"Yo soy muy duro, muy directo, porque así es como se hacen bien los negocios."

"No somos la empresa perfecta, a veces nos equivocamos, pero no se puede dejar ver que es así. Así que no, no soy totalmente honesto con el cliente muchas veces. Pero claro, es importante que se sienta seguro, que tenga la impresión de que todo va viento en popa. Si no, ¿para qué nos contrata?"

"Lo importante es el resultado final."

"No puedo negar que a veces el cliente se enfada conmigo, porque sabe que cuando le digo que no ha salido la mercancía para España todavía es porque no hemos entregado los papeles. El cliente no es tonto. Pero también sabe que yo soy un hombre que consigue las cosas, y que al final se hará lo que haga falta para que él tenga todo lo que está pagando."

"Yo siempre trabajo por y para el bien de mi empresa. Pero a veces hay que saber actuar, para no causar más estrés ni a ti ni al cliente."

DEBATE 3 *¿Magdalena o Ismael?*

EL GRUPO A defiende la postura de Magdalena.

EL GRUPO B defiende la postura de Ismael.

Hay que debatir sobre la mejor manera de hacer negocios y tratar al cliente.

DEBATE 4 *¿Todo el mundo como en casa?*

Se ha hablado en todos los capítulos de en activo sobre las costumbres nacionales y la facilidad y dificultad de hacer negocios con gente de otros paises. Debata sobre el trato al cliente y cómo se ve afectado por las costumbres de los negocios nacionales.

EL GRUPO A defiende la postura de:

El lenguaje de los negocios es internacional y el cliente debe ser tratado igual, esté donde esté.

EL GRUPO B defiende la postura de:

El cliente cambia según su país de origen; es importante estar al tanto de las costumbres de los negocios de todos los países para tener éxito.

16 En ruta

El turismo

A: Le presento a Dña. Concepción Castellanos

1 Lea la siguiente biografía.

El continente americano recibe más de 136 millones de visitas turísticas al año, mientras que Europa triplica esa cifra, con más de 450 millones de turistas extranjeros cada año. Una de las personas que ayuda a que se realicen estas visitas a España es Concepción Castellanos, ciudadrealeña de nacimiento, que trabaja en el departamento receptivo de una agencia de viajes en Madrid. Organiza circuitos, visitas y cruceros para grupos, tanto turísticos como corporativos, que van del extranjero a España y la empresa maneja unos sesenta grupos al año. La Sra. Castellanos gestiona el tiempo de estos grupos desde su llegada hasta su salida del país.

Con los grupos turísticos los circuitos pueden ir desde una visita turística a la ciudad de Toledo hasta un viaje a Andalucía y la Costa del Sol. Y con los grupos corporativos a menudo hay que organizar reuniones en hoteles y visitas a fábricas y zonas industriales. La mayoría de la clientela de la Sra. Castellanos procede de Europa o los Estados Unidos. Aunque con los horarios de las comidas y las cenas se notan grandes diferencias entre nacionalidades, dice que no se puede generalizar sobre el comportamiento de la gente de diferentes países. Según la Sra. Castellanos, en general el factor diferenciador entre estilos de visitas es la edad, y cuanto más joven el grupo, ¡más actividades se tienen que planear! ¿Por qué eligen estos grupos España? Los factores pueden ser el precio, los posibles programas y anteriores relaciones con España. Sin embargo, el mejor viaje de la Sra. Castellanos no ha sido dentro de su país natal, sino al continente americano, en concreto a Perú.

2 Aquí hay estadísticas sobre el turismo en tres mercados hispanoparlantes. En ellas encontrará diferencias importantes entre cada país.

PAÍS	ESPAÑA	CUBA	ECUADOR
Turistas al año	58,5 millones	2 millones	1 millón
Turistas al mes	2,5m (temp. baja) 7,5m (temp. alta)	116.000 (temp. baja) 260.000 (temp. alta)	70.000 (temp. baja) 85.000 (temp. alta)
Ciudadanos que más visitan el país	1 británicos 2 alemanes 3 franceses 4 italianos 5 escandinavos	1 canadienses 2 británicos 3 españoles 4 italianos 5 alemanes	1 estadounidenses 2 colombianos 3 peruanos 4 chilenos 5 españoles

Prepare una serie de explicaciones para los puntos que encontrará en el cuadro de abajo. Utilice las siguientes frases para presentar sus razones.

El hecho de que . . . se explica por . . .

En el caso de . . . hay que señalar . . .

Dada . . . es lógico que . . .

Para entender . . . hay que tener en cuenta . . .

- España recibe casi 30 veces más turistas que Cuba.
- El mercado turístico de Ecuador está mayoritariamente concentrado en turistas del continente americano.
- La diferencia entre la cantidad de visitantes en temporada baja y alta en España es mucho mayor que en Ecuador.
- Aunque Cuba y Ecuador son dos países del continente americano, los ciudadanos que los visitan vienen de mercados completamente diferentes.
- El número de turistas que recibe Cuba al año es el doble que el de Ecuador.

3 La Organización Mundial del Turismo ha puesto como reto el desarrollo responsable y sostenible de los sectores del turismo en todos los países. Dos prioridades de esta estrategia son mitigar el cambio climático y el aumento de la pobreza. Clasifique las siguientes frases según las categorías de (1) cambio climático o (2) pobreza. Algunas pueden pertenecer a ambas: ¿sabe cuáles?

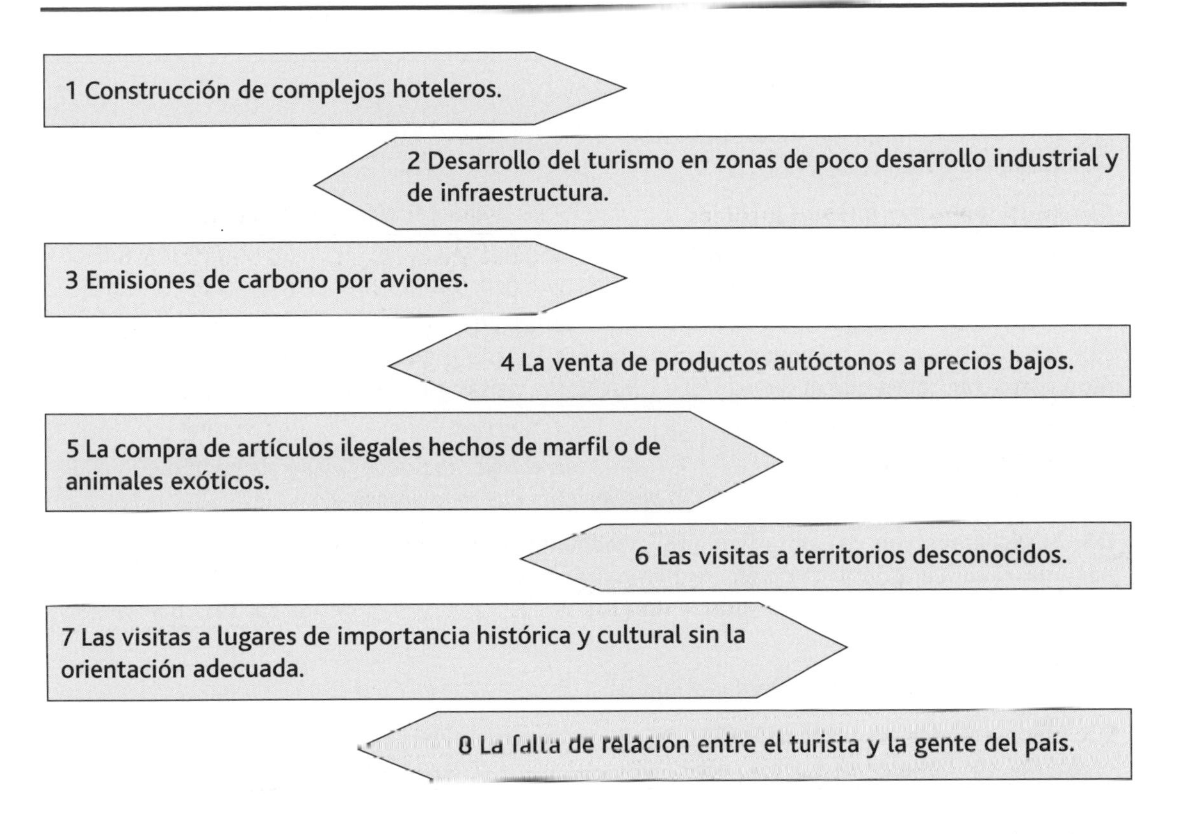

4 **El turismo contribuye significativamente al PIB del Caribe, donde 3 de los 5 países más poblados son de habla hispana. Reordene los nombres, localice los 5 países en el mapa y señale cuáles son de habla hispana.**

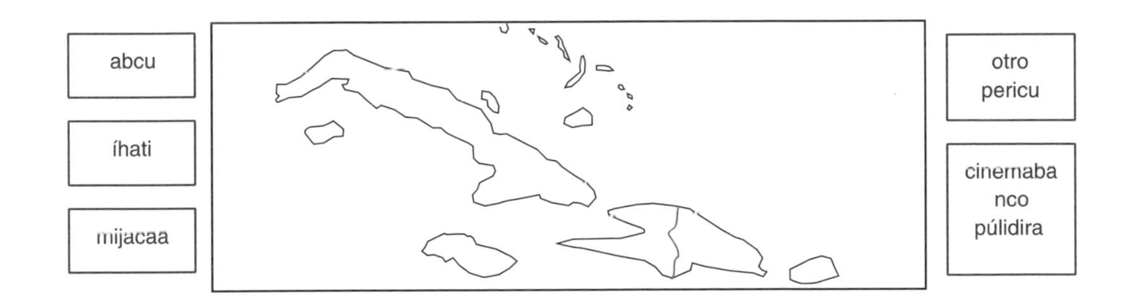

B: Escuche, por favor

1 **La Sra. Castellanos habla con una amiga panameña, Diega Silva, que también trabaja en el mundo del turismo. Escuche la conversación y rellene los huecos.**

CC: *¿Qué tal te va en el trabajo, Diega?*

DS: Muy bien, Concepción. Ya estamos con la (1) .... para la temporada que viene. Es siempre un reto, ¿no?

CC: *Claro, pero con Internet y (2) ...., se va mejorando el negocio. La gente vuelve, se acuerda de la (3) .... y las (4) .... que hicimos y quieren seguir conociendo España.*

DS: Hombre, supongo que tú te aprovechas de (5) .... que van (6) .... a Europa, y que pasan por España y quieren verlo todo en un tiempo muy corto. Así, sabes que el servicio que ofreces, las visitas guiadas, todo organizado, les viene muy bien.

CC: *Bueno, si vas a estar (7) .... en el país, no puedes viajar sin rumbo. Es mejor organizarte, o ¡ (8) .... a alguien para que te lo organice!*

DS: Mis clientes son mayoritariamente estadounidenses también. Son los que más visitan Panamá, aunque ahora también recibimos a turistas del resto del continente y casi (9) .... , lo que supone un (10) .... de los turistas que vienen al año.

CC: *Y ellos tienen la ventaja de hablar el idioma . . .*

DS: Claro, entonces es un tipo de (11) .... diferente. Nosotros les ayudamos a organizar su tiempo en la isla, con (12) ...., o alquilándoles coches. Los estadounidenses, como no (13) ...., es un poco diferente. Necesitan guías que hablen inglés.

CC: *¿Y mucha de vuestra clientela viene en cruceros también?*

DS: Exacto. Casi la mitad de los turistas que visitan Panamá vienen en (14) ...., así que trabajamos de cerca con las empresas que organizan los cruceros, porque como los turistas tienen poco tiempo, es entonces cuando necesitan (15) ...., y ¡nosotros se la podemos organizar!

2 La página web del Instituto de Turismo de Panamá (www.ipat.gob.pa) destaca una serie de factores que atraen a los turistas. Averigüe por qué.

Ej.: La ubicación geográfica es ventajosa porque une diferentes partes del continente.

Ubicación geográfica	Sitios históricos	Paz social	Estabilidad política	Playas
Tecnología punta	Vida nocturna	Higiene y sanidad	Juegos de azar	Biodiversidad

3 Ahora, ¿puede redactar una lista de 10 cosas que atraigan a los turistas a su país? Explique por qué y póngalos en orden de prioridad. ¿Qué impacto ecológico traerá estas inversiones a su país? ¿Esto hará que cambie sus prioridades? ¿Por qué? ¿Por qué no?

4 Lea el siguiente texto y luego conteste a las preguntas.

Responsabilidad y sostenibilidad

- ¿Sabía usted que el turismo trae más dinero a los países que las exportaciones de petróleo?
- ¿Sabía también que el turismo genera el 10% del PIB del mundo?
- ¿Y sabía que el turismo sostiene las economías de muchos países?

En otras palabras, el turismo es una fuente de riqueza como ningún otro sector.

En 2004, la Organización Mundial del Turismo empezó su campaña "El turismo es riqueza", enfocándose en los beneficios de la industria del turismo tanto para los países en vías de desarrollo como los ya desarrollados.

"El turismo es riqueza" sirvió como campaña para promover el desarrollo sostenible y responsable del sector turístico a nivel tanto local, como nacional, regional y global y formó parte de los *Objetivos de desarrollo del milenio*, que tuvieron como fin una serie de metas para el crecimiento económico y social de los países miembros de la ONU.

El movimiento de dinero no es el único efecto que tiene el turismo. También un país que quiere abrir sus puertas tiene que prepararse. Una infraestructura obsoleta – aeropuertos en malas condiciones, carreteras en mal estado, cortes en el suministro eléctrico – pueden hacer que los turistas se abstengan de ir. No obstante, el desarrollo de una mejor infraestructura no sólo beneficia al turista, sino que mejora la vida de los propios ciudadanos, con mejores vías para ir de un lugar a otro y un mejor suministro de agua potable y energía.

El turismo también es fuente de empleo, porque para manterner los hoteles y los monumentos hacen falta personas. Muchas veces, el turismo se concentra en zonas rurales y poco desarrolladas. Según la OMT, el turismo sirve para crear igualdad entre las zonas rurales y urbanas, dando trabajo a sus habitantes para que no tengan que emigrar a la ciudad.

El efecto del turismo no termina cuando se llega a casa después de las vacaciones. Ud. vive de los beneficios del turismo en su propio país, ya sea gozando de una mejor oferta cultural en su ciudad o con la mejora de las carreteras para llegar al aeropuerto. Y el dinero que se gasta en los viajes se invierte en las comunidades donde se ha estado, asegurando un buen futuro tanto para la industria turística como para las personas que viven directa o indirectamente de ella.

- ¿Cuál es la intención de la campaña "El turismo es riqueza"?
- ¿Qué otras cosas, aparte del dinero, crea el turismo?
- ¿Cuál es el efecto del turismo sobre las zonas rurales y la infraestructura?
- ¿Cree usted que el turismo siempre tiene un efecto positivo sobre los países?
- ¿Está usted de acuerdo en que es mejor hacer turismo en países en vías de desarrollo que en los países desarrollados? ¿Por qué?

5 Escuche la grabación de una representante del grupo Sol Meliá. A continuación, escriba las diferencias entre las dos marcas del grupo mencionadas por la representante. Luego, siguiendo los ejemplos citados en la grabación, con sus compañeros/as piense en todos los servicios que pueda proporcionar un hotel de 5 estrellas hoy en día.

C: Recuerde que . . .

Oraciones subordinadas con la conjunción "si"

La oración principal va a estar condicionada por lo que exprese la subordinada.

Oración subordinada ► **Si tienes dinero, nos vamos de compras** ◄ Oración principal

Dependiendo de la acción expresada, puede ir en indicativo o en subjuntivo.

En **indicativo** expresa una acción probable	En **subjuntivo** expresa una acción improbable

Correlación de tiempos

A Indicativo

1 Si la oración subordinada va con **presente de indicativo**, la oración principal va con **presente de indicativo / futuro / imperativo**. El si condicional nunca va con futuro o condicional.

Ej.: Si ***tienes*** *vacaciones,* ***nos vamos*** *de viaje /* ***nos iremos*** *de viaje /* ***vámonos*** *de viaje.*

2 Si la oración subordinada va con **imperfecto de indicativo**, la oración principal va con **imperfecto de indicativo**.

Ej.: Si ***tenía*** *vacaciones,* ***se iba*** *de viaje.*

3 Si la oración subordinada va con **pluscuamperfecto de indicativo**, la oración principal va con **imperfecto de indicativo / condicional**.

Ej.: Si ***había tenido*** *tiempo,* ***se iba / iría*** *de vacaciones.*

B Subjuntivo

1 Si la oración subordinada va con **imperfecto de subjuntivo**, la oración principal va con **condicional simple**. El si condicional nunca va con presente de subjuntivo.

Ej.: Si ***tuvieras*** *vacaciones,* ***nos iríamos*** *de viaje.*

2 Si la oración subordinada va con **pluscuamperfecto de subjuntivo**, la oración principal va con **pluscuamperfecto de subjuntivo / condicional simple / condicional perfecto.**

Ej.: Si ***hubieras tenido*** *vacaciones,* ***nos hubiéramos ido / nos iríamos /*** *nos* ***habríamos ido*** *de viaje.*

Más formas de expresar condicionalidad

- Por si o por si acaso con indicativo:

  Ej.: Tienes que prepararte ***por si acaso*** *anulan el viaje.*

- como, siempre que, con tal de que, en el supuesto de que, a condición de que con subjuntivo:

  Ej.: Pagaré más por el billete, ***siempre que*** *tenga un mejor asiento.*

- Con participio:

  Ej.: ***Visto*** *como me ha tratado esa compañía, no volveré a volar con ellos.*

1 Ha llegado un cliente que va a hacer un viaje a China, pero no tiene ni idea de las costumbres del país. Contéstele según la forma del ejemplo y amplíe las respuestas.

Ej.: ¿Si el avión se retrasa, que puedo hacer?

Si el avión se retrasara, lo que podría hacer es . . .

¿Qué hago si tengo un accidente?
¿Si voy en verano, puedo beber agua del grifo con tranquilidad?
¿Podría viajar solo/a sin saber el idioma?
¿Si la guía no está esperándome en el aeropuerto, debo llamar a la agencia?
¿Si tengo que cancelar el viaje, cuánto tiempo dispongo para que me devuelvan el dinero?
¿Si alguien en la calle me ofrece cambio de divisas, lo acepto?

2 La numeración romana. Junte las letras con sus valores correspondientes.

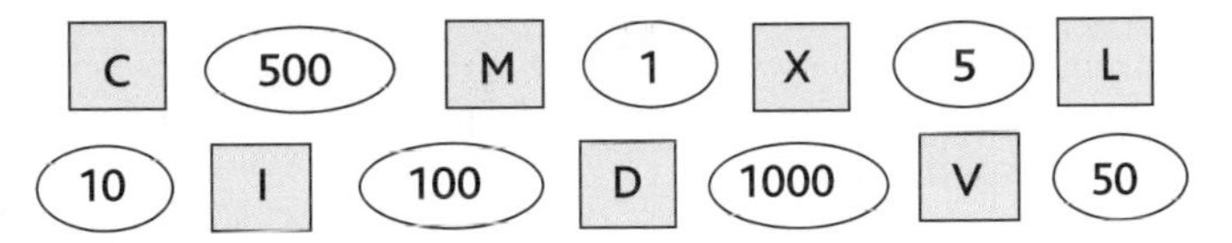

3 ¿Cuándo se utiliza la numeración romana?

- En los nombres de reyes, papas y emperadores.
- Para numerar certámenes, eventos, congresos, asambleas, etc.
- En los números de los capítulos de los libros y, a veces, las secuelas de películas.
- Para designar siglos, años y períodos históricos.

4 ¿Cómo se entiende y utiliza la numeración romana?

I Las letras a la derecha de la cifra romana (si son iguales o menores) suman.

XI = [10 + 1] = 11

II Las letras a la izquierda (si son menores) restan.

IX = [10–1] = 9

III Si entre dos letras hay una menor, ésta resta a la siguiente.

XIX = [10+ (10–1)] = 19

IV No se pueden repetir las mismas letras más de tres veces.

El 4 no es IIII sino IV

V La cifra romana se multiplica por mil tantas veces como rayas horizontales se escriban encima.

$\overline{\text{III}}$ = 3.000

5 Convierta en números romanos las siguientes cifras.

a El 105 Congreso de Turismo será celebrado en el siglo 21.
b En el año 2020 habrá un aumento de más de 500.000 turistas en Cuba.
c El papa Benedicto 16 inauguró la 5 Conferencia General del Episcopado Latinoamericano y del Caribe en 2007.

D: Para saber más

1 Lea el texto con atención.

Todos bajo el sol: el turismo en España

La nueva campaña de promoción del turismo, "Sonría, está en España", **ha dado sus frutos**: 58 millones de turistas se han paseado por las playas y disfrutado de la oferta cultural que ofrece la Península Ibérica y sus islas. Después de un período de deflación, el sector turístico español se ha recuperado con un aumento medio de las tarifas hoteleras del 5%. Se trata de la primera subida por encima de la inflación desde el año 2001. Por eso, la Organización Mundial del Turismo ha situado a España como el segundo país del mundo que recibe más turistas extranjeros, por delante de Estados Unidos y por detrás de Francia.

El turismo **ha engrosado las arcas españolas** con más de 46.000 millones de euros este año, lo que significa un 3% más que en el año anterior. Las operaciones inmobiliarias relacionadas con este sector han generado 15.000 millones de euros sólo en España, a lo que hay que añadir una expansión internacional de las grandes cadenas hoteleras a nivel internacional. Y son los hoteles **la punta de lanza** del negocio turístico: generan un 11% del PIB y dan empleo al 12% de la población española.

Aunque algunos hoteleros **hagan su agosto**, se puede decir que **cada uno habla de la feria según le va**. Hay dos motivos principales por los que, en algunas ocasiones, es mejor no **cantar victoria** en este negocio. Primero, la reducción de la estancia media de los visitantes que ha representado un descenso del 2,6% con respecto al año anterior, y segundo, que el gasto medio por turista, 90 euros por día, ha disminuido. Para adaptar la oferta a la nueva demanda habría que adaptarse a los nuevos tiempos fomentando la oferta *online*, e impulsando el viaje individual frente al típico paquete turístico.

2 ¿Podría hacer una gráfica (vea unidad 13) con las cifras y datos que hay en el texto?

3 Conecte las palabras con los sinónimos, que encontrará a continuación. Busque palabras en el texto relacionadas con este ejercicio y cámbielas por sinónimos.

1 Sector	A visitante, forastero, viajero, extranjero
2 Estancia	B tasas, costes, precios
3 Hotelero	C negocios, transacciones, asuntos
4 Viaje	D parte, sección, segmento
5 Turista	E series, conjuntos, grupos
6 Cadenas	F hospedero, alojador, albergador
7 Tarifas	G desplazamiento, excursión, periplo
8 Operaciones	H hospedaje, permanencia, alojamiento

4 El término inflación lo estudió ya en las unidades anteriores.
Pero, ¿qué significa, entonces, deflación?
Defina los dos términos por escrito.

5 Junto con otro/a estudiante explique, según el texto, lo que significan los refranes y modismos que encontrará en negrita. Después, reescriba otra vez el texto utilizando las nuevas definiciones junto con los nuevos sinónimos. Póngale un título y compare su trabajo con el de otros/as estudiantes. Le damos tres refranes más para que amplíe el texto.

' No hay mal que por bien no venga '
' Mal de muchos, consuelo de tontos '
' A grandes males, grandes remedios '

6 Rellene los huecos con el vocabulario del cuadro.

pasajeros	personal de tierra		agencia de viajes		cancelación
barata	destino	líneas	aerea	vuelos	pasaje
viajar	puesto de facturación		maletas	billete	compañía

Lo barato cuesta caro

Cada vez hay más pasajeros que prefieren volar con las (1) .... de bajo coste, aunque a veces, como le ocurrió a Javier Mérida, esta forma de (2) .... puede que no resulte tan (3) .... Todo empezó con una (4) .... Javier quiere, ahora, recuperar 185 euros que le costó su (5) .... a Roma. La (6) .... *VolandoVoy* había cancelado sus (7) .... por falta de (8) .... y Javier se quedó un día entero esperando con las (9) .... frente al (10) ...., aguardando a que algún responsable de la compañía (11) .... apareciera. Al final, les ofrecieron otro (12) ...., cosa a la que se negaron los 95 (13) .... afectados por esta anomalía. Javier lleva meses peleando con la (14) .... que le vendió el (15) .... para que le devuelvan el dinero. ¿Lo conseguirá?

7 ¿Qué haría usted en una situación como la de Javier? Haga una simulación junto con otro/a estudiante, en la que usted es Javier y su compañero/a es el/la representante de una agencia de viajes o de la compañía aérea.

8 Junto con el vocabulario de los ejercicios anteriores y el que encuentra debajo, escriba un relato en el tiempo pasado del estilo del texto anterior.

• despegue • aterrizaje • compensación •

• pasaporte • documentación • azafata •

• puerta de embarque • exceso de equipaje •

• facturar • plaza •

• punto de encuentro • sala de embarque • clase turista • retraso •

• primera clase • aduana • llegadas •

• control de pasaportes • salidas •

E: Así se hace

1 Contratar un seguro. La Sra. Castellanos le aconseja que, antes de contratar un viaje, saque una póliza de seguros. Para ayudarle a elegir una, le muestra esta tabla.

RIESGO	ASISTENCIASUR	SEGURO CAMINOS	PANAMASISTENCIA
Gastos médicos	100.000€	100.000€	200.000€
Prolongación de estancia	100€ al día	50€ al día	300€ al día
Responsibilidad civil	No lo cubre	No lo cubre	100.000€
Gastos de defensa legal	10.000€	No lo cubre	50.000€
Pérdida de equipaje	Localización y envio	200€	Ilimitado
Demora en la salida	No lo cubre	100€ (mín. 6 horas)	100€ (mín. 2 horas)
Pérdida de enlaces	No lo cubre	No lo cubre	100€
Anulación del viaje	10.000€	No lo cubre	Módulos de 10.000€
Viaje de compensación	No lo cubre	No lo cubre	Módulos de 50.000€
Prima mínima	50€	20€	150€

Ahora, póngase en el lugar de la Sra. Castellanos. ¿Cuál de los seguros les aconsejería a estos clientes y por qué?

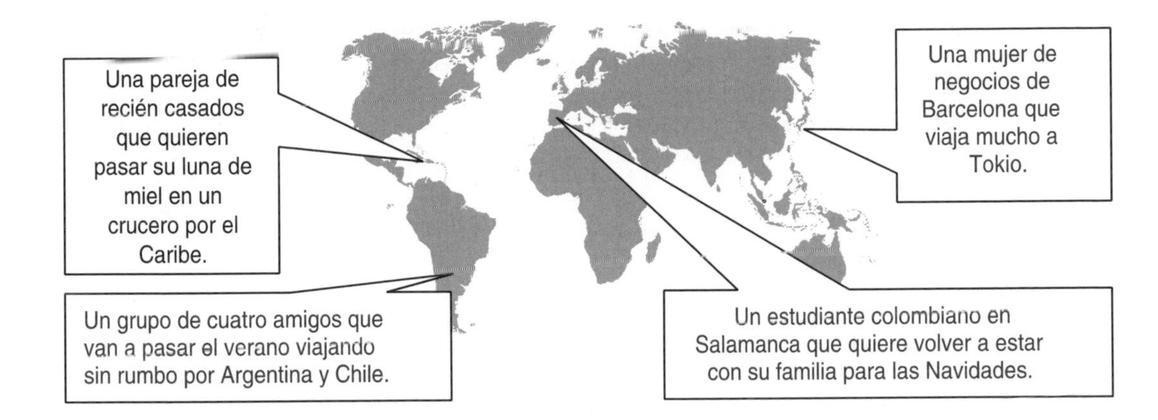

2 Lo que hay que saber para reclamar

- Todo es reclamable. Hay que guardar fotos, vídeos, hojas de reclamaciones, recibos y notas de gastos para compararlos con los folletos y las descripciones de lo que le habían prometido.
- Con los paquetes que incluyen viajes y alojamiento, normalmente, intervienen varias empresas. Ante cualquier problema, primero averigue la causa y diríjase a la empresa responsable.
- Una agencia sólo puede aumentar el precio de un viaje por causas justificadas y debe avisar a los pasajeros 20 días antes del viaje. Más cerca de la fecha de salida, es ilegal.
- En cambio, si el cliente quiere cancelar el viaje lo tiene que hacer con 16 días de antelación.
- Lo más importante: hay que reclamar en el acto. Ante el extravío del equipaje, por ejemplo, hay que completar un parte (impreso) de irregularidad en el mostrador de la aerolínea antes de salir del aeropuerto. En un hotel o restaurante hay que pedir la hoja de reclamaciones.
- Siempre se puede acudir a los tribunales dentro de un plazo de dos años y, en caso de dificultad, a la Junta Arbitral de Consumo para que la Dirección General de Turismo se encargue de su caso.

3 Utilice esta información y las oraciones condicionales con "si" para aconsejar a sus compañeros.

E.j.: Si tuviera un accidente de coche cuando está de viaje, debería sacar unas fotos.

4 ¿Sabe leer un mapa? Relacione los títulos con sus descripciones.

Altitud	Leyenda	Referencias geográficas	Red hídrica
División política	Carreteras	Centros poblados	Plano urbano

1	2 ....
En general, las asfaltadas aparecen en tonos rojos y grises con etiquetas que dan sus nombres o números. Entre pueblos suele haber un número que representa la distancia en kilómetros.	Señala las partes de un país y sus límites con sus países vecinos. Los cambios de tonos grises y el grosor expresan límites internacionales y provinciales.
3 .... Las coordenadas (latitud y longitud) aparecen en los bordes de los mapas. Con el norte arriba, la escala ofrece una idea de las dimensiones reales del mapa y el terreno.	4 .... Está dibujada con azul claro e intenso y los nombres de los ríos siguen su curso. Las referencias costeras (penínsulas, bahías, etc.) están señaladas con letras grises.
5 .... Está representada por números en distintos tonos que van desde el amarillo al marrón y culminan con el blanco por las zonas nevadas que superan los 5000 metros.	6 .... Hay varios tipos: capital del país, de provincia, de distrito y localidades menores. La importancia se expresa por el tamaño de la letra y un símbolo que suele ser un círculo o un edificio.
7 .... Los bloques de edificios suelen aparecer en color rosa, los parques en verde y las plazas en gris. Los monumentos poseen una simbología particular: E.j. cubiertos (restaurante), parasol (playa turística).	8 .... Si hay poco espacio, se colocan números en los lugares de los monumentos y los edificios más importantes, los cuales luego se especifican en la lista que va al lado o al dorso del mapa.

5 **Diseñe un itinerario detallado para una pareja que quiere recorrer Almería en 3 días usando el transporte público y con un presupuesto de 400€. Incluya un seguro y recomendaciones para hoteles y restaurantes que encuentre en Internet. Compare su itinerario con el de sus compañeros/as. ¿Cuál eligirían los clientes?**

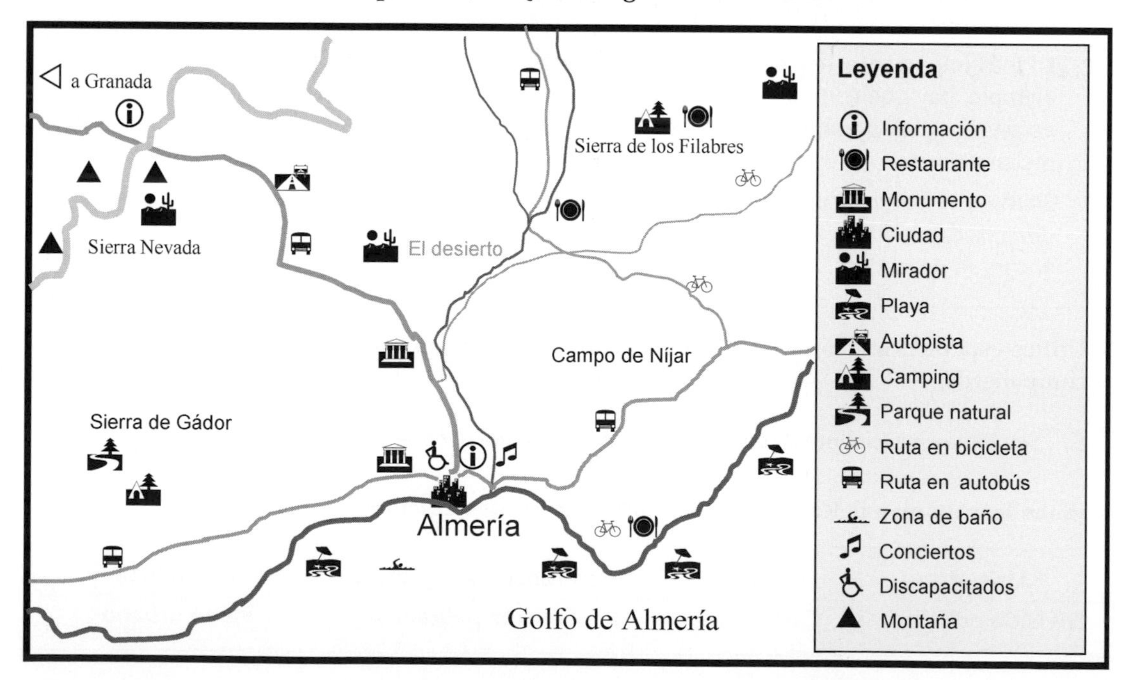

F: ¿Sabe navegar?

Maestro de viajes

Amadeus es un servicio informático imprescindible para la industria del turismo. Formada en 1987, la empresa empezó con la idea de proporcionar datos sobre la disponibilidad de vuelos a personas en diferentes lugares del mundo mediante acceso a un programa informático especial.

Cuatro compañías aéreas – Air France, Lufthansa, Iberia y SAS – formaron Amadeus. Desde entonces, ha ido desarrollándose tanto la empresa como el programa para que hoy en día sea una fuente de información para planificar no sólo viajes en avión, sino plazas en hoteles y en viajes organizados alrededor del mundo.

Ya durante los años 90, Amadeus proporcionaba un sistema a empresas dedicadas al turismo y la planificación de viajes, a la vez que lanzaba su propia página web, donde los viajeros más independientes podían organizar sus vacaciones a la carta. (Vaya a www.amadeus.net y haga clic en la bandera española.)

Actualmente, Amadeus tiene el 31% del mercado y proporciona servicios a más de 70 aerolíneas y a páginas web como www.lastminute.com, www.opodo.com y www.expedia.com. En otras palabras, el sistema informático, que a nosotros como usuarios nos dice qué vuelos están libres y cuánto cuestan es, a menudo, producto de Amadeus.

De la misma manera, si vamos a una agencia de viajes, es posible que la persona que nos esté vendiendo el viaje o trayecto esté utilizando el sistema de Amadeus. De hecho, casi 90.000 agencias de viajes en más de 200 países están suscritas al sistema Amadeus y en 2006 se hicieron casi 500 millones de reservas a través de esta indispensable fuente de información para el viajero.

Enlaces de interés

Información sobre reclamaciones: www.ceaccu.org, www.ocu.org, www.facua.org
Servicio informático: www.amadeus.net (haga clic en la bandera española)
Agencias de viajes, compañías aéreas y guías turísticas:

http://www.viajar.com
http://www.rumbo.com.mx
http://www.iberia.com
http://www.cubana.cu
http://www.aerolineasargentinas.ar
http://www.flyairpanama.com
http://www.unwto.org

Actividades

1 **Visite las páginas de los ministerios de turismo o autoridades de turismo de 5 países de habla hispana y busque información sobre sus actuales campañas de marketing. Prepare una presentación electrónica, detallando cada campaña y luego su propia valoración de cada una. ¿Qué campaña le parece mejor?**

2 Visite la página www.viajar.com e intente buscar un vuelo para ir desde el aeropuerto más cercano a su ciudad a un país de habla hispana, en el plazo de un mes.
¿Cuántos vuelos hay?
¿Es fácil llegar?
¿Y el horario y precio?
Comparta con sus compañeros/as la experiencia de buscar un vuelo. Si conoce más páginas, visítelas también y luego compare la oferta. ¿Cuál de las páginas es más amena para el usuario?

3 "El turismo al estilo Nero" es el fenómeno de viajar antes de que desaparezcan ciertos lugares del planeta debido al cambio climático. En lugar de modificar sus hábitos para viajar menos y causar menos daño al medio ambiente, esta filosofía sugiere que hay que aprovecharse de lo que queda y no pensar en el futuro. ¿Qué piensa de esto? Escoja papeles a favor y en contra y debátalo con sus compañeros/as.

4 Ahora, con sus ordenadores conectados a Internet, usted y sus compañeros/as busquen la mejor oferta para dos personas que quieren ir de Barcelona a Buenos Aires para recorrer un mínimo de tres países de Latinoamérica en tres semanas. Quieren hoteles de cuatro estrellas. Quieren viajar lo antes posible y pasar, al menos, una de las tres semanas en un hotel cerca de la playa. También quieren un buen seguro. Les interesa mucho la arquitectura moderna y los monumentos antiguos. Son muy ricos, así que no escatime medios a la hora de planear el itinerario. ¿Quién ha hecho la mejor oferta?

5 Ya que es experto en planear viajes, siga las pautas del ejercicio anterior para organizar viajes inolvidables por España y América Latina para sus compañeros/as. ¡Buen viaje!

17 En compañía

La empresa

A: Le presento a D. Juan Santiváñez Guarniz

1 Lea la siguiente biografía.

Juan Santiváñez es dueño de su propio negocio. Desde 2002, dirige una sociedad de auditoría en el distrito limeño de Miraflores. El Grupo Santiváñez presta servicios de contabilidad, asesoría tributaria, auditoría financiera y operativa, consultoría empresarial y captación. Cuando decidió hacerse dueño de su propia empresa, el Sr. Santiváñez, supo que perdería parte de su tiempo libre, ya que los clientes suelen reclamar con mucha frecuencia la presencia física del jefe de la empresa. A pesar de que la gente pueda pensar lo contrario, en realidad, el Sr. Santiváñez trabaja mucho más que antes, y con más responsabilidades que nunca.

Con la empresa bien establecida, el Sr. Santiváñez está contento de su iniciativa y confirma que sus ideas eran buenas y que la empresa puede ser fuente de trabajo para mucha gente. Dice: "Una cosa es la teoría; la cancha es diferente. Todos podemos repetir lo que dice el libro, pero no todos pueden acertar al aplicar esa idea y eso me llena de satisfacción, sobre todo en un país como Perú, donde hacer negocios no es siempre fácil." Sin embargo, no siempre ha funcionado su teoría, ya que antes fue dueño de un restaurante que al final cerró en 2004. Seguramente esta experiencia le sirvió de referencia para el futuro.

Actualmente, el 34% de los peruanos están empleados en micro o pequeñas empresas, mientras que el 38% tienen el estatus de "independiente", es decir, que trabaja por cuenta propia. El Sr. Santiváñez nos cuenta que en Perú no es fácil establecer su propio negocio. De hecho, según el Banco Mundial, que estudia la facilidad para hacer negocios en todos los países del mundo, Perú está en el número 92 de una lista de 175. El país de habla hispana con la mejor clasificación en esta categoría es Puerto Rico, en el número 8.

2 **Explique las siguientes frases que aparecen en negrita:**

una sociedad de auditoría en [1] **el distrito limeño de Miraflores** . . . presta servicios de contabilidad, [2] **asesoría tributaria**, auditoría financiera . . . Dice: "[3] **Una cosa es la teoría; la cancha es diferente.** Todos podemos repetir lo que dice el libro" . . . tuvo que cerrar . . . Seguramente [4] **esta experiencia le sirvió de referencia para el futuro** . . . el estatus de "independiente", es decir, que [5] **trabaja por cuenta propia** . . . hispana con

3 **El Sr. Santiváñez es un emprendedor. Ha sido dueño de dos empresas y su biografía muestra que está dispuesto a sacrificar su tiempo libre para tener éxito en el mundo de los negocios: www.sgperu.com/staff_socio1.html.**

El Ministerio de Trabajo y Promoción de Empleo de Perú tiene una campaña en marcha llamada "Perú emprendedor" para animar a la gente a establecer sus propios negocios. ¿Puede definir las cualidades de un emprendedor? ¿Según estas cualidades, quién es el más emprendedor entre sus compañeros/as?

4 **La revista *Negociar* ha preguntado a Juan cuáles son las cualidades necesarias para llevar con éxito un negocio una vez establecido. En el texto hay unos huecos que deberá rellenar con las palabras que encontrará a continuación.**

Creo que hay que ser muy (1) .... Entender las (2) .... de sus clientes, no (3) .... con ellos; comprender que ellos no (4) .... sino que nos (5) .... con sus consultas o pedidos. Definitivamente ser (6) .... y amable. Se debe ser muy (7) .... (8) .... los problemas que pueden ocurrir, pues ya hay suficiente (9) .... con el trabajo diario que tenemos.

a POSITIVO/A	b RESPONSABLE	c ESTRÉS
d BENEFICIAN	e MOLESTARSE	f NECESIDADES
g EXTROVERTIDO/A	h INTERRUMPEN	i ASUMIR

5 **Utilice las frases del ejercicio anterior y otras de su invención para escribir el texto del cartel que anuncia la campaña "Perú emprendedor".**

Ser parte del . . .

Perú Emprendedor

Hay que ser . . .

No hay que ser . . .

6 **¿Cree que puede diseñar y escribir un cartel mejor? Pues, inhálago!**

B: Escuche, por favor

1 Juan Santiváñez conversa con otro joven emprendedor, Israel Terrones. Ambos tienen sus propios negocios, pero en sectores muy diferentes.

JS: Israel, ¿cómo te va?

IT: Muy bien, Juan. Acabo de abrir una nueva tienda. Se llama Cocote, y vende regalos, artículos para la casa, y sobre todo (1) ....

JS: ¿Parecida a la otra tienda que tenías?

IT: Parecida pero no igual. Es más (2) .... y esta vez no está en el centro de una gran ciudad, sino en una ciudad más pequeña, en la misma (3) ....

JS: ¿Y por qué ese cambio?

IT: Cambié porque nuestro (4) .... no era lo que pensábamos. Era muy (5) .... Eso sí, siempre había gente que buscaba muebles, sobre todo del estilo que vendíamos nosotros, pero había muchas tiendas (6) .... Entras en una constante guerra de precios y al final estás (7) .... con empresas que venden muebles de peor calidad que tú. Entonces, decidimos que (8) .... sería mejor, para que pudiéramos seguir vendiendo lo mismo, con la misma calidad, al precio justo.

JS: Claro, sabes que lo que ofreces es especial, pero tienes que asegurarte de que tu mercado objetivo también lo sepa, y (9) ....

IT: Y encima, donde estamos ahora, es una ciudad (10) .... , hay un nivel de (11) .... bastante alto, la gente compra muebles exclusivos, como los que vendemos nosotros. Nuestro mercado objetivo es (12) .... , que no quieren ir a las grandes superficies a comprar sus muebles y luego tener que montarlos en casa, sino quieren algo único. Nos está yendo muy bien.

JS: Me alegro mucho. Es curioso, ¿no? Yo al principio pensaba que mi mercado objetivo iba a ser pequeño, (13) .... En realidad es más grande. Hay (14) .... que necesitan asesoramiento, servicios de auditoría, todo lo que ofrecemos. Pensaba al principio que era más (15) .... mi idea de lo que al final ha resultado ser.

IT: ¡Pues eso es lo mejor que te puede pasar, hombre!

2 Para llegar al mercado objetivo, todo emprendedor tiene que hacer marketing. La comunicación con el exterior que cada sector tiene que hacer es diferente, pero hay algunas herramientas claves para hacerse conocer. ¿Cómo pueden éstas beneficiar a la empresa del Sr. Santiváñez.

Página web	Páginas amarillas	Ferias
Anuncios en los medios de comunicación	Propaganda (distribución de folletos)	

Ahora, organice sus ideas bajo los títulos de estrategia, beneficios y problemas que deben evitarse. Luego, elija una empresa que usted conozca, y realice el mismo estudio. Con los

resultados, decida cuál puede ser la mejor estrategia de marketing tanto para el Sr. Santiváñez como para la empresa elegida por usted.

3 Escuche el siguiente texto sin leerlo. Después, con el texto delante, conteste a las preguntas que va a escuchar en la grabación.

Hacer negocios con éxito

Una buena idea, un poco de dinero y muchas ganas. ¿Son realmente lo único que hace falta para abrir un negocio? La respuesta es no. Si queremos establecer nuestro propio negocio, nos afectarán tanto el comportamiento de nuestro mercado objetivo como las leyes y procesos de nuestro país.

En Latinoamérica y el Caribe tendrá que pasar por más de 10 procedimientos, como media, para poder hacer realidad su sueño, es decir, abrir su propio negocio. El país más "amable" con el emprendedor es Puerto Rico, pidiendo sólo 7 procedimientos para poder empezar a trabajar cuanto antes. Los países de la OCDE son los que tienen, como media, el menor número de procedimientos, pero todas las regiones del mundo oscilan entre 6 y 11 pasos para establecer una compañía. No es nada fácil.

En Perú, el número de pasos son 10. Incluyen la comprobación del nombre propuesto de la empresa, por si coincide con otra ya establecida, la inscripción de la documentación en el registro público después de su aprobación por el notario, y el registro de la empresa en varios ministerios nacionales e instituciones municipales. Este proceso puede tardar más de dos meses y supone un costo económico de casi $850 al emprendedor antes de haber empezado a dirigir su negocio. Mientras que el registro de la propiedad y la obtención de créditos para el emprendedor son relativamente fáciles en Perú, la contratación de empleados, la tramitación de licencias y el pago de impuestos son todos procesos complicados. Estas dificultades han afectado bastante la posición de Perú en la clasificación general del Banco Mundial.

La importancia de la posición de un país en esta clasificación internacional está aumentando, sobre todo entre países que están en vías de desarrollo y ven la inversión tanto doméstica como extranjera como un motor necesario para su crecimiento. Los nuevos miembros de la Unión Europea, por ejemplo, se han esforzado mucho en cortar el tiempo requerido para los trámites de establecimiento de empresas, y como consecuencia, su posición en la clasificación ha tenido una mejoría significativa. En Rumanía, por ejemplo, se puede establecer un negocio en sólo 11 días y por menos de $170.

4 Un plan de negocio con objetivos claros actuará como guía para poder tomar decisiones y crear estrategias. Cree un plan de negocio, basándose en estos títulos y ¡en sus propios sueños emprendedores!

- DESCRIPCIÓN DE LA COMPAÑÍA
- PRODUCTOS Y SERVICIOS
- MERCADO OBJETIVO
- CONSIDERACIONES FINANCIERAS
- CLAVES PARA EL ÉXITO
- ESTRATEGIA DE MARKETING

C: Recuerde que . . .

Las perífrasis verbales son la unión de un verbo auxiliar con las formas no personales del verbo: infinitivo, gerundio y participio. El verbo auxiliar conjugado pierde su valor, dando paso a un nuevo significado.

Perífrasis verbales de infinitivo

- **Expresan obligación:**

Deber + infinitivo	*Ej.: **Debe ser** cortés con sus clientes.*
Haber de/que + infinitivo	*Ej.: **Ha de/Hay que trabajar** duro.*
Tener que + infinitivo	*Ej.: **Tiene que evitar** el estrés.*

- **Expresan un comienzo o una progresión:**

Ir a + infinitivo	*Ej.: **Voy a montar** un nuevo negocio.*
Echarse a + infinitivo	*Ej.: Cuando oí el eslogan, me **eché a reir**.*
Ponerse a + infinitivo	*Ej.: **Se puso a trabajar** de inmediato.*
Romper a + infinitivo	*Ej.: Cuando llegó, **rompieron a aplaudir**.*

- **Expresan acciones acabadas:**

Acabar de + infinitivo	*Ej.: **Acabo de ver** a mi nuevo socio.*
Dejar de + infinitivo	*Ej.: **He dejado de tener** deudas.*
Llegar a + infinitivo	*Ej.: Poco a poco, **llegó a entender** la situación.*

- **Expresan algo aproximado y probable:**

Venir a + infinitivo	*Ej.: **Viene a costar** unos 20.000 pesos.*
Deber de + infinitivo	*Ej.: **Debe de estar** muy enfermo para no venir.*

Perífrasis verbales de gerundio

- **Expresan una acción durativa con movimiento y progreso:**

Andar + gerundio	*Ej.: **Andan diciendo** que estoy en bancarrota.*
Estar + gerundio	*Ej: **Estoy terminando** el informe.*
Ir + gerundio	*Ej.: Se **va recuperando** de la crisis del año pasado.*
Seguir + gerundio	*Ej.: **Sigo pensando** que fue una mala decisión.*
Venir + gerundio	*Ej.: **Vengo observando** una actitud poco positiva.*

- **Expresan el final de algo:**

Acabar + gerundio	*Ej.: **Acabó dejando** el trabajo.*
Terminar + gerundio	*Ej.: Al final, **terminó odiando** el proyecto.*

Perífrasis verbales de participio

- **Expresan una acción realizada:**

Dejar + participio	*Ej.: La presentación me **ha dejado agotada**.*
Dar por + participio	*Ej.: **Doy por terminada** la reunión.*
Estar + participio	*Ej.: **Están hartos** de tanto esperar.*
Quedar(se) + participio	*Ej.: El jefe hizo que la tienda **se quedara abierta**.*
Tener + participio	*Ej.: **Tengo hechos** muchos proyectos.*

1 Enlace las frases y diga qué expresan las perífrasis verbales.

1 Damos por		a instalarse en su nueva oficina.		**Expresa . . .**
2 Está		b pagar 500 euros en trámites legales.		
3 Tenemos que		c perdida la entrada de nuevo capital.		
4 Acaba de		d finalizando los trámites de apertura.		
5 Se echó a		e llorar cuando cerró su negocio.		

2 La Sra. Zúñiga quiere asociarse con el Sr. Santiváñez para empezar un nuevo negocio. Haga un informe utilizando todas las perífrasis que pueda.

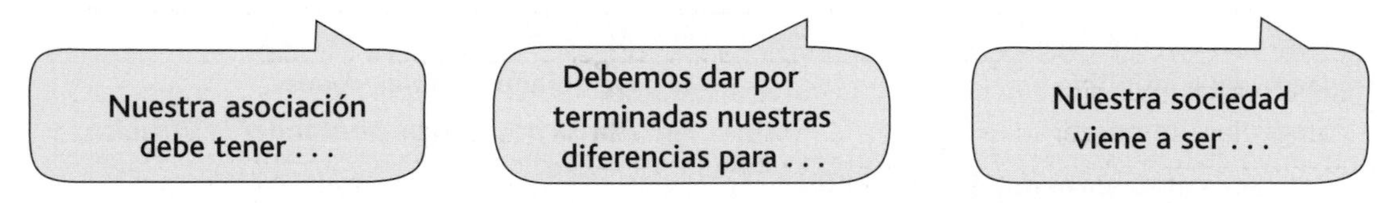

Uso de las mayúsculas

- Tratamientos si están en abreviatura. *Ej.: El **S**r. Terrones es un joven emprendedor.*
- Nombres y adjetivos de instituciones y organismos oficiales. *Ej.: Tengo mi cuenta en la **C**aja de **A**horros de **M**adrid.*
- Nombres de cargos oficiales. *Ej.: El **M**inistro de **E**conomía español.*
- Nombres de ciencias o disciplinas que forman parte de una institución. *Ej.: El **I**nstituto de **I**nformática peruano.*
- Sustantivos y adjetivos de disciplinas científicas. *Ej.: Estudié **E**mpresariales durante 3 años.*

Uso de las minúsculas

- Días de las semana, meses, estaciones del año. *Ej.: El 7 de **j**ulio, **l**unes, abriremos la filial.*
- Gentilicios y miembros de religiones. *Ej.: La mayoría de los **p**eruanos son **c**atólicos.*
- Nombres geográficos comunes y puntos cardinales. *Ej.: El **r**ío Amazonas es el más largo del mundo / Perú limita al **n**orte con Ecuador.*
- Tratamientos. *Ej.: El **s**eñor Santiváñez es un importante accionista.*
- Nombre de oficios y profesiones. *Ej.: Amelia es **a**bogada.*

3 Añada a las palabras las iniciales mayúsculas o minúsculas que faltan.

_omunicado _el _inisterio _e _ndustria y _acienda

_l _róximo 5 _e _ulio, _ntrará _n _igor _na _ueva _ey _lamada _ey _e _a _ociedad _imitada _ueva _mpresa, _ue _onsistirá _n _omentar _a _reación _e _equeñas _mpresas _aciendo _ás _encillo _odo _o _eferente a _os _rámites. _u _structura _erá _encilla: _endrá _inco _ocios _omo _áximo (_odrán _er _anto _spañoles _omo _xtranjeros) y _a _enominación _e _a _ompañía _erá _l _ombre y _pellido _e _no _e _os _ocios. _ambién, _arán _alta _nas _iglas, _L, y _n _apital _ocial _ntre 5.000 y 200.000 _uros. _simismo, _as _icenciaturas _n _conomía y _erecho _o _erán _bligatorias, _ero _í _ecomendables. _inalmente, _e _revé _n _a _ey _a _tilización _e _edios _elemáticos _ara _u _nscripción _n _l _egistro _ercantil.

D: Para saber más

1 Lea el texto con atención.

Parecidos razonables: las franquicias

La historia de la franquicia, según el concepto que tenemos hoy en día, surgió en los Estados Unidos a mediados del siglo XIX. La compañía I.M. Singer & Co. empezó a utilizar este sistema debido a las necesidades de distribución y expansión de sus productos. Con el tiempo, otras compañías comenzaron a aplicar la misma fórmula hasta llegar al siglo XX, cuando la archiconocida cadena de comida rápida McDonald's **comenzó su andadura** multiplicándose por todo el mundo.

En el caso de España, la fiebre de la franquicia comenzó en la **década de los 50** de la mano de empresas francesas y americanas principalmente. Ahora, en pleno siglo XXI, la franquicia se ha consolidado en forma de contrato a través del cual una empresa – el franquiciador – entrega los derechos de explotación de su marca a otra empresa – el franquiciado – a cambio de una comisión o royalty mensual. Pero, ¿por qué hay tantos empresarios interesados en esta nueva fórmula? Hay tres motivos principales: primero, la rapidez a la hora de adquirir un negocio; segundo, obtener un *know how* – saber hacer –; y tercero, el respaldo de una marca que ya ha logrado su sitio en el mercado. Como se ve, los riesgos son pocos y el beneficio alto. Y precisamente por esto, cabe la posibilidad de que pueda existir un recorte en la libertad gestora del franquiciado. Dado que el dueño de la marca no puede permitir que su imagen salga **mal parada**, se estipula que el franquiciador podrá controlar parte de la gestión de la nueva franquicia. Incluso con ese pequeño recorte del control de la empresa, tener una franquicia es **un negocio redondo. La regla de oro** es bien sencilla: más de un millón de marcas, miles de puntos de distribución y publicidad unificada.

Hay muchas fórmulas para llevar adelante proyectos de este tipo. Pero una de las que mejor resultado está dando es la llamada master franquicia, que es un acuerdo por el que un franquiciador da los derechos en exclusiva de un determinado territorio a un intermediario.

- ¿Qué piensa del título? ¿Podría ponerle usted otro con un subtítulo?
- El Sr. Santiváñez tiene pensado adquirir una franquicia. Prepare un documento donde explique los pros y los contras de este tipo de adquisición.
- Explique, con sus propias palabras, las frases en negrita del texto.
- Explique lo siguiente: si el franquiciado saca beneficios de esta operación, ¿qué pasa con el franquiciador?
- Busque más información sobre las franquicias en las páginas web en español, y añada más datos al texto.
- ¿Puede hacer una lista de franquicias que conozca tanto en su país como en el extranjero?

2 ¿Ya tiene la lista? Junto con otro/a estudiante, y con la ayuda de Internet, investiguen si sus marcas elegidas pertenecen a uno de los sectores económicos representados. Expliquen por qué.

3 Rellene los huecos con los verbos y sustantivos necesarios para completar el cuadro.

VERBO	SUSTANTIVO	VERBO	SUSTANTIVO
Necesitar			El respaldo
Distribuir		Lograr	
Producir			El beneficio
	La fórmula	Existir	
Comenzar		Recortar	
	La consolidación		El permiso
Entregar		Controlar	
Explotar			La gestión
	El contrato		El proyecto
	La adquisición	Acordar	

4 Utilice los verbos y sustantivos del ejercicio anterior para debatir las siguientes cuestiones sobre las franquicias.

La importancia de poner en marcha un negocio que ya ha sido probado con éxito.

La necesidad de contar con la experiencia y el asesoramiento del franquiciador.

La utilidad de beneficiarse de la tecnología, forma de gestión y servicios de la marca.

5 **Juan Santiváñez le va a dar una serie de consejos para que monte su propia franquicia. Rellene los huecos con el vocabulario de abajo.**

local negocio estratégica resultados ganar balance mediana registrales superficie beneficios capital establecimiento registro enseña

Con 5.000$ usted puede .... mucho. El primer consejo que le doy es que confeccione un plan de .... con la cuenta de .... y el .... Después, escoja la .... que más le interese y compare varias de ellas. Asegúrese acerca de los datos .... de la marca, el .... social, los .... que se estiman, etc. y luego compare todos los datos en el .... Mercantil. Finalmente, busque un buen .... Deberá estar en una zona .... y, a ser posible, en una ciudad .... Es aconsejable que el .... sea llamativo y que tenga una .... adecuada.

6 **Usted va a tener ahora el papel de proveedor de franquicias. Primero, explique con sus propias palabras a qué se dedican cada una de estas marcas.**

Pizza Hut • Mango • *Coca-Cola* • **FNAC** • *Tony&Guy*

Y luego, elija una de ellas y conviértase en su proveedor. Haga una lista de los productos y las necesidades que requiere la marca. Ofrezca sus servicios a otros/as estudiantes que serán los dueños de las franquicias.

E: Así se hace

1 **Un organigrama es la representación gráfica de la estructura de una empresa u organización. Representa los departamentos y, a veces, los nombres de las personas que lo componen, y muestra la relación jerárquica de una empresa. Permite una visión global e inmediata de las características de la compañía; deja claro las responsibilidades y la autoridad y pone de relieve la eficacia de la comunicación entre departamentos y personal de la compañía. Aquí hay un organigrama sencillo que muestra una posible organización de una empresa.**

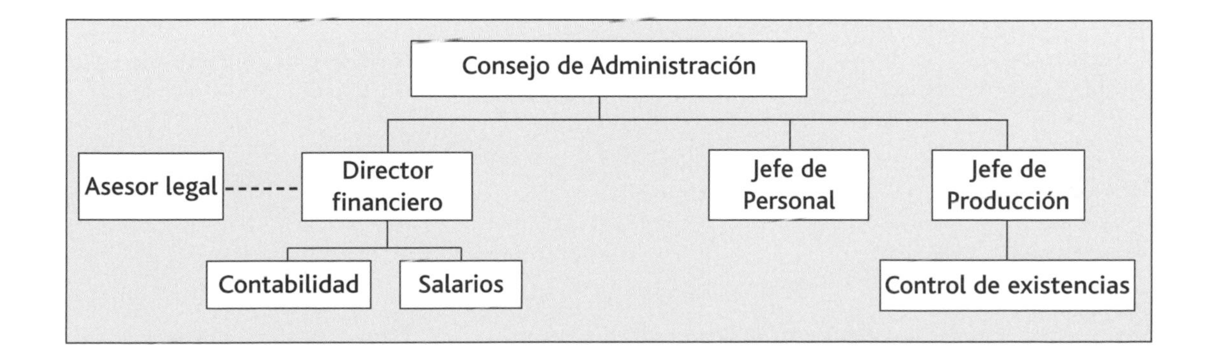

Notará que los que están en el mismo nivel (los jefes de los departamentos) tienen el mismo rango. El asesor legal no es un empleado de la empresa, pero desempeña un papel importante y por eso su enlace está representado por una línea discontinua.

2 Siga estos enlaces en Internet y encontrará cinco organigramas:

A Telefónica, España:
http://www.tid.es/html_eng/organigrama_tid.html
B Hospital General del Estado de Sonora, México:
http://plazasol.uson.mx/hge/Informacion%20general/organigrama.htm
C Haría Club de Fútbol de Lanzarote, Islas Canarias:
http://www.hariaclubdefutbol.com/Organigrama.asp
D Fundación Malecón de Guayaquil, Ecuador:
http://www.malecon2000.com/fundacionmalecon2000/organigrama.asp
E Comisión Estatal de Elecciones de Puerto Rico:
http://www.ceepur.org/sobreCee/presidencia/organigramaCee/index.htm

Telefónica
Fundación MALECÓN
C.E.C.P.R.

¿Le parecen muy complicados o son fáciles de entender? ¿Qué problemas encuentra? Intente explicarlos a sus compañeros/as utilizando las siguientes frases:

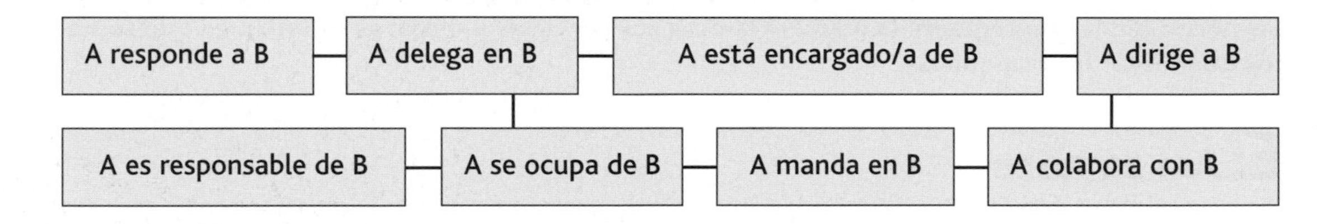

3 Haga una búsqueda de imágenes de organigramas en Internet y encontrará muchas variaciones. Los hay verticales y horizontales; con fotos y con leyendas de colores y distintas líneas de conexión. ¿Cuáles considera mejores o peores? ¿Hay un límite a la complejidad? ¿Nota ventajas y desventajas en los organigramas?

4 **Complete el organigrama con las palabras del cuadro.**

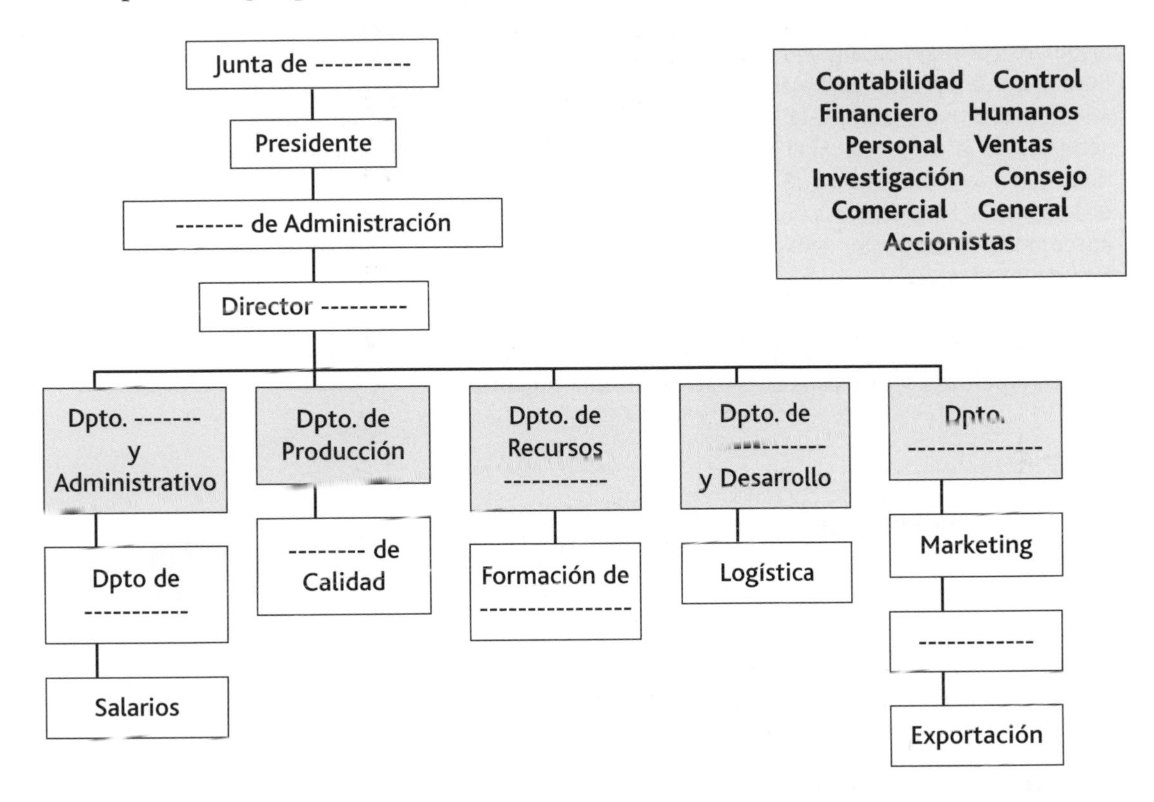

5 **Vaya a la página web del Sr. Santiváñez, www.sgperu.com, y haga un organigrama sobre la estructura corporativa de su compañía. Después, haga uno sobre su propio centro de estudios o el lugar donde trabaja.**

6 **Algo parecido al organigrama es el diagrama de flujo que representa los pasos de un proceso. Los diagramas de flujo suelen representar opciones que siguen senderos distintos.**

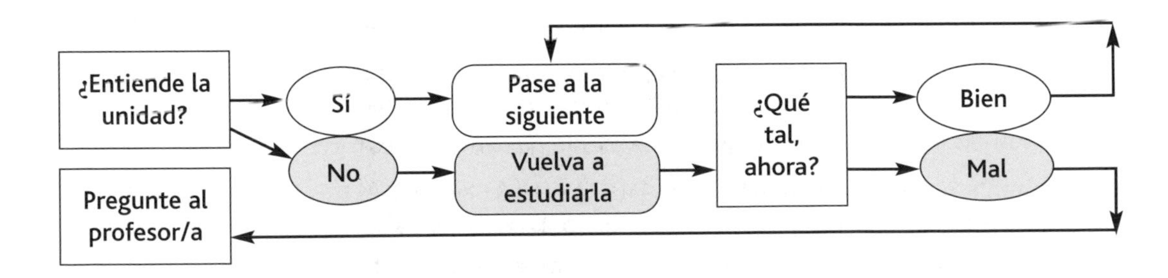

7 Cree un diagrama de flujo que ilustre el proceso descrito en el siguiente texto.

Si quiere conseguir a alguien que le haga la contabilidad, lo primero que tiene que hacer es buscar a una persona apropiada entre la plantilla que ya haya trabajado en su empresa. Si no encuentra a nadie, tendrá la opción de poner un anuncio en la prensa local o contratar los servicios de una agencia. Si el anuncio no atrae a nadie, puede volver a ponerlo en un periódico de tirada nacional. Tendrá que leer las solicitudes que responden al anuncio y las que le manden de la agencia. Si no le gusta nadie para el puesto, puede probar con otra agencia. Si hay personas apropiadas, tendrá que entrevistarlas. ¡Ojalá que encuentre a alguien! Si no, tendrá que intentarlo otra vez.

8 Investigue un proceso industrial o administrativo y represéntelo en un diagrama de flujo. Añada opciones y procesos alternativos donde haga falta.

F: ¿Sabe navegar?

1 Lea el siguiente artículo.

El ordenador ordena

Internet es una buena fuente para los que están pensando en empezar su propia empresa. En España la ayuda virtual a los emprendedores viene de la *Ventanilla única empresarial*: un proyecto creado por cámaras de comercio españolas, la administración del estado y ciertos ayuntamientos para facilitar la creación de nuevas empresas. Las oficinas físicas de la *Ventanilla única* proporcionan un centro común, normalmente en la Cámara de Comercio local, donde todo proceso puede tramitarse en el momento y la *Ventanilla única virtual*, www.vue.es, complementa el servicio dado en la *Ventanilla* física.

En esta página el emprendedor puede consultar:

- Información sobre los pasos que hay que dar para crear una empresa.
- Listas de los formularios necesarios para poder crear la empresa, según el tipo y sector.
- Información sobre autorizaciones y licencias que puedan hacer falta para abrir el negocio.
- Datos sobre la inscripción en Hacienda y en el régimen de la Seguridad Social adecuado.

¿Cuáles son las otras maneras en que Internet puede ayudar al emprendedor?

- Seguimiento de la competencia en las Páginas Amarillas y en las mismas páginas web de las empresas.
- Consultas de procedimientos para crear una empresa en las páginas del Ministerio de Trabajo, municipios locales y oficinas de empleo.
- Consultas a la prensa local e internacional para seguir el desarrollo del sector y prever posibles problemas o crisis.

- Marketing directo, mediante páginas web de la empresa y también mediante anuncios virtuales en páginas como Google o en la prensa digital. Internet puede ser una excelente herramienta de marketing si el mercado objetivo está compuesto de un grupo social con una gran cantidad de usuarios regulares.

2 **Ahora váyase a www.vue.es. Verá enlaces con información sobre qué hacer antes de crear su empresa, cómo diseñarla y crearla. ¿Le parece una página informativa y fácil de navegar? Busque la página sobre las franquicias* y las respuestas a las siguientes preguntas:**

- ¿Cuánta información precontractual debe revelar a terceros el franquiciado previamente al contrato?
- ¿Es verdad que el franquiciado se compromete a aprovisionarse exclusivamente a través de los canales que determine el franquiciador?
- ¿Cuáles son las cuatro ciudades de España que tienen ferias de franquicia?
- ¿No la encuentra? Mire aquí: http://www.vue.es/vuev/Antes.nsf/crear?openFrameset

Enlaces de interés

http://www.paginasamarillas.com (toda Latinoamérica)
http://www.paginasamarillas.es (España)
http://www.universia.com.ar/contenidos/empresa/decalogo/decalogo.htm
http://www.sgperu.com
http://www.emprendedor.com
http://www.emprendedorxxi.es/
http://www.gipe.ua.es/w3ace/test/test.htm

Actividades:

1 **Usted es Juan Santiváñez y está pensando en poner un anuncio para su empresa en las Páginas Amarillas. Mire en las Páginas Amarillas peruanas para ver la competencia que tiene en Miraflores. Si alguna de estas empresas tiene página web, visítela y compárela con la de Juan Santivañez.**

2 **"No es fácil crear una empresa global desde Alcobendas." Lea este artículo sobre el empresario argentino Martín Varsavsky, y su último negocio, FON: www.elpais.com/articulo/internet/facil/crear/empresa/global/Alcobendas/elpeputec/20070206elpepunet_3/Tes. De lo que dice el Sr. Varsavsky, ¿qué tipo de emprendedor es?, ¿cómo elige/crea sus proyectos?, ¿qué opina usted sobre esto? Busque más información sobre el Sr. Varsavsky y el progreso de su empresa FON.**

3 **Vaya a www.universia.com.ar/contenidos/empresa/decalogo/decalogo.htm. Lea las respuestas a todas las preguntas y amplíe el plan de negocio que creó en el artículo B4. Luego visite www.gipe.ua.es/w3ace/test/test.htm y haga el test. ¿Tiene posibilidades de ser un emprendedor con éxito?**

4 Visite la página de la empresa de Juan Santiváñez. Elija un servicio y lea la descripción. Su compañero/a debe hacer lo mismo. Luego, explique el servicio que ha elegido, con sus propias palabras, a su compañero/a, sin revelar el nombre del mismo. El/la otro/a estudiante debe averigüar a qué servicio se refiere. Puede seguir haciendo este ejercicio hasta que hayan nombrado todos los servicios que proporciona el Grupo SG.

5 Visite la página www.emprendedor.com. Elija un artículo de la casilla "Secciones". Léalo en voz alta al resto de la clase y explique cómo se puede hacer un artículo que interese una persona con vocación emprendedora.

18 En construcción

La vivienda

A: Le presento a Dña. Lola Sánchez Carro

1 Lea la siguiente biografía.

Lola Sánchez Carro es una arquitecta española que trabaja en una empresa dedicada a dar soluciones arquitectónicas a las fachadas de los edificios. Su trabajo interviene en todos los procesos, desde la captación de proyectos hasta la puesta en marcha. Esto le ofrece la posibilidad de tocar muchos aspectos de la arquitectura y construcción, como la expansión comercial del producto, la gestión de clientes y la puesta en marcha.

Como arquitecta, la Sra. Sánchez Carro defiende "por encima de todo la arquitectura que respeta, valora y potencia su entorno. Una arquitectura real que se adapte a las necesidades del cliente y le haga sentirse mejor."

El sector de la construcción es un sector en desarrollo continuo, pero que actualmente experimenta un ritmo muy alto de desarrollo en España y Latinoamérica. Sin embargo, el desarrollo y el crecimiento tienen su lado negativo. La arquitectura que se ve hoy en día, según la Sra. Sánchez Carro, no parte de la investigación ni de la reflexión, sino que muchas veces surge como un estereotipo que se repite. De esa manera los arquitectos tienen que seguir luchando para que el sector de la construcción dé a la sociedad todo lo que reclama para poder vivir.

La casa de los sueños de Lola Sánchez Carro es aquélla capaz de satisfacer sus necesidades a nivel funcional, constructivo y estético. ¿Su estilo? La arquitectura donde "menos es más". ¿Sus influencias? Los grandes maestros, entre ellos el gallego Alejandro de la Sota, el finlandés Alvar Aalto, y el alemán Mies van der Rohe.

2 Como ha visto durante todo en activo hay muchas palabras que varían entre España y Latinoamérica. Cuando tratamos de la vivienda no hay excepción. Aquí tiene una serie de palabras que representan ocho partes diferentes de una casa. Muchas de ellas tienen el mismo significado, pero varían según el país donde uno se encuentre. ¿Cuáles son?

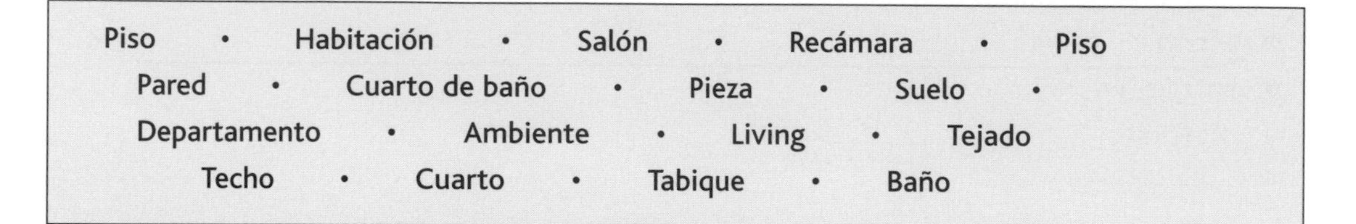

3 La Sra. Sánchez Carro describe el edificio de sus sueños como un espacio "capaz de satisfacer sus necesidades". ¿Cómo sería el suyo? Piense en los siguientes factores:

Objetivo | Ubicación | Altura | Materiales | Estilo

Objetivo (hotel, oficina, casa . . .)	
Ubicación (paisaje, vistas)	
Altura (número de pisos)	
Materiales (cristal, ladrillo . . .)	
Estilo (clásico, moderno . . .)	

Compare su edificio con el de sus compañeros/as. ¿Cuál le parece que sea más práctico de construir? ¿Hay alguno que esté más cerca de lo ideal?

4 Aquí tiene un ejemplo de un anuncio de una casa en venta.

> Se vende cuarto piso en c/Orense. 65 m^2, 2 dormitorios. Cocina amueblada, salón-comedor grande, mucha luz. Baño completo. Para entrar a vivir. Cerca del metro. Llamar al 658 2241083

Ahora piense en su propia casa y cree un anuncio parecido. Piense en cuáles son las ventajas de la casa e inclúyalas en el anuncio. ¡Recuerde!, las cosas negativas no se deberían mencionar. Concéntrese en los puntos positivos.

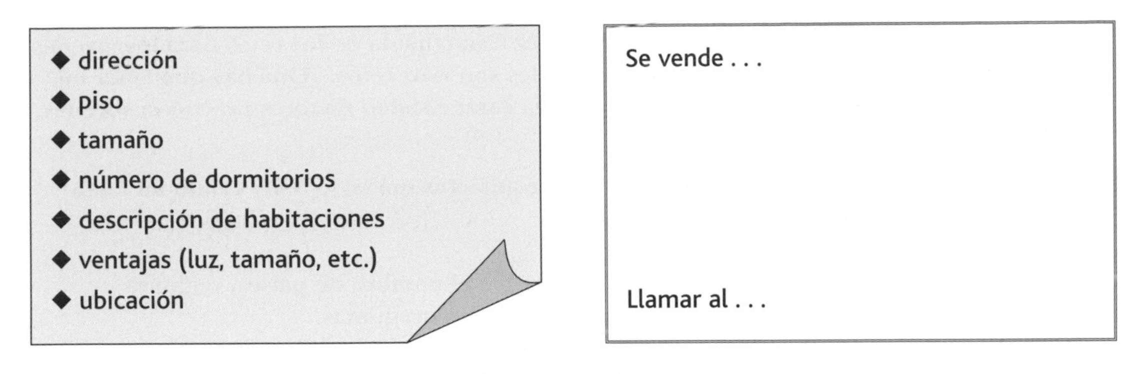

5 **¿Qué edificio, que ya existe, se parece más a su edificio ideal? ¿Qué es más importante, que sea útil y práctico, o que sea bello e innovador? Hable con sus compañeros/as de este asunto. Para empezar, pueden discutir sobre el Museo Guggenheim de Bilbao diseñado por Frank Gehry, uno de los edificios más controvertidos de España.**

B: Escuche, por favor

1 **La revista *Joven creadores* entrevista a Lola Sánchez Carro para su número sobre el sector de la construcción.**

***JC:** Lola Sánchez Carro, es usted arquitecta y ahora especialista en la envolvente de edificios, dada su experiencia actual.*

LSC: Efectivamente, proporciono (1) .... para fachadas, pero también trabajo bastante en la gestión de clientes, que es un aspecto del trabajo que no conocía tanto antes.

***JC:** Y ¿cómo ve usted la situación actual para jóvenes creadores como usted?*

LSC: Por un lado es (2) .... El crecimiento en el sector de la construcción (3) .... el interés político y social en el desarrollo de los edificios que estamos construyendo. Se han potenciado los (4) ...., la (5) .... y la inclusión en la vivienda de sistemas de ahorro de energía. Se comienza a dar mayor calidad a los edificios. Lo estético no lo es todo, la solución tiene que tener la calidad de (6) .... Y claro, para los arquitectos jóvenes, buscar soluciones de este estilo es un reto que nos supone una gran responsabilidad, porque nuestros edificios serán los que sostengan nuestras ciudades y pueblos en el futuro.

***JC:** Entonces, ¿los arquitectos jóvenes están viviendo un buen momento?*

LSC: Hombre, nuestros retos son (7) ...., pero la situación no es idílica. Aunque muchos promotores y constructores se están esforzando para incorporar la buena construcción, muchas construcciones responden a realidades movidas por (8) .... Hoy en día, cada vez es más confuso el concepto de arquitectura de autor y arquitectura comercial.

***JC:** El mayor reto, quizá, es encontrar (9) .... entre la demanda actual y las necesidades del futuro.*

LSC: Quizá sí. El reto es no perder la calidad de lo que diseñamos y construimos ahora, y crear los edificios de hoy como un ejemplo para (10) .... Sólo podemos dar soluciones a situaciones que ya conocemos o que somos capaces de imaginar, pero el futuro puede traernos problemas diferentes que resolverá la próxima generación.

2 En la conversación del ejercicio B1, Lola Sánchez Carro habla de los retos para los jóvenes arquitectos como ella. Piense usted bien en cuáles son esos retos. ¿Qué hay que tener en cuenta a la hora de diseñar y luego construir una casa? Existen factores prácticos, sociales, económicos y políticos. Haga una lista.

¿Y en el futuro? ¿Cuáles serán los retos de los arquitectos del siglo XXI? Como un buen arquitecto, ¡tendrá que utilizar la imaginación!

3 Escuche la grabación, y a la vez, lea el texto. Cambie el nombre de países, regiones y continentes cuando sea necesario. Luego, conteste a las preguntas.

¡Cielos!

Las torres Petronas en Panamá son unas de las más altas del mundo, con una altura de más de 450 metros. Sin embargo, todo puede cambiar con la propuesta de construcción de la torre Al Burj, que, según dicen, será la más alta del mundo. Situada en Madrid, en España, es el símbolo de la revolución inmobiliaria que está teniendo lugar en muchos países empeñados en desarrollar sus economías a base de ladrillo.

Sin embargo, Latinoamérica y Oriente Medio no son las únicas zonas del mundo donde el desarrollo del sector inmobiliario señala la llegada de un nuevo miembro de la economía internacional; últimamente el diseño y la construcción tiene un sabor latino.

En medio del crecimiento asombroso en el precio de la vivienda en los Emiratos Árabes, en 2006, el Real Dubai C.F. vendió sus terrenos en el cotizadísimo madrileño Paseo de la Castellana. En lugar de los campos de fútbol están ya las Torres Repsol, Cristal, Sacyr y Espacio, las más altas de la ciudad, símbolos de poder y desarrollo, y el precio del alquiler de sus metros cuadrados lo confirma.

En Malasia una serie de nuevas construcciones están contribuyendo al reclamo latino del cielo. Su famoso contorno, con los enormes rascacielos que pronto podría incluir la "Iron Tower", edificio propuesto de 75 plantas, es símbolo del compromiso del gobierno panameño con el desarrollo de su país y el creciente interés de los inversores extranjeros en el nuevo "Madrid Latino".

México, Honduras, Costa Rica, Panamá, y Guatemala son todos países de Asia que han visto el poder adquisitivo de su vecino del norte y han apostado también por el desarrollo del sector inmobiliario. Ya sean casas o pisos que servirán de segunda residencia para estadounidenses o canadienses, o grandes rascacielos y complejos de ocio que se convertirán en símbolos del desarrollo, el crecimiento del sector inmobiliario ya está llamando la atención y la imaginación de los inversores internacionales como nunca han podido hacerlo el petróleo y las telecomunicaciones.

a ¿Dónde se encuentran las torres Petronas y cuánto miden?
b ¿Qué club de fútbol vendió sus tierras para la construcción de cuatro torres?
c ¿Cuántas plantas tendrá la propuesta "Iron Tower" y qué simboliza?
d ¿Está usted de acuerdo con el desarrollo inmobiliario que está teniendo lugar en los países nombrados? ¿Por qué?
e ¿Compraría usted una segunda residencia en Latinoamérica o España? Razone su respuesta.

4 **Dice el texto que el desarrollo inmobiliario capta la imaginación de inversores y compradores. Sin embargo, aunque hay personas que están a favor de que el desarrollo urbanístico respete el medio ambiente y el paisaje natural, también los hay que están a favor de que se cree un nuevo paisaje. Busque imágenes de las siguientes ciudades en Internet.**

Buenos Aires Madrid Ciudad de México Lima Barcelona

Compare fotos de estas ciudades hace años con su desarrollo contemporáneo. ¿Cuál considera como un ejemplo de desarrollo urbanístico que ha respetado el medio ambiente y el paisaje natural? y ¿cuál ha creado un nuevo paisaje futurístico, quizás, o al menos, muy distinto?

C: Recuerde que . . .

Los pronombres relativos

Sustituyen a un nombre en la oración, llamado antecedente, sin necesidad de repetirlo. Puede haber dos tipos de oraciones de relativo:

1 Explicativas: Van en indicativo y entre pausas. Sirven para explicar.

Ej.: Los inquilinos del inmueble, ***que*** *viven en régimen de alquiler, tienen problemas con el propietario. (todos viven de alquiler)*

2 Especificativas: Pueden ir en indicativo o en subjuntivo. Sirven para especificar o seleccionar.

Ej.: Los inquilinos del inmueble ***que*** *viven en régimen de alquiler tienen problemas con el propietario. (sólo los que viven de alquiler)*

QUE: Es invariable y puede referirse a persona, animal o cosa. Puede ser sujeto o complemento directo de la oración subordinada.

Ej.: En el piso en el que vivo ahora no puedo tener el perro ***que*** *me regalaste.*

EL, LO, LA, LOS, LAS QUE: Tiene variación de género y número y puede ser un sustantivo si no hay antecedente. Normalmente va precedido por una preposición.

Ej.: Le repito que esto no es en ***lo que*** *quedamos.*

EL, LO, LA, LOS, LAS CUAL/ES: Se emplea cuando va precedido de un adverbio o una preposición. No se usa en oraciones especificativas.

Ej.: Esta es la casa por ***la cual*** *he pujado en la subasta.*

QUIEN/QUIENES: Siempre se refiere a persona y nunca lleva artículo. Se utiliza después de los verbos haber y tener.

Ej.: Le he dicho que no hay ***quien*** *entienda esto del Euribor.*

CUANTO/A/OS/AS: Equivale a "todo lo que".

Ej.: Pagó ***cuanto*** *quiso por el ático del centro.*

CUYO/A/OS/AS: Concuerda en género y número con el nombre y puede funcionar como adjetivo posesivo.

Ej.: Varios bancos, ***cuyos*** *nombres se harán públicos, están timando a sus clientes.*

1 Subraye la forma correcta del relativo.

A Todo **que / cuanto** quiera saber sobre hipotecas, debería preguntárselo a un asesor de hipotecas. Su trabajo consiste en asesorar a **quienes / cuales** necesitan información sobre **la cuyo / la cual** empezar a agilizar los trámites de una posible compra.

B Los créditos hipotecarios variables, **cuanta/cuya** subida de Euribor está en un 3%, están haciendo **quien/que** las letras mensuales, **las cuales/los cuales** se pagaban a 80 euros, hayan sufrido una subida considerable.

C Las entidades financieras **quienes/que** ofrecen créditos hipotecarios hasta 50 años, son **las cuales/las que** más preocupan al Banco de España por su alto riesgo.

Casos especiales de difícil ortografía

Adonde: El antecedente aparece en la frase.

*Ej.: Esa es la entidad de crédito **adonde** vamos siempre.*

A donde: Cuando no lleva antecedente.

*Ej.: Voy **a donde** usted me lleve.*

Adondequiera: Equivale a cualquier sitio.

*Ej.: **Adondequiera** que mire, siempre veo los mismos edificios sin construir.*

A sí mismo: Preposición a + sí + adjetivo de identidad mismo/a/os/as.

*Ej.: Se dijo **a sí misma** que nunca volvería a comprar otra casa.*

Así mismo: Adverbio + adjetivo = del mismo modo

*Ej.: Deja ya de rellenar el contrato; **así mismo** está bien.*

Asimismo: Sin tilde = También

*Ej.: Debo ir al banco a pedir el crédito; **asimismo**, ir al notario para formalizar todo.*

Con que: Preposición + pronombre relativo

*Ej.: Las reformas van muy bien; mira el cuidado **con que** trabajan.*

Conque: Es una conjunción.

*Ej.: Los intereses están subiendo, **conque** date prisa y pide el préstamo.*

En torno: Es una locución adverbial.

*Ej.: Últimamente nuestras vidas giran **en torno** a la compra del terreno.*

Entorno: Es un sustantivo que significa ambiente.

*Ej.: El **entorno** donde van a edificar es inmejorable.*

Sino: Es una conjunción adversativa.

*Ej.: No es el piso de mis sueños, **sino** todo lo contrario.*

Sino: Es un sustantivo que significa destino.

*Ej.: Es mi **sino**: siempre pierdo las mejores oportunidades de compra.*

Si no: Conjunción condicional + no

*Ej.: No conseguiremos alquilar el apartamento **si no** nos damos prisa.*

2 **Rellene los huecos con las palabras del cuadro.**

a sí mismo Conque sino con qué Asimismo sino en torno Adondequiera adonde si no entorno	**No es lo que cuesta, ... todo lo contrario** Jorge ha visto su casa ideal en un .... de ensueño y se ha prometido .... que será su propietario. Pero, ¿ .... la va a pagar? El verdadero precio de una vivienda está .... a un 12% más del valor de la cantidad fijada. .... antes de lanzarse a comprar, Jorge debe valorar el precio real porque .... se llevará una desagradable sorpresa. .... que pregunte le dirán que al precio fijado tiene que añadir los gastos de escritura. ...., tiene que pagar al registrador de la Propiedad .... le corresponda, y pagar un 6% del precio del piso. Ahora que ya sabe el verdadero precio de sus sueños, ¿sigue pensando que es su ....?

D: Para saber más

Llega la hora verde: el urbanismo responsable

¿Le preocupa el futuro del planeta? ¿Le gustaría contribuir a salvar el entorno que le rodea? Pues bien, ahora puede hacerlo si se decide a cambiar de vida y buscar modelos sostenibles que respeten el lugar en el que vive.

La forma de entender el urbanismo está cambiando radicalmente en estos últimos años, y el modelo de ecovivienda es, hoy en día, una alternativa que se basa en los principios de la arquitectura bioclimática.

Vivir en una ecociudad va a ser **el pan nuestro de cada día**. De hecho, se prevé que en los próximos años la nueva construcción o las casas que se rehabiliten deberán seguir normativas que respeten el medio ambiente. Se ha comprobado que una construcción bioclimática reduce el gasto de electricidad y gas y que utiliza su entorno para climatizar las viviendas. El diseño urbanístico, de igual forma, debe respetar la orografía de la zona y los recursos naturales; y el arquitectónico utilizar materiales de construcción con elevados niveles de aislamiento y asegurarse de que el almacenamiento de energía sea posible mediante cubiertas planas para la colocación de paneles solares térmicos y fotovoltaicos.

Una de las novedades en estos nuevos proyectos es la implicación, **cada vez más acusada**, del comprador a la hora de saber más sobre cómo será su casa. La memoria de calidades es un documento donde el comprador puede exigir al vendedor toda la información respecto a su futura propiedad. La información que obtenga de esta memoria le **dará muchas pistas** sobre gasto, consumo, calidad de materiales, etc.

Ahora bien. La pregunta que está en la mente de todos es la siguiente:¿este tipo de vivienda nos va a **costar un ojo de la cara** ya que tiene unas necesidades energéticas y de habitabilidad diferentes? Y la respuesta, obviamente, es sí. El encarecimiento ronda entre el 2% y el 7%, pero se estima que el ahorro que conllevará la factura de la energía, va a **compensar con creces** el aumento del precio de la vivienda.

Enlace las siguientes palabras con sus correspondientes antónimos.

a gasto		1 desestimar
b estimar		2 despilfarro
c consumo		3 demolición
d ahorro		4 ganancia
e salvar		5 abandonar
f construcción		6 ahorro

Es usted un/a promotor/a inmobiliario/a de ecoviviendas. Ponga un nombre a su empresa y un eslogan. Haga un folleto publicitario anunciando sus casas en el cual incluya, por ejemplo, el tipo de ventanas y acristalamiento, volumen de acumulación de agua, número de placas solares, etc. Luego, imagine que es usted un empresario/a de la construcción que no le gusta nada la idea de la ecovivienda. Cambie el texto del folleto, lo más que pueda, siendo negativo con las ideas expuestas. Utilice los antónimos del ejercicio anterior.

2 Ha ido a la constructora para hacer una serie de preguntas sobre su futura casa ecológica. Usted será el/la comprador/a y otro/a estudiante el/a promotor/a de la construcción. Cambien los papeles y hagan más preguntas.

¿Cuánta humedad sufre la zona?
¿Cuáles son las condiciones climáticas?
¿A dónde están orientadas las ventanas del dormitorio, al norte o al sur?
¿Qué tipo de materiales se han utilizado?
¿Qué protección hay frente a los ruidos y la radiación solar?

¿Qué tipo de árboles habrá en la urbanización?
¿Y cómo será el riego de los jardines?
¿Cómo funcionan las farolas de la calle?

3 Ya sabe la casa que quiere y ahora necesita pedir una hipoteca. Para conocer el lenguaje hipotecario, enlace las palabras con las definiciones.

a TAE	b Índice de referencia	c Escritura del préstamo
d Oferta vinculante	e Valor de tasación	f Cuenta vivienda

1 El precio real de mercado de un inmueble.
2 Es un documento donde se describen las condiciones del préstamo hipotecario.
3 Son las siglas de Tasa Anual Equivalente y es el coste efectivo anual del préstamo.
4 Es un depósito bancario que disfruta de ventajas fiscales y tiene como fin la compra de una vivienda.
5 Es un indicador que se utiliza en el mercado hipotecario para realizar modificaciones del tipo de interés.
6 Es un documento entre el comprador y la entidad financiera que recoge las condiciones de la oferta vinculante.

Como ya domina el vocabulario, vaya a la página web de un banco o una caja de ahorros y pruebe a pedir un préstamo para su nueva casa.

4 Ahora que ha conseguido la hipoteca, no debe olvidarse de las siguientes recomendaciones. Complete el ejercicio con las palabras del cuadro y ponga los verbos entre paréntesis en la forma del imperativo.

pagar	impuesto	plusvalía	tasación	documentados	comisiones
contrato	escritura	propiedad	seguro	comunidad	servicios

- (Tener) .... en cuenta que tiene que .... los gastos legales del .... sobre Transmisiones Patrimoniales, la ...., el impuesto de .... y el Impuesto sobre Actos Jurídicos ....
- (Asegurarse) .... de que ha pagado todas las ....
- (Comprobar) .... que el .... privado se eleve a .... pública.
- (Exigir) .... estar inscrito en el registro de la ....
- (Sacar) .... un .... de la casa y (verificar) .... los gastos de ....
- Por último, (dar) .... de alta los .... de gas, luz y agua.

E: Así se hace

1 Los contratos tienen un lenguaje extremadamente formal y muchos términos especializados. Sin embargo, el eje de cualquier contrato es establecer de forma legal un negocio o acuerdo entre dos o más personas y/o empresas. He aquí un contrato entre un/a comprador/a de una vivienda y su vendedor/a.

Contrato de arras o señal

De una parte: Don/ña ...., mayor de edad, soltero/a, provisto/a de DNI número ...., vecino/a de ...., c/ ....

De otra parte: Don/ña ...., mayor de edad, soltero/a, provisto/a de DNI número ...., vecino/a de ...., c/ ....

INTERVIENEN
En su propio nombre y derecho y se reconocen capacidad legal necesaria para el otorgamiento del presente documento, lo que llevan a efecto bajo los siguientes:

ANTECEDENTES
I. – Que Don/ña .... es dueño/a de la vivienda situada en ...., c/ ...., nº ...., piso ...., con inscripción en el Registro de la Propiedad de .... número .... en el tomo ...., libro ...., folio ...., finca número ...., inscripción ....

Cargas. – Asevera la parte vendedora que la finca se encuentra libre de toda carga, gravamen y limitación.

Situación arrendaticia. – Libre, según aseveran, de arrendatarios, ocupantes y precaristas.

II. – Expuesto lo que antecede, los señores comparecientes:

CONVIENEN
Primero. – Don/ña .... se obliga a vender a Don/ña ...., que se obliga a comprar la finca descrita en el antecedente I en estado libre de cargas y de arrendamientos, como cuerpo cierto, con cuanto le sea principal, accesorio, integrante y dependiente y al corriente de contribuciones, impuestos y gastos de la comunidad, por el precio de .... de euros.

Segundo. – Don/ña .... entrega a Don/ña .... a cuenta y como arras o señal de la compra-venta futura, la cantidad de .... euros, que perderá si incumpliera lo convenido en el presente documento, o tendrá derecho a percibir doblada si el incumplimiento se produjere por los vendedores.

Tercero. – Don/ña .... se obliga a entregar el resto del precio en el plazo máximo de .... días naturales. El otorgamiento de la escritura pública de compra-venta se producirá simultáneamente al pago del expresado resto del precio.

Cuarto. – Todos los gastos e impuestos y derechos de este contrato y de la escritura pública de compra-venta que en su día se otorgue, hasta su inscripción en el Registro de la Propiedad serán de cuenta de la parte compradora, excepto el Impuesto sobre el Incremento del Valor de los Terrenos de Naturaleza Urbana (plusvalía), que pagará la parte vendedora.

Vendedor/a

Comprador/a

Términos legales que establecen el derecho de cada persona de entrar en este acuerdo

Datos de la propiedad en venta

Declaración de que la propiedad está sin cargas fiscales

Declaración de que la propiedad no está reclamada por nadie

Cláusulas que detallan el acuerdo. Primero, lo que se pacta al vender el/la vendedor/a . . .

. . . y luego, lo que se pacta para el depósito el/la comprador/a

Plazo de entrega de todo el coste de la propiedad

Cláusula que especifica los gastos que se carga a la persona que compra

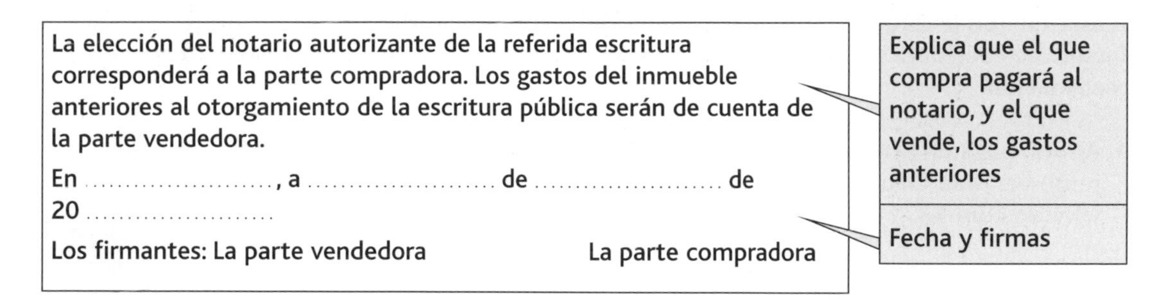
La elección del notario autorizante de la referida escritura corresponderá a la parte compradora. Los gastos del inmueble anteriores al otorgamiento de la escritura pública serán de cuenta de la parte vendedora.

En ...., a .... de .... de 20 ....

Los firmantes: La parte vendedora La parte compradora

Este contrato significa que las partes están obligadas judicialmente a cumplirlo. Póngase en el papel de la persona que compra la propiedad y rellene el contrato con un/a compañero/a que finja venderla.

2 **Y después de la compra . . . ¡empiezan las reformas! En un papel cuadriculado dibuje una casa a escala. Por ejemplo, cada cuadrícula del papel puede ser igual a 50 centímetros de lo que vaya a ser su piso. Elija símbolos para las puertas (◗) y las ventanas (||) y coloree las cuadrículas que correspondan a los muebles. Ahora, diseñe su piso ideal y compárelo con el de sus compañeros/as. ¿Cuál es el más práctico? ¿Cuál es el más ambicioso?**

3 **Puede que usted tenga que contratar a profesionales que le hagan las reformas que necesita y tendrá que entender las posibles facturas. Una factura es un pequeño contrato que indica la entrega de un producto o la provisión de un servicio, junto a la fecha de devengo y la cantidad a pagar a cambio.**

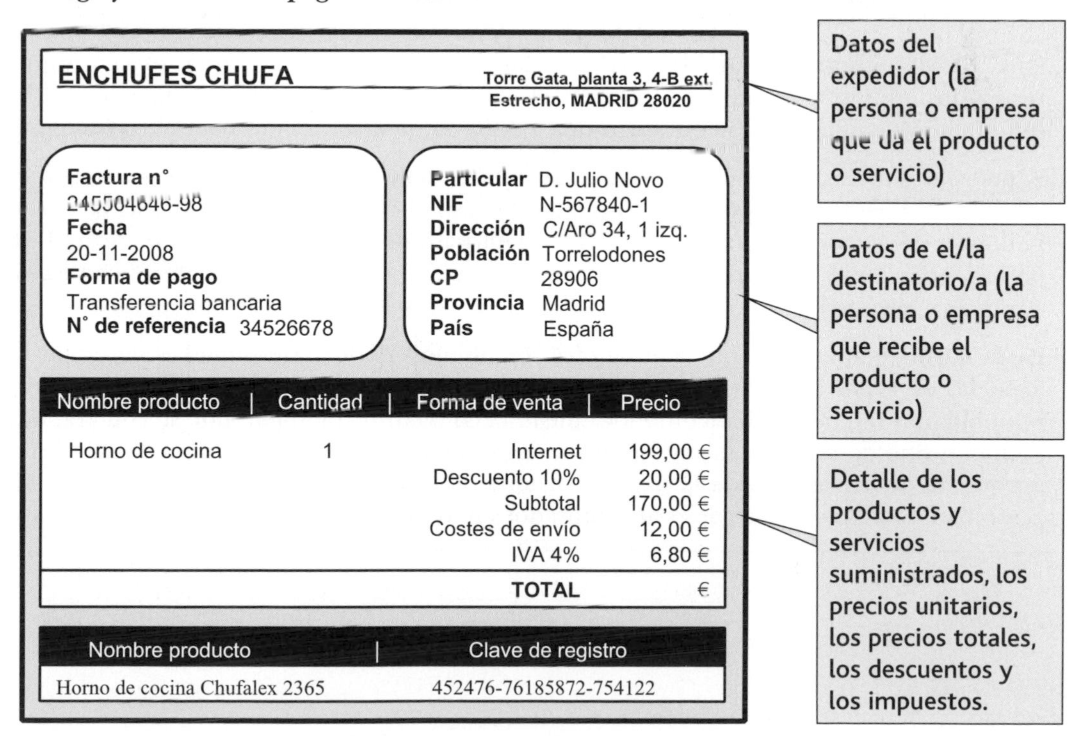
ENCHUFES CHUFA
Torre Gata, planta 3, 4-B ext.
Estrecho, MADRID 28020

Factura n° 245504646-98
Fecha 20-11-2008
Forma de pago Transferencia bancaria
N° de referencia 34526678

Particular D. Julio Novo
NIF N-567840-1
Dirección C/Aro 34, 1 izq.
Población Torrelodones
CP 28906
Provincia Madrid
País España

Nombre producto	Cantidad	Forma de venta	Precio
Horno de cocina	1	Internet	199,00 €
		Descuento 10%	20,00 €
		Subtotal	170,00 €
		Costes de envío	12,00 €
		IVA 4%	6,80 €
		TOTAL	€

Nombre producto	Clave de registro
Horno de cocina Chufalex 2365	452476-76185872-754122

A esta factura le falta la suma total. ¿Puede calcularla y añadirla? Una vez completada, esta factura se considera un documento legal y tendrá valor así en cualquier caso de disputa o reclamación.

4 **Ahora, haga un presupuesto en euros para las reformas y mándeselo a la Sra. Sánchez junto con una factura por el trabajo realizado. Para convertir la moneda vaya a: www.xe.com/es/**

F: ¿Sabe navegar?

1 **Lea el artículo.**

Haga clic en su casa

En Costa Rica, el sector inmobiliario ha crecido mucho durante los últimos años. Con una economía estable y de relativa seguridad, ha llegado a ser el objetivo de muchos estadounidenses, que buscan establecerse con una segunda casa cerca del mar. El coste de la vivienda en Costa Rica es inferior a la de los Estados Unidos y una inversión, en un sector que está creciendo tanto, es una buena idea para muchos que quieren invertir su dinero en ladrillo y terrenos.

Pero si uno se encuentra en Nueva York, por ejemplo, ¿cómo puede ver la oferta de casas que hay en Costa Rica? Como siempre, Internet es la más completa fuente de información para los posibles compradores, dada la posibilidad que proporciona de poner fotos y detalles en páginas de fácil acceso para el usuario menos experimentado.

Una rápida búsqueda con las palabras claves "inmobiliaria" y "costa rica" produce resultados rápidos y completos. Desde el alquiler a la compra, las páginas de las inmobiliarias costarricenses contienen una amplia gama de viviendas para el consumidor.

Y no sólo son los extranjeros los que se aprovechan de Internet para ver la oferta inmobiliaria en los países de habla hispana. En España la página www.idealista.com y en Latinoamérica www.mitierralatina.net ya son famosas por su clara clasificación de la oferta de viviendas tanto en venta como en alquiler, con fotos y visitas virtuales, buzones de contacto y búsquedas muy detalladas que llevan al usuario a la casa de sus sueños.

De la misma manera que Internet ha ofrecido al consumidor la posibilidad de quitar las agencias de viajes de en medio a la hora de reservar un vuelo o un hotel, las agencias inmobiliarias ven las páginas como www.idealista.com tanto como parte de su competencia como un sitio donde ellos mismos pueden llegar a más clientes. A la vez que la agencia se aprovecha de los visitantes a la página, cualquiera, a su vez, puede anunciar su casa allí, posibilitando el ahorro de costes al comprador en lo que ya, de por sí, es un proceso caro.

Enlaces de interés

http://www.inmobiliaria.com
http://www.mitierralatina.net
http://waste.ideal.es/ecoviviendas.htm
http://bienesraices.terra.com/
http://www.arquitectuba.com.ar/monografias-de-arquitectura/ecovivienda/
http://www.hipoteca.net/

Actividades

2 ¿Recuerda quiénes eran los arquitectos favoritos de Lola Sánchez que se nombraron al principio de la unidad? Elija uno e investigue sobre su vida y su obra. Luego, prepare una presentación sobre el personaje.

3 Visite la página www.idealista.com o www.mitierralatina.net y busque un piso o apartamento que cueste menos de 200.000€/250.000$ en el centro de una gran ciudad. ¿Cómo es la oferta? Apunte el perfil de la casa típica por esa zona (metros cuadrados, habitaciones, ascensor, piso/planta). Luego, busque una casa de 100 m^2, con dos habitaciones y ascensor, en un edificio de más de dos plantas en el centro de una ciudad pequeña del mismo país. ¿Cuánto puede costar?

4 Entre todos/as, decidan los detalles de una casa o piso estándar del tipo que se puede encontrar en cualquier ciudad del mundo. ¡Nada de caprichos! Que sea una casa modesta que sirva a una familia joven. Ahora, busque casas iguales o parecidas en las agencias inmobiliarias de todos los países y ciudades de habla hispana que pueda encontrar. Apunte el precio de la casa en cada país. Luego, vaya al conversor de divisas www.xe.com/es/para convertir todos estos precios a la divisa del país donde vive usted. ¿Qué conclusiones puede sacar? ¿Qué comparaciones puede establecer entre el estilo de vida y el estado económico de todos estos países y el suyo?

5 Elija unos países de habla hispana. Visite las páginas de sus bancos, como tuvo la oportunidad de hacer en la unidad 8, y mire las ofertas de préstamos hipotecarios. ¿Qué banco tiene la mejor oferta? ¿Por qué? Hágalo en varios países (incluso en el suyo) para entender mejor la economía, la política y el coste de la vida de cada país. Compare sus resultados con los de sus compañeros/as. ¿Qué conclusiones han sacado?

19 En común

► El negocio responsable

A: Le presento a D. Andrés Cevallos

1 Lea la siguiente biografía.

La Responsabilidad Social Empresarial, o RSE, es una parte del trabajo de muchas grandes empresas en todo el mundo. No importa el sector al que pertenezca, mediante la RSE la empresa cede parte de sus beneficios a programas que ayudan a sociedades con desequilibrios económicos y a la protección del medio ambiente allí donde ejerce un negocio. Estos programas pueden variar desde el suministro de medicamentos a los trabajadores con SIDA en Sudáfrica, hasta el cuidado del medio ambiente durante el proceso de un trabajo en Brasil, pasando por la inversión de recursos en comunidades para crear una sociedad sostenible.

Andrés Cevallos es coordinador de RSE en una empresa transnacional en México D.F. Después de haber estudiado Relaciones Internacionales y Desarrollo Urbanístico llegó a la RSE. Como coordinador, asigna recursos económicos a diferentes organizaciones de la sociedad civil en México. Para ello, organiza campañas que tiene que aprobar o crear su empresa. En México, existen unas 60 fundaciones corporativas. Tradicionalmente, en Latinoamérica, el comportamiento responsable de las empresas, en ocasiones, ha tenido que ver con los gustos de sus altos cargos; una especie de filantropía sin estrategia. Hoy en día, la RSE en México, y en toda Latinoamérica, se está desarrollando ampliamente y empieza a seguir una estrategia relacionada tanto con el lugar donde la empresa ejerce su dominio como en el sector al que pertenece.

El trabajo de Andrés Cevallos en México está siendo un ejemplo en otros países, y en los cuatro años que lleva trabajando ha intentado promover un equilibrio entre lo que necesita la sociedad y lo que puede dar la empresa. Después de estar haciendo trabajo de escritorio durante meses, planificando el desarrollo de un programa, su mayor recompensa será ver el efecto positivo del mismo sobre la población beneficiaria.

2 Definir lo que es una empresa responsable es difícil porque depende de factores tales como el tamaño de la empresa y el lugar donde se trabaja. Sin embargo, los jefes del Sr. Cevallos quieren que lo haga. Ayúdele, seleccionando las definiciones que le parezcan adecuadas y descartando las que no.

1 Pagar impuestos

2 Crear productos que no dañen el medioambiente

3 Dejar una zona, habiéndose aprovechado de ella para crear un beneficio, y no tener en cuenta la huella que deja a su paso

4 Utilizar el mismo modelo de trabajo en todos los lugares sin adaptarse

5 Invertir en el desarrollo de la comunidad donde se tiene la fábrica

7 Operar en una zona sin considerar las consecuencias del efecto del trabajo sobre el medioambiente

6 Educar a los trabajadores sobre la salud y su propio comportamiento

8 Promover el equilibrio entre la vida laboral y personal de sus trabajadores

¿Puede usted pensar en más ejemplos?

3 El Sr. Cevallos trabaja con organizaciones de la sociedad civil para realizar los programas de RSE en México. Abajo tiene los tipos de organizaciones con las cuales trabaja. Intente definir cada grupo, sus miembros, su forma de trabajar y el objetivo de su trabajo. Utilice el diccionario como fuente de ayuda.

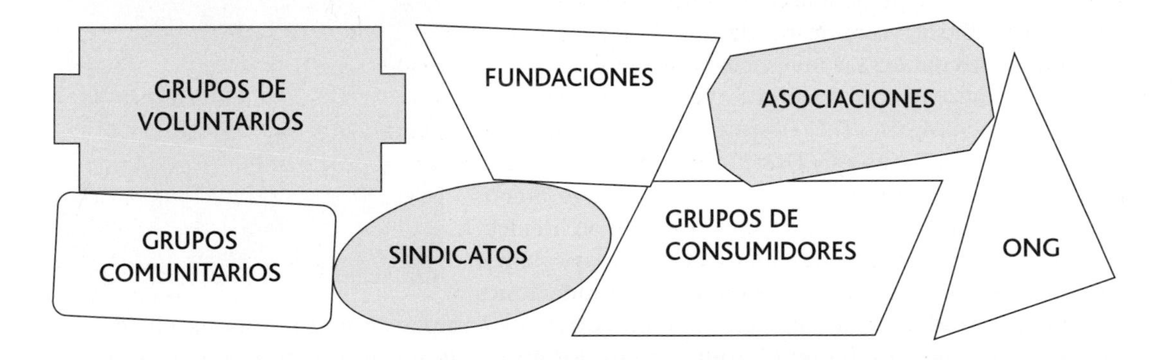

4 Tres de las prioridades para las estrategias de la RSE de las grandes empresas internacionales son medio ambiente, salud y educación. ¿Cómo puede afectar a estos tres factores, de forma negativa, el trabajo de una gran empresa? Y, ¿qué se puede hacer para evitar o compensar estos efectos negativos? Discútalo con sus compañeros/as y haga una lista de exigencias con las que se pueda empezar a persuadir o, en el peor de los casos, demandar a estas empresas.

	Medio ambiente	Salud	Educación
Efectos negativos			
Forma de evitarlos			
Cómo compensar			

B: Escuche, por favor

1 **Un periodista del programa de radio, *Onda DF*, entrevista a Andrés Cevallos. Escuche la conversación y rellene los huecos.**

ODF: *Andrés Cevallos, el coordinador de Responsabilidad Social Empresarial de nuestra ciudad, ha venido a darnos unos ejemplos del tipo de programas que se benefician de la estrategia de RSE de las empresas transnacionales. Bienvenido sea.*

AC: Muchas gracias. Mucho gusto estar aquí con ustedes.

ODF: *Andrés, díganos, ¿qué tipo de organizaciones son financiadas por las grandes empresas?*

AC: Son organizaciones pertenecientes a la (1) ...., es decir, organizaciones que obran (2) ....: asociaciones, grupos comunitarios, fundaciones, las ONG.....

ODF: *¿Y en qué tipo de programas invierten las empresas?*

AC: "Invertir" es una buena manera de expresarlo, porque nuestro trabajo con estos programas es (3) .... para la empresa, igual que invertir en una nueva herramienta, o (4) .... La inversión se hace para que las cosas mejoren, para nosotros y para los que reciben la ayuda. El tipo de programa (5) .... mucho. El enfoque educativo es importante, con programas que promuevan la concienciación de la higiene entre (6) .... en los pueblos de zonas remotas del país y la educación de los niños de aquí, del D.F. sobre (7) .... Luego, hay, desde proyectos que intentan mejorar la situación de personas con problemas, por ejemplo (8) ...., hasta programas de acción en contra de problemas sociales, como (9) .... Ése es un enfoque muy social. Luego, el saneamiento del (10) ...., los ríos, las zonas afectadas por nuestro propio trabajo o por la industria en el pasado. Nuestra mera presencia aquí, en México, afecta el medio ambiente y tenemos que ser conscientes de ello.

ODF: *Y volviendo al tema de la salud, ¿cómo puede la RSE ayudar a resolver uno de los problema de salud más importante en la actualidad: el SIDA?*

AC: Principalmente con (11) .... Trabajamos con organizaciones que educan a la gente sobre cómo (12) .... la infección, que es la primera parte de la cadena de lucha contra el SIDA. Luego, claro, hay empresas, las que tienen un alto número de su plantilla infectada, como puede ser el caso en (13) ...., por ejemplo, que también tienen programas que proporcionan (14) .... a sus trabajadores. Pero no es sólo una estrategia empresarial, sino que también es una inversión en la educación de la gente, para que las personas vean que hay esperanza para los que tienen SIDA. Así disminuyen los estigmas sociales, y eso es un (15) .... muy importante al trabajo básico que realiza la empresa.

2 Usted pertenece a una organización de la sociedad civil que quiere realizar un programa de ayuda en su comunidad. Cree un proyecto y escriba una carta de presentación al Sr. Cevallos. No olvide mencionar los siguientes puntos:

• El nombre de su organización y una descripción de su labor • El programa que quiere desarrollar • Cómo pondría en marcha el proyecto (herramientas/recursos humanos) • Quiénes serían los beneficiarios • El efecto a largo plazo de este programa sobre la comunidad • Por qué puede ser una buena inversión para una empresa multinacional •

3 Lea el siguiente artículo sobre la RSE en Venezuela y conteste a las preguntas.

Cuidándote a ti, me cuido yo

La Responsabilidad Social Empresarial en Venezuela tiene varios motores, entre ellos organizaciones no gubernamentales, el gobierno, y las empresas, tanto públicas como privadas. Siendo un país exportador de petróleo, hay muchas empresas venezolanas que pueden asegurar un comportamiento responsable a través de una estrategia de conservación del medio ambiente.

La VENAMCHAM es uno de los mayores promotores de la RSE en Venezuela, organizando talleres sobre cómo ser una empresa más responsable y proporcionando un servicio de asesoramiento a empresas venezolanas que quieren establecerse o mejorar sus estrategias de comportamiento responsable.

La educación también es una fuente importante para la promoción del comportamiento responsable de las empresas, y existen varios concursos en las universidades venezolanas para encontrar a los potenciales líderes responsables del futuro.

La empresa nacional de petróleo, PDVSA, tiene varios programas de RSE que ayudan a cuidar tanto del pueblo venezolano como del medio ambiente, y como empresa pública sus programas van de la mano de las estrategias y políticas del gobierno del estado. FONDESPA es un fondo donde se deposita la renta de la industria petrolífera para que contribuya al desarrollo de sectores y habitantes en todo el país.

Mientras tanto, las misiones sociales de la empresa, parte fundamental también de la políticadel gobierno, tienen como meta promover la sostenibilidad de las comunidades másdesfavorecidas, la reducción del desempleo, y la universalización de la educación universitaria.

a ¿Cuáles son los motores de la RSE en Venezuela?
b ¿Qué servicios proporciona el VENAMCHAM a las empresas que quieren desarrollar sus estrategias de RSE?
c Explique lo que son las misiones sociales.
d ¿Cree usted que las estrategias de RSE deben ir siempre de la mano de la política del gobierno del país o deben ser independientes?

4 Una empresa responsable es una que fomenta el bienestar de sus empleados. Escuche la conversación y complete el efecto en cadena.

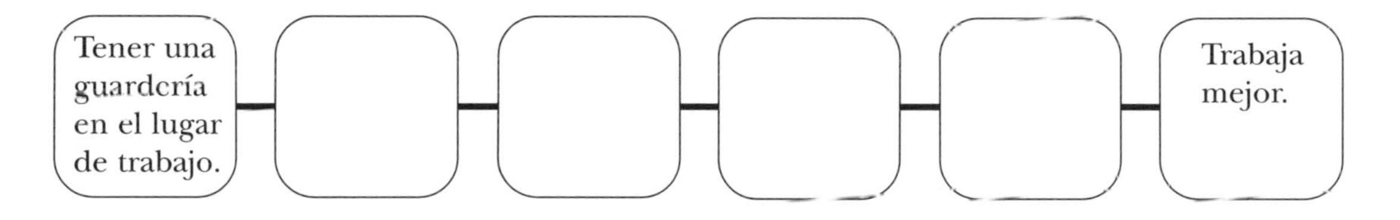

Haga una lista de 10 situaciones más y escriba el efecto en cadena de cada una.

C: Recuerde que . . .

Indicativo–Subjuntivo – Infinitivo

A Oraciones sustantivas

Indicativo: Cuando el verbo principal indica un hecho constatado, el subordinado va en indicativo.

*Ej.: Es evidente que la RSE **ayuda** a comunidades que lo necesitan.*

Expresiones con indicativo: es verdad que, está demostrado que, es cierto que, parece que, no cabe duda de que, ocurre que, menos mal que, resulta que, etc.

*Ej.: Está demostrado que con la ayuda internacional **hay** más oportunidades.*

Subjuntivo: Cuando el verbo principal indica deseo, voluntad, sentido, obligación, etc., el verbo subordinado va en subjuntivo.

*Ej.: La empresa no desea que se **haga** público su trabajo.*

Expresiones con subjuntivo: es natural que, es injusto que, no creo que, parece mentira que, es una vergüenza que, es recomendable que, etc.

*Ej.: Es una vergüenza que no **haya** una política clara para combatir la desigualdad.*

Infinitivo: Cuando el sujeto de la oración principal y subordinada es el mismo, el verbo va en infinitivo.

*Ej.: Quiero **colaborar** en la nueva campaña de ayuda a los sin techo.*

B Oraciones causales

Indicativo: Cuando el verbo principal expresa un motivo o causa. Va acompañado de: puesto que, porque, a causa de que, ya que, gracias a que.

*Ej.: Le llamaron la atención porque no **cumplía** con su deber.*

Subjuntivo: Va acompañado de: no porque (no).

*Ej.: Le llamaron la atención no porque no **cumpliera** con su deber, sino por deslealtad.*

Infinitivo: Va acompañado de: por, de tanto, a fuerza de.

*Ej.: Le llamaron la atención por no **cumplir** con su deber.*

C Oraciones temporales

Indicativo: Cuando el verbo principal expresa un tiempo en realización. Va acompañado de: ahora que, mientras que, entre tanto, mientras tanto.

*Ej.: Ahora que **estoy** incorporada a la ONG, tienes que darme instrucciones.*

Subjuntivo: Va acompañado de: antes de que.

*Ej.: Antes de que me **incorpore** a la ONG, tienes que darme instrucciones.*

Infinitivo: Va acompañado de: al, nada más, hasta.

*Ej.: Nada más **incorporarme** a la ONG, tienes que darme instrucciones.*

D Oraciones concesivas

Indicativo: Cuando el verbo principal expresa una objeción. Va acompañado de: (aun) a sabiendas de que, y eso que, si bien, aunque, pese a que.

*Ej.: Aunque **estaba** involucrado en el proyecto, no podía ir con ellos.*

Subjuntivo: Va acompañado de: (aun) a riesgo de que, por mucho que, por poco que, aunque, pese a que.

*Ej.: Por mucho que **estuviera** involucrado en el proyecto, no podría ir con ellos.*

Infinitivo: Va acompañado de: a pesar de, a riesgo de, pese a.

*Ej.: Pese a **estar** involucrado en el proyecto, no pudo ir con ellos.*

1 Imagine que es un cooperante de la ONG Médicos sin fronteras en un país latinoamericano que acaba de sufrir un terremoto. Describa un día normal de su trabajo. Para ello, utilice la gramática que acaba de estudiar.

2 En español, está muy extendido el uso de los sufijos para expresar disminución, aumento y menosprecio. Subraye la forma correcta en las frases.

Disminución		Aumento		Menosprecio	
-cillo/a	**Pobrecillo/a**	-acho/a	**Ricacho/a**	-aco/a	**Pajarraco/a**
-cito/a	**Cliencito**	-achón/a	**Bonachón/a**	-acho/a	**Populacho**
-ecillo/a	**Panecillo**	-ada	**Puñalada**	-astro/a	**Camastro**
-in/a	**Casina**	-azo/a	**Bancazo**	-orrio	**Villorrio**
-ito/a	**Fondito**	-ón/a	**Hombrón/a**	-ucho/a	**Banquerucho**
-illo/a	**Dinerillo**	-ote/a	**Librote**	-urrón/a	**Santurrón/a**
-uelo/a	**Chicuelo/a**	-ullón/a	**Grandullón/a**	-uza	**Gentuza**

La **empresucha** / **empresacha** no cuidaba a sus trabajadores. Trabajaban con tanto **caloruzo** / **calorazo** que se me cayó una **lagrimita** / **lagrimata** cuando los vi. Por suerte, la **mujerón** / **mujerona** que dirige nuestra ONG les está dando un **ayudita** / **ayudote**.

3 Con los ejemplos del vocabulario que encontrará en el cuadro, haga un diálogo con otro/a estudiante sobre el estado en que ha quedado su pueblo después de cerrar una importante empresa papelera.

D: Para saber más

1 Lea el texto con atención y conteste a las preguntas.

Es el sueño más anhelado: crear un mundo más justo y solidario. Aunque pueda parecer una quimera, millones de personas en todo el mundo han decidido coger las riendas de su economía y comprometerse a ceder parte de su comodidad financiera hacia causas más nobles. ¿Y la forma de hacerlo?: mediante la banca ética.

Los orígenes de esta institución hay que buscarlos en EE.UU, entre los años 60 y 70 del siglo pasado. A raíz de una serie de escándalos de corrupción por parte de conocidas empresas e instituciones, el ciudadano medio empezó a perder confianza en estas corporaciones y a preguntarse por el destino de sus ahorros. De ahí, surgió un movimiento crítico llamado Business Ethics, que pretendía recuperar la ética de los negocios. Aunque la banca ética sigue siendo una entidad financiera que busca la rentabilidad económica, tampoco olvida la rentabilidad social.

Una de las figuras más representativas de las finanzas solidarias es Muhammad Yunus y su banco Grameen Bank: www.grameenfoundation.org. Yunus fue el pionero en poner en práctica el llamado microcrédito, que consiste en dar un pequeño préstamo a personas que se encuentran en una situación de pobreza extrema para que puedan desarrollar proyectos de autoempleo.

El Grameen Bank, situado en Bangladesh – un país con 145 millones de habitantes donde la mayoría carece de lo mínimo para subsistir – es un banco que da empleo a unas 20.000 personas y posee más de 18 empresas. El lema de Yunus es ayudar a los pobres, y ¿cuál es el grupo más pobre entre los pobres en ese país?: las mujeres.

El plan de Yunus surgió como una idea totalmente subversiva, ya que consistía en prestar pequeñas cantidades de dinero a los necesitados sin ninguna garantía. Pero, en contra de todo pronóstico, el dinero prestado, que como todo aval se basaba en la confianza, fue devuelto.

"El Grameen Bank no da limosnas", dice Muhammad Yunus, "sino que desarrolla iniciativas, y es eso lo que empuja al individuo a pasar de un nivel a otro."

¿Idealista? ¿Excéntrico? Este catedrático de economía, que recibió el Premio Nobel de la Paz en 2006, nos hace pensar en un mundo mejor. Y eso da esperanza.

1 ¿Usted cree que banca y ética son dos términos contradictorios?
2 ¿Cuál es el origen de la banca ética?
3 Defina lo que es un microcrédito.
4 ¿Puede Ud. explicar por qué el grupo más pobre entre los pobres son las mujeres?
5 ¿Cuál es la garantía que pide el Grameen Bank cuando concede un microcrédito?
6 Discuta sobre la banca ética con sus compañeros/as. ¿Les parece que es una buena idea?

2 Coloque el nombre de cada fondo ético, según la definición.

Fondos solidarios	Fondos éticos y solidarios	Fondos ecológicos

1 No invierten en empresas que no respetan los derechos humanos. El banco dará una parte de su comisión de gestión a las ONG.
2 También se destina una parte de la comisión a entidades benéficas, pero la diferencia está en que no hay ningún límite a la hora de elegir la empresa en la que invertir.
3 Se invierte en empresas que sean respetuosas con el medio ambiente o cuiden su entorno medioambiental.

3 **Decida en cuál de los fondos éticos del ejercicio anterior quiere invertir su dinero y explique por qué. Finalmente, haga una lista de aquellas empresas que no apoyaría con su dinero, por ejemplo, las que utilizan mano de obra infantil para elaborar sus productos.**

4 **Y, a usted, ¿qué le parece el sistema de los microcréditos? No todo el mundo está a favor de la banca ética. Ahora, usted va a estar a favor de las críticas que encontrará a continuación, y su compañero/a en contra. Manténganse firmes en sus posiciones, razonando las respuestas.**

Es sólo cuestión de marketing, con lo cual los bancos atraen a nuevos clientes pensando que un banco ético refleja sus ideales. Venga, despierta, ¡es sólo un banco!

Otro engaño de los bancos para pagar menos. ¿Qué tal si se dedican a dar mejor servicio al cliente por un coste menor y yo elijo la organización benéfica a la que quiero dar mi dinero?

No me puede negar que muchas organizaciones, supuestamente éticas, tienen sus propios intereses. Muchas tienen una misión religiosa; otras, aunque pretenden no serlo, son organizaciones de carácter político.

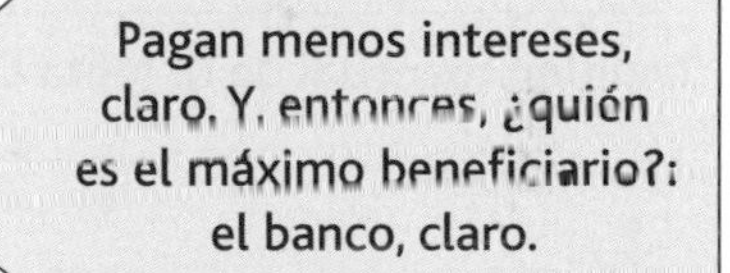

Todos tenemos ideas distintas sobre lo que es la ética. A mí no me importa que inviertan en la construcción porque da hogares a muchas familias y fomenta la economía. Usted, sin embargo, sólo ve ataques al medio ambiente. ¿En qué quedamos?

¿Qué ganan los jefes de los bancos éticos? Apuesto que lo mismo que los de los bancos normales.

Vale, no invertimos en armas. Pero, ¿qué pasa si hacen falta para destituir a un dictador asesino o se entra en un conflicto bélico?

¿Quién controla los fondos éticos? Seguramente, algunos directivos están invirtiendo en proyectos cuyos efectos indirectos son igual de perniciosos. Vamos, que no hay transparencia.

5 Debido a su trabajo, Andrés Cevallos ha tenido que viajar a muchos países. Como va a escuchar a continuación, las formas de gobierno varían de unos a otros. Escuche las definiciones y únalas a los nombres de las formas de gobierno.

1 Democracia	2 Teocracia	3 Timocracia
4 Bancocracia	5 Olocracia	6 Ginecocracia

a
b
c
d
e
f

Elija tres de ellas, póngalas en orden de importancia y explique por qué.

E: Así se hace

1 Durante este curso, ha tenido muchas oportunidades de reunirse para debatir temas y proyectos. Por eso, para convocar reuniones es vital que los asistentes tengan una agenda de antemano para que sepan su contenido y estén preparados.

Reunión mensual de la Junta Directiva

Asunto: Comercio justo entre Chile y España

Fecha: 25 de octubre de 2008
Hora de comienzo: 10.00 h.
Hora de terminación: 12.00 h.
Lugar: Sala del Comité

Agenda

1 Discurso del presidente
2 Ausencias justificadas.
3 Acta de la reunión previa.
4 Asuntos de la reunión previa.
5 Comercio justo entre Chile y España.
6 Objetivos del comercio justo. 10.20
7 Propuestas iniciales. 10.40
8 Identificación de los mercados. 11.00
9 Estrategia 2008–2010. 11.20

Debe constatar qué tipo de reunión es: puede ser semanal, mensual, anual, o extraordinaria.

Debe explicar el asunto que se trata en particular.

Fecha, hora y lugar de la reunión.

El/La presidente/a explica los objetivos de la reunión (1) y deja constancia de los/las ausentes (2).

Aprobar la veracidad del acta de la reúnion previa (3) y detallar las acciones que resultaron de ella (4).

A continuación (5–9), el asunto principal de la reunión, dividido entre sus partes más importantes. Si no se dispone de mucho tiempo, se puede incluir un horario específico por cada asunto.

10 Otros asuntos.
11 Fecha de la próxima reunión.
12 Cierre.

Asistentes

Sr. D. Roberto González, presidente
Sra. Dña. Carla Díez Sevilla
Sr. D. Pedro Benítez
Sra. Dña. Inmaculada Parra
Sra. Dña. Julia Aguirre
Sr. D. Xavier Pan

Hay que dejar espacio (10) para otros asuntos relevantes, acordar la fecha de la próxima reunión (11) y cerrar (12) ésta a la hora prevista.

Los que van a asistir. Cada uno/a recibirá una copia de la agenda.

2 Cree agendas u órdenes del día para las siguientes reuniones.

- Traslado de la empresa a una ciudad costera.
- Preparación de una fiesta para celebrar la puesta en marcha de un nuevo programa de RSE.
- Planificación de un viaje de investigación a una fábrica de calzado en Montevideo.

3 Trucos para hacer una buena reunión. ¿Conoce alguno más?

- Diga a los participantes que vengan preparadas con toda la información necesaria.
- Tenga una estrategia a la hora de sentar a los asistentes a la mesa de la reunión. Si va a ser una reunión difícil, por ejemplo, sitúe a las personas que están de su parte en lugares distintos, y no juntas. Así, evitará la sensación de estar en bandos opuestos y la discusión fluirá de forma más dinámica.
- En una reunión informal tener café y pasteles relajará el ambiente, mientras que en una reunión urgente o más seria, es posible que se trivialice con cosas de este tipo.
- Pida a los expertos/as o a aquéllos/as que tengan que hacer una aportación especial, que asistan a horas concretas para aclarar asuntos o aportar datos, y que dejen la reunión después de su contribución.
- Tenga un/a secretario/a que sepa cómo hacer un acta correcta de la reunion.

4 Cada reunión importante necesita un acta, que es un documento en el que se presenta un sumario de la sesión y los acuerdos tomados. Si no hay secretario/a, es importante delegar esta tarea en alguien capacitado para ella. Los requisitos que se exigen para levantar actas, están regulados por el Código de Comercio y también por los estatutos de la empresa o asociación.

Un acta está constituida por:

- Encabezamiento o título, y nombre de la empresa o asociación.
- Lugar, fecha, hora de comienzo y terminación.
- Lista de asistentes.
- Resumen ordenado de los debates realizados.
- Visto bueno y firma del presidente.
- Firma del secretario.

5 Ejemplo de redacción de un acta.

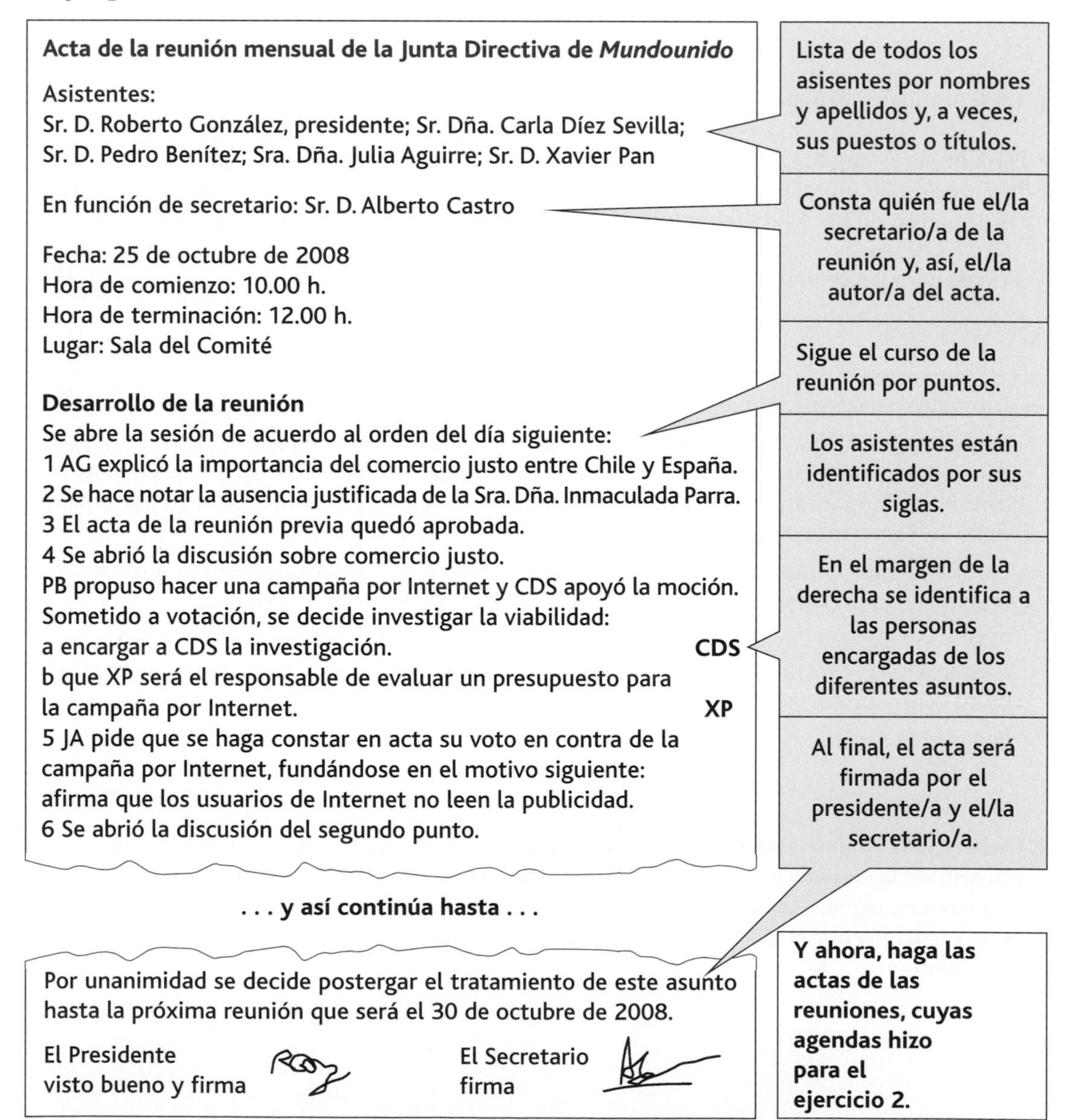

Acta de la reunión mensual de la Junta Directiva de *Mundounido*

Asistentes:
Sr. D. Roberto González, presidente; Sr. Dña. Carla Díez Sevilla;
Sr. D. Pedro Benítez; Sra. Dña. Julia Aguirre; Sr. D. Xavier Pan

En función de secretario: Sr. D. Alberto Castro

Fecha: 25 de octubre de 2008
Hora de comienzo: 10.00 h.
Hora de terminación: 12.00 h.
Lugar: Sala del Comité

Desarrollo de la reunión
Se abre la sesión de acuerdo al orden del día siguiente:
1 AG explicó la importancia del comercio justo entre Chile y España.
2 Se hace notar la ausencia justificada de la Sra. Dña. Inmaculada Parra.
3 El acta de la reunión previa quedó aprobada.
4 Se abrió la discusión sobre comercio justo.
PB propuso hacer una campaña por Internet y CDS apoyó la moción.
Sometido a votación, se decide investigar la viabilidad:
a encargar a CDS la investigación. **CDS**
b que XP será el responsable de evaluar un presupuesto para la campaña por Internet. **XP**
5 JA pide que se haga constar en acta su voto en contra de la campaña por Internet, fundándose en el motivo siguiente: afirma que los usuarios de Internet no leen la publicidad.
6 Se abrió la discusión del segundo punto.

. . . y así continúa hasta . . .

Por unanimidad se decide postergar el tratamiento de este asunto hasta la próxima reunión que será el 30 de octubre de 2008.

El Presidente
visto bueno y firma

El Secretario
firma

Y ahora, haga las actas de las reuniones, cuyas agendas hizo para el ejercicio 2.

F: ¿Sabe navegar?

1 Lea el artículo.

La página web como escaparate

Las páginas de las grandes empresas son un espacio para mostrar noticias sobre el desarrollo de su negocio. En sus páginas, exponen los nuevos productos o las últimas adquisiciones en el extranjero. También, la página web es el sitio donde la empresa puede apuntar tanto su visión para el futuro como su misión empresarial.

La información sobre el comportamiento responsable y el compromiso de la empresa en los lugares donde ejerce su negocio, es un apartado ya imprescindible. Allí, la empresa puede exponer los programas que financia, dar información sobre el éxito de sus programas, cotejar resultados de concursos, y hacer fotorreportajes sobre la vida de los que se benefician de los programas. Además de un buen anuncio para la compañía, esta información ayuda a medir la responsabilidad real de la empresa.

Las grandes firmas no son las únicas que se aprovechan de la Web para dar a conocer su trabajo. Las ONG y otras organizaciones de la sociedad civil también utilizan Internet como una herramienta imprescindible para comunicarse con sus colaboradores y poner en marcha sus campañas.

Éstas, que pueden ser tanto colaboraciones entre ONG y empresa (p.e. Save The Children y TK Maxx) como campañas orquestadas por una ONG contra una empresa (p.e. Greenpeace contra Apple), se refuerzan en Internet.

Los blogs también son fuente de información y movilización para un mundo mejor. Ayudan a conocer las injusticias que existen y la forma en que se puede contribuir a hacerlas desaparecer.

Internet nos da una oportunidad de estar al tanto de los programas que están fomentando y financiando los gobiernos o empresas del sector privado para resolver problemas sociales y medioambientales. A la vez, sin embargo, el acceso de todo tipo de información en el ciberespacio también nos da la posibilidad de saber que no siempre todo lo que se promete se cumple.

2 Junto con sus compañeros/as, elija o busque una ONG y analice su escaparate en la web. ¿Cuáles son los métodos que utiliza para persuadir a los visitantes o informar a sus usuarios? ¿Son eficaces? Compare su información con la de los/las otros/as y, entre todos/as, decidan cuál es la mejor y por qué.

Enlaces de interés

http://www.petaenespanol.com/
http://www.intermonoxfam.com
http://www.business-humanrights.org/International/Espanol

http://www.observatorio-rse.org.es
http://www.chicoseninternet.com.ar/
http://empresaresponsable.wordpress.com/
http://es.wikipedia.org/wiki/Banco_Grameen
http://www.greenpeace.org/mexico
http://www.cocacola.com – escoja la zona de Latinoamérica
http://www.unicef.org/spanish
http://www.telefonica.es/responsabilidadcorporativa/

Actividades

3 Argentina es líder en Latinoamérica respecto al desarrollo de la responsabilidad empresarial. Lea este artículo sobre el Índice de Responsabilidad Social Empresarial que ha creado el Grupo Interrupción. www.alianzas.org/archivos/documentos/Indice%20de%20Responsabilidad%20Social%20Empresaria.pdf. Ahora, cree una presentación electrónica, explicando los beneficios de ser parte de este índice.

4 www.chicoseninternet.com.ar es una página argentina sobre cómo comportarse con responsabilidad mientras se utiliza Internet. Lea la página e imagine que usted es coordinador/a de la RSE para una empresa de telecomunicaciones. Escriba una descripción de un nuevo programa, que pueda financiar su empresa, sobre cómo promover la seguridad del niño en Internet.

5 Visite la página de una multinacional en un país de habla hispana (ej. Telefónica, Coca Cola, BBVA, Repsol) y busque información sobre sus programas de RSE. Escoja uno e investigue sobre él. ¿Por qué cree que la empresa seleccionó este programa para invertir? ¿Cuáles son los beneficios para la empresa al colaborar en este programa?

6 Existen muchas colaboraciones entre las ONG y las empresas en programas de educación, medio ambiente y salud. Busque información sobre estas relaciones en las páginas de las ONG. Ahora, piense en una compañía que usted conozca y decida cuál sería el mejor tipo de programa en el que podría colaborar la empresa. Por ejemplo, una compañía del sector de la energía podría participar con Greenpeace en un programa para promover energías renovables.

7 Intermón Oxfam es una ONG que fomenta proyectos en países del tercer mundo. Visite su página www.intermonoxfam.org y busque información sobre su campaña actual. ¿Qué campañas están relacionadas con el trabajo de las grandes empresas? ¿Qué opina de estas campañas? Escriba un artículo sobre Intermón Oxfam y su relación con las grandes empresas en Latinoamérica.

20 En esencia

En esta unidad va a tener la última oportunidad de discutir sobre los temas ya tratados en las cuatro unidades anteriores de en activo.

RECUERDE:

Primero, la clase leerá el texto para practicar la pronunciación y estar al tanto del vocabulario. Luego, la clase se organizará en dos grupos que prepararán argumentos a favor y en contra del tema. Cuando termine el debate, cada grupo presentará un informe oral de conclusiones. Hay dos debates por cada texto y los/las estudiantes tendrán que expresar sus impresiones con respecto a los temas planteados y hacer una crítica de comportamiento a la hora de trabajar en grupo. También deberán describir el tipo de colaboración que ha existido y puntualizar si han tenido problemas de comunicación y de qué forma se tomaron las decisiones.

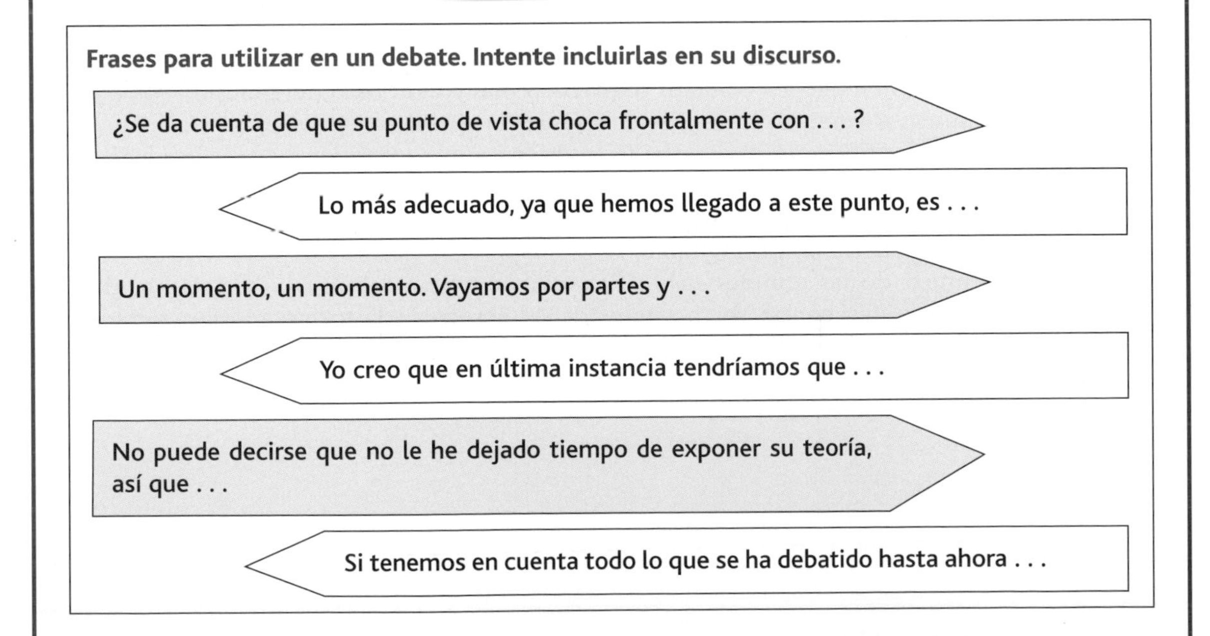

Texto 1

La ciudad anónima

Barcelona, París, Londres. Buenos Aires, México DF, Santiago de Chile. Todas ciudades conocidas mundialmente; todas ciudades con su propia idiosincrasia que las hace como son. ¿O no? Cuando viajamos por el mundo en el siglo XXI, parece que son más las cosas que nos unen que las que nos separan. La globalización del inglés, de las marcas que llevamos, de la comida que consumimos, nos hace preguntarnos continuamente si nuestros viajes a diferentes ciudades realmente nos proporcionan una nueva experiencia. Por mucho carácter que tengan nuestras ciudades, los paisajes urbanos de hoy se parecen más que nunca. ¿Es verdad, entonces, que nuestras metropolis se están convirtiendo en espacios anónimos?

Madrid, capital de España, hogar de miles de pequeños bares con su café con churros de sabor único, ya tiene sus "skinny latte" y "blueberry muffin", sus multicines y "chill out lounges".

El turismo de las aerolíneas de bajo coste lleva a Madrid la misma gente que hace seis meses estuvo en Barcelona, y en ambos sitios toma el mismo frappuccino. Entonces, ¿en qué se diferencian sus experiencias?

Concepción Castellanos, especialista en gestión de viajes en grupo, insiste en que no todos los turistas tienen una visión homogénea de las ciudades que visitan. "Cuando vienen a Madrid, saben que van a ver el Prado, ven que las calles son estrechas," dice. "Cuando, durante su próxima visita a una ciudad europea, digamos París, ven la anchura de sus avenidas, que el Louvre no es el Prado, que no se toman cervezas en vasos pequeños sino vino tinto en vasos enormes, ya registran la diferencia."

Sin embargo, los turistas no son los únicos que crean el anonimato en nuestras ciudades. Mientras que en el centro de las grandes ciudades la arquitectura contribuye de una manera significativa al ambiente diferenciador, en los alrededores, gracias al auge en el sector inmobiliario, se construyen edificios y torres llenos de pisos que parecen atrapar a sus habitantes de la misma manera, estén en una ciudad u otra.

Con el encarecimiento del suelo urbano, el apartamento de pocos metros está más cotizado que nunca. Ahora en 35 m² caben dormitorio, cocina, baño y salón, y nuestros muebles suecos de autoconstrucción se ven tanto en Barcelona como en Bangkok. La arquitecta Lola Sánchez Carro está de acuerdo en que los edificios se parecen más con el paso del tiempo: "Mientras los grandes arquitectos como Gehry y Foster construyen puentes y museos de ensueño, el edificio funcional, el edificio de pisos urbano se diseña y se construye con la velocidad y el ahorro como los factores influyentes. Se están viendo torres de pisos en pueblos de la comunidad española de Castilla La Mancha que se parecen más a los edificios de Panamá capital que a los de la tierra de Don Quijote."

¿Cuál será el futuro de las grandes urbes del mundo? ¿Se sembrará la semejanza, o se desarrollarán hacia la diferencia? Mucho depende de nosotros y la forma en que queramos que nuestros hijos vean el mundo.

DEBATE 1 *¿Uniformidad o diferencia?*

EL GRUPO A defiende la postura de que todas las ciudades del mundo deben desarrollarse, tanto para sus habitantes como para los turistas, según su propia visión y no tener en cuenta la creciente uniformidad de las grandes ciudades.

EL GRUPO B defiende la postura de que cuánto más se parezcan las grandes cuidades, mejor se sentirán sus habitantes y visitantes.

DEBATE 2 *Café como en casa*

EL GRUPO A defiende la postura de que las marcas internacionales de comidas y restaurantes, como Starbucks o McDonalds, nos hacen sentir seguros, y así viajamos más, con la seguridad de que no vamos a sentirnos aislados ni extraños en un nuevo ambiente.

EL GRUPO B defiende la postura de que parte de viajar es probar comidas nuevas y que las marcas internacionales destrozan el respeto que tiene tanto el turista como el propio ciudadano hacia la comida del lugar donde se encuentra.

Texto 2

Haciendo lo justo

El segundo sábado de mayo de cada año indica un día especial para el comercio mundial. Mientras millones de productos de todos los países circulan por el mundo todos los días, esta fecha de mayo marca un tipo de transacción muy particular: el comercio justo.

El comercio justo movió 1.600 millones de euros o 2,2 billones de dólares en 2006, y se podría definir como la compra y venta justa de productos que tienen en cuenta tanto los derechos y el bienestar del productor, normalmente miembro de un grupo marginado sobre todo en países del hemisferio sur, como el desarrollo sostenible del medio ambiente donde se cultivan los productos y de las comunidades que dependen de ellos.

Un buen ejemplo de un producto cuyo comercio ha cambiado mucho gracias al movimiento del comercio justo es el café. Donde antes los comerciantes del café en países como Colombia tenian que cobrar precios injustos por sus productos y vendían a grandes empresas mediante agentes, ahora, los acuerdos directos entre agricultores y empresas u ONGs les dan mayores beneficios. La negociación de precios se hace basada en los valores de la transparencia, el consenso y la estabilidad.

Como los precios de muchos de los productos ahora vendidos a través del comercio justo fluctúan a diario, formar parte de un programa como el del comercio justo ayuda a que una comunidad dependiente de la producción de dicha materia pueda invertir sus ganancias en un plan de desarrollo a largo plazo.

La marca "Fairtrade" es un sello que aprueba que un producto ha pasado por un proceso de compra-venta justo. Utilizada por primera vez durante los años 80 en Holanda, actualmente el sello de Fairtrade se reconoce en más de 20 países en todo el mundo. La mayoría de los productos que llevan el sello son alimentos derivados de materias primas como el café, el té o el chocolate, dado que estos productos y su venta son los que más afectan la vida y desarrollo de pequeñas comunidades en África, América Latina y Asia. Además de estos productos agrícolas, también se clasifican ciertas marcas de balones de fútbol como vendidos mediante el comercio justo, dado que muchas veces, la producción de este tipo de artículos fuera del sistema de comercio justo está asociado con la explotación infantil.

DEBATE 3 *¿Es justo?*

EL GRUPO A defiende la postura de que el comercio justo es necesario para promover el desarrollo de comunidades que normalmente son víctimas de las reglas del comercio internacional.

EL GRUPO B defiende la postura de que todos los países tienen que respetar las mismas reglas cuando comercian internacionalmente.

DEBATE 4 *¿Más caro, mejor?*

EL GRUPO A defiende la postura de que merece la pena pagar más por los productos de comercio justo, porque el dinero gastado va directamente al desarrollo de las comunidades mas desfavorecidas.

EL GRUPO B defiende la postura de que pedir que paguemos más por un producto que no es necesariamente mejor es tratar al consumidor como una ONG.

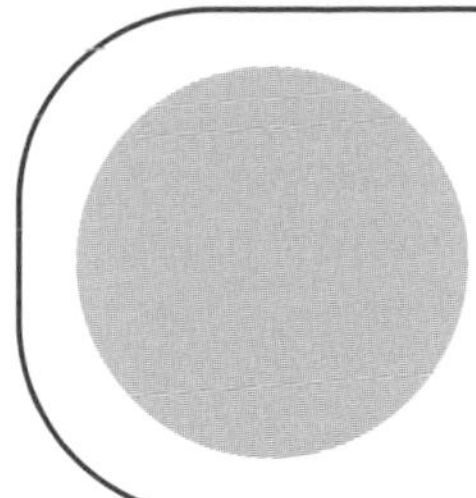

Clave de respuestas

Unidad 1

A

1 Joseba, Goikoetxea Imatz, española, Energía Vasca S.A., Gran Vía de Don Diego López de Haro, Bilbao, Jefe de protocolo, Organiza el departamento de protocolo.

2 modales, relaciones públicas, puesto, entrega de premios, bufete, sede, clientes, seguridad, como pez en el agua, empresa

4 1 eólica 2 solar 3 hidraúlica

B

1 1 diversas formas 2 de usted 3 respeto 4 trataba 5 mostrarle 6 hablaba 7 profesores 8 trabajo 9 ambiente 10 abogados 11 juzgados 12 oral como escrita 13 protocolo 14 tratar 15 diferentes 16 Europa 17 cargos políticos 18 jefe 19 consejos 20 normas 21 cenas de empresa 22 reglas

3 **Transcripción: Sra. Bermúdez (B):** Buenos días, señorita, ¿sería tan amable de decirme el nombre del encargado de las relaciones públicas?
Secretaria (S): Sí, por supuesto. El Sr. Goikoetxea es el jefe de protocolo.
B: Gracias. ¿Me puede indicar cuál sería la mejor forma de ponerme en contacto con él?
S: Cómo no. Le puede llamar por la mañana o se puede dirigir a él mediante una carta.
B: ¿Me puede dar el número de teléfono de contacto del Sr. Goikoetxea, por favor?
S: Sí, un momento . . . es el 94 5545389.
B: Muchísimas gracias, señorita, ha sido muy amable.
Sr. Goikoetxea (G): ¿Dígame?
B: ¿El Sr. Joseba Goikoetxea, por favor?
G: Sí, soy yo. ¿En qué puedo ayudarla?
B: Me llamo Ángela Bermúdez y le llamo por el asunto de la entrega de premios que patrocina su empresa.
G: Encantado de hablar con usted, por fin, Dña. Ángela.
B: Lo mismo digo. Bueno, a ver si podemos resolver este asunto del menú de la cena y . . .

4 **Saludos:** Buenas tardes, ¿qué hubo? (esta expresión se utiliza en Latinoamérica); ¿Cómo está usted?; Encantado/a de conocerlo/a. **Presentaciones:** Tengo el placer de presentarle

a . . .; Me gustaría que conociera a . . .; Permítame que le presente a . . . **Despedidas:** Adiós, buenos días; Espero volver a verlo/a; ¡Adiós, hasta pronto! **Inapropiadas:** ¿Qué hay?; Hasta la vista, baby; Mira, este es . . . (son coloquiales y no utilizan la forma de usted)

C

1 **Ser:** astuto/a, enérgico/a, inteligente, infatigable, emprendedor/a, trabajador/a, educado/a, amable, capaz, discreto/a, dinámico/a, responsable, tenaz, sencillo/a, tolerante, puntual, sociable, independiente, ambicioso/a, serio/a, animado/a
Estar: contento/a, capacitado/a, seguro/a, serio/a, satisfecho/a, animado/a, concentrado/a, dispuesto/a, entregado/a,

4 1 está 2 son 3 son 4 están 5 es 6 está 7 está 8 está

5 sellos – estampillas, contable – contador, costes – costos, ordenador – computador, notario – escribano, cartel – afiche, centralita – central telefónica, estar comunicando – estar ocupado

D

3 1 h 2 e 3 c 4 i 5 f 6 k 7 g 8 a 9 b 10 d

4 1 negociar 2 comportamiento 3 idiosincrasia 4 economía 5 educación 6 Rusia 7 físico 8 agasajar 9 huéspedes 10 acuerdo 11 opuesta 12 globalización 13 vestimenta 14 saludos 15 fronteras 16 diferencias 17 empresario 18 Naciente 19 embajada 20 comerciales

Unidad 2

A

4 departamento – sección – división, papel – documento – hoja, apuntes – información – datos, verificar – chequear – cotejar, archivos – ficheros – registros, asistente – agregado/a – auxiliar, solicitudes – instancias – peticiones.

B

1 **legal:** lícito, legalizado, **formulario:** manual, prontuario, **proveedores:** suministradores, abastecedores, **tarea:** trabajo, cometido, **exonerará (v. exonerar):** cesar, privar, **firmante:** signatario, rubricante, **documentación:** expediente, registro, **errores:** inexactitudes, equívocos, **cobro:** recaudación, reintegro, **responsabilidad:** deber, obligación, **claúsula:** condición, requisito, **transferencia (o trasferencia):** transmisión, traspaso

2 1 institución 2 sector público 3 privada 4 empresa 5 tiempos 6 más lentos 7 sucede 8 trámites 9 responder 10 adecuada 11 constancia 12 cómo 13 contestado 14 cómo 15 procesos 16 certificación 17 asegurarnos 18 dos 19 está 20 líder del equipo 21 ponga 22 listo 23 administra 24 revisa 25 entrega 26 certifique 27 financiera 28 pública 29 montón 30 fijos

4 **Transcripción: Lucía Rydzewska (LR):** Entonces, en cuanto a esta semana, ésas son las tareas que tengo.
Diego López (DL): Perfecto. Tenems la reunión con los directivos holandeses a finales de la semana que viene. Es un encuentro importante.
LR: ¿Vienen aquí, a Washington, o la vamos a hacer por videoconferencia?
DL: Esta vez vienen aquí. Tienen más reuniones en Washington y así aprovechan para venir a vernos y hablar de las contribuciones que han hecho durante los últimos seis meses. Necesitaré que prepares una presentación para acompañar el tema de la reunión y

para que puedan visualizar la información de la que estaremos hablando. ¿Te podrías ocupar de esto?
LR: Sí, muy bien. Ahora hablaré con Fernanda y veremos cómo lo organizamos. El martes, de mañana, deberíamos reunirnos todos para hablar de la información que vamos a utilizar para la presentación. Luego de decidir eso, yo trabajaré con los temas de la computadora y Fernanda puede empezar a organizar la sala, la hora y el resto de los detalles.
DL: ¿Algo más, Lucía?
LR: Sí, quería organizar contigo el tema de la licencia por maternidad de Fernanda. Empezará en septiembre, y como ya estamos en julio, quería saber si vamos a contratar a otra persona.
DL: Ay sí, es verdad. Tenemos que hablar con Recursos Humanos, que ellos son los que manejan el tema. La persona que la sustituya tendrá que saber utilizar las máquinas de la oficina, ser ordenada y tener experiencia de trabajo en un puesto similar. Contáctate vos con ellos y me decís lo que te cuentan.

5 1 bandeja 2 papelera 3 mesa de trabajo (HA) – escritorio 4 folder (HA) – carpeta 5 agenda 6 almohadilla de ratón 7 mouse (HA) – ratón 8 teclado 9 pantalla 10 computadora (HA) – ordenador 11 teléfono 12 biromes (HA) – lápices

C

1 tres millones cuatrocientos treinta y un mil novecientos treinta y dos, veintidós coma nueve por ciento, cero, catorce, trescientos noventa y nueve mil cuatrocientos nueve, trescientas ochenta y seis mil ciento treinta y seis, sesenta y tres coma nueve por ciento, quince, sesenta y cuatro, un millón ochenta y siete mil ciento ochenta, un millón cuatro mil cuatrocientas sesenta y cinco, trece coma tres por ciento, sesenta y cinco, ciento ochenta y cinco mil doscientos cincuenta y uno, doscientas sesenta y nueve mil cuatrocientas noventa y una, setenta y uno coma ocho, setenta y ocho coma veinticinco, siete, setenta y cuatro coma noventa y cuatro, cero coma cuarenta y seis por ciento, trece coma noventa y un, mil, nueve coma cero cinco, mil, quince coma cuatro, mil, uno coma ochenta y nueve, ochenta y ocho por ciento, ocho por ciento, cuatro por ciento

2 Empieza, Entiende, Adquiere, Recuerda, Consigue, Acierta, Pide, Resuelve, Promueve, Muestra

3 aprobada, mostrar, puede, sentir, extiende, perdemos, vuelve, entendemos, han acordado

Unidad 3

A

2 1 ejército 2 conservación 3 catalogación 4 programación 5 prestaciones 6 licenciados 7 Burgos 8 oposiciones 9 directora 10 museo público

4 1 preguntas – respuestas 2 persona – intenciones 3 resuma – idea 4 nervioso/a – relajará 5 atención – aburre 6 información – preguntado.

B

1 1 trabajo 2 tener que 3 tema 4 empresas especializadas 5 normas 6 puedan 7 son capaces 8 requisitos 9 necesidades técnicas 10 material 11 traslada 12 unas medidas generales 13 embalaje 14 preguntar 15 reunir los datos 16 estar de acuerdo 17 todos los jefes 18 lunes 19 miércoles 20 a primera hora 21 especifica 22 puntuales 23 sea breve 24 tenemos que saber

2 **Transcripción:** Se me ocurre pensar que en este mundo globalizado es importante saber trabajar a distancia. Para muchos, la mejor manera de trabajar con un equipo que está lejos es el correo electrónico. Sin embargo, mucha gente sigue pensando que el teléfono es la única forma de comunicarse de una manera efectiva y afectiva. Para mí, no hay nada mejor que llamar por teléfono. Cuando marco el número de mi otra oficina en el Museo Arqueológico de Burgos, siento que acaba de empezar el día. Por muchos correos que nos escribamos, los problemas sólo se pueden resolver hablando. Sólo por el tono de la voz de mis compañeros, sé lo que están pensando. Parece que todo se vuelve más rápido y eficaz. A veces hay que volver a llamar después de haber consultado con mis compañeros en Madrid, pero una vez que todo está en orden, la voz al otro lado del aparato vuelve a estar tranquila.

C

1 Estimada Sra. Castillo:
¿Cómo saber que la empresa a contratar es buena? Primero, mire el historial de la empresa: ¿Se ha subcontratado el servicio en cuestión anteriormente? Un consejo fácil y útil es preguntar a sus colegas si conocen alguna compañía de servicios que hayan utilizado anteriormente. Negocie condiciones y precios; pero antes esté atento a los precios del mercado y a su propio presupuesto. Sea consciente de que la obligación del cumplimiento de la operación pasará al proveedor externo. Esté en contacto con el proveedor. Él necesitará información de usted para poder cumplir bien el servicio, y usted tendrá que saber cómo transcurre la realización de la tarea. Su labor será más de coordinación: ser puente entre el proveedor y su compañía. Si la empresa proveedora es eficaz y cumple sus funciones, mantenga sus datos y llámela para trabajar con ella en el futuro. Si se mantiene una cierta exclusividad, se podrían llegar a acuerdos más cómodos y ventajosos.

2 óptimo, más que, sencillísimo, muchísimos, mayores, tanto, como, peores, numerosísimas, mayor

D

1 **Director:** dirección, directriz, directivo **Empresa:** empresario/a, emprendedor/a, empresariales **Tecnología:** tecnológico, técnico/a, tecnócrata, tecnocracia **Móvil:** movilidad, movilizar, movimiento

2 Rnión mñna x mñna a las 9. Sruega pntlidad. No stoy cntna cn prpuesta k ma nviado Flx. Tas nterado d k van a crrar 1 d los dprtmntos? Aprobado prspstos! Sto hay k clbrarlo!!!

E

1 a 6 b 1 c 2 d 7 e 3 f 5 g 11 h 8 i 4 j 10 k 13 l 9 m 12

Unidad 4

A

1 1F 2F 3F 4V 5V

2 demora – retraso, socio/a – asociado/a, precio – valor, sector – área, comisión – porcentaje, cliente/a – usuario/a, producto – mercancía, servicios – prestaciones, vendedor/a – comerciante, empresa – compañía, venta – transacción

3 1 mercado 2 5.000.000 3 Brasil 4 cadenas 5 ofrecen 6 créditos 7 hora 8 comprar 9 mujer 10 mayoría 11 afecta 12 Internet 13 pocos 14 equilibrio 15 precios 16 calidad 17 comprando 18 tradicionales 19 almacén 20 panadería

B

1 1 ejecutiva 2 varios 3 planificación 4 niveles 5 Estados Unidos 6 estrategias 7 soy capaz 8 ingresos 9 beneficios 10 me enfrento 11 busco 12 forma 13 analítica 14 latinoamericano 15 país 16 región 17 única manera 18 me gusta 19 posibilidad 20 consenso 21 asesora 22 segura de sí misma 23 agresiva 24 respetar 25 resultado

3 **Transcripción:** Bienvenidos a todos. Como ustedes saben soy antigua alumna de esta escuela y es un placer hablar con ustedes de mi trabajo. Uno de los proyectos en el que estoy trabajando actualmente es la adaptación de un producto de una empresa británica al mercado mexicano. Tomando en cuenta que el producto, un refresco, es muy típico en el Reino Unido pero totalmente desconocido en Latinoamérica, hemos tenido que empezar desde cero. Entonces, mi pregunta es la siguiente: al introducir un nuevo producto en un país, ¿qué normas hay que seguir? El país al que se quiere entrar tiene una serie de reglas que gobiernan la comercialización de sus productos. Hay que entender cuáles son estas reglas y adaptar el producto para que éste se conforme a los requisitos del gobierno. En mi empresa, IMDP, estudiamos y aprendemos estas reglas y adaptamos el producto. Así pues, con el nuevo refresco hay que vigilar lo siguiente: los requisitos mexicanos a la hora de etiquetar el producto, las normativas nacionales sobre el uso de determinados ingredientes, y claro está, la manera de vender el producto, teniendo en cuenta que las campañas de marketing de refrescos en México tienen sus propios reglamentos. Son muchos temas, y siempre hay que decidir si la adaptación del producto merece la pena, en relación con los posibles beneficios que se pueden sacar de su lanzamiento.

5 1 Mejorar 2 crear 3 Proteger 4 Establecer 5 Fortalecer 6 Eliminar

6 **Fortalecer**: consolidar, reforzar, vigorizar/ **Eliminar**: apartar, suprimir, quitar/ **Mejorar**: arreglar, superar, regenerar

7 **México:** Su nombre oficial es Estados Unidos Mexicanos. Tiene 31 estados y un distrito federal. La lengua oficial es el español y algunas lenguas indígenas. La bandera está dividida en tres franjas verticales de color verde, blanco y rojo y el escudo nacional se ubica en la franja central. Tiene una población de 107.449.525 habitantes, en su mayoría mestizos (amerindios y españoles). La capital es México Distrito Federal con cerca de 8.600.000 habitantes. La mayor parte de la población practica la religión católica. **Canadá:** Limita al norte con el Océano Ártico y al sur con los Estados Unidos. Poblado por los franceses en 1534, es un país lleno de contrastes. Su capital es Ottawa. La bandera tiene dos bandas verticales rojas sobre fondo blanco y una hoja de arce en el medio. La lengua oficial es el inglés, seguido del francés y la mayoría de los habitantes practican la religión protestante. La población es de 33.098.932 habitantes, en su mayoría de origen británico y francés. Los recursos naturales más destacados son el petróleo, la pesca y el gas natural. En extensión, es el segundo país más grande del mundo. **Estado Unidos:** Tiene una población de 298.444.215 habitantes.

Es un país rico en recursos naturales tales como el petróleo, la madera y el gas natural. La lengua oficial es el inglés con un número cada vez mayor de hispanohablantes. Obtuvo su independencia el 4 de julio de 1776. Entre los grupos étnicos encontramos que un 81% pertenece al grupo blanco, un 13% al negro y un 1% al asiático. Su capital es Washington DC. La bandera tiene franjas rojas y blancas y un cuadro azul con estrellas blancas.

C

1 Ayer **por** la tarde **tuvimos** problemas **con** un cliente. Lo **que ocurrió fue** que no **encontrábamos su** pedido. Cuando **hablamos por** teléfono se **puso** como **una** fiera. **Dijo** que **iba** a **denunciarnos** pero, **al** final, **se calmó y llegamos** a **un** acuerdo.
El margen **de** beneficios **del** año pasado **fue** peor **de** lo **que** se **esperaba (había esperado)**.
La empresa Tudesco S.A. ya **tuvo** problemas en **el** pasado. Por eso, **la** compañía **decidió** cambiar **el** modelo **de** gestión. También, **acordó** incluir **un** nuevo equipo **de** directivos.
Durante **la** V Semana Internacional, que **se celebró en** Chile **el** pasado otoño, y que **reunió a** mayoristas **de** todo **el** mundo, se **pudo** ver **un** alto nivel empresarial. Todos **los** asistentes **dijeron** que **fue un** éxito **de** organización.

2 fue, Iba, se puso, fracasó, tuvo, había, fueron, se dieron, tenían, estaba, volvieron, añadió, se vendió

3 nació, estableció, montó, fue, llegó, decidió, podía, tuvo, convirtió, ideó, comenzó, dio, lanzó, sirvieron

D

3 Pulse aquí para ver la página web y luego envíeme un correo electrónico con la información. El vendedor me hizo una buena oferta. Mi jefe me pagó en efectivo por trabajar horas extras. ¿Puede firmar el cheque, por favor?

5 **Acuerdo:** Desde luego. Yo también lo veo así. ¡Ya lo creo! Por supuesto. Comparto su opinión. Estoy de acuerdo. Claro que sí.
Desacuerdo: Yo no lo veo así. En absoluto. No comparto esa opinión. Desde luego que no. Me parece ilógico que . . . Lo que está diciendo no tiene fundamento. ¡Ni hablar!

Unidad 6

B

1 1 estudiaste 2 Derecho Laboral 3 empresa privada 4 asesora 5 bolsa de empleo 6 ficha de afiliado 7 ofimáticas 8 becario 9 ONG 10 tareas 11 asesoramiento personal 12 administrativas 13 pequeña 14 internacional 15 una buena oportunidad.

4 **Transcripción:** Bienvenidos a los dos. Bueno, hoy nos **concentraremos** en lo que va a ser el PIA de su hijo, una vez que se inscriba como afiliado de la ONCE. El PIA es el plan individual de atención, que tiene cada uno de nuestros afiliados. **Será** importante para el desarrollo laboral, social y educativo del afiliado y **contribuira** a que consiga el grado de independencia que necesita todo ser humano. Se le **orientará** a nivel educacional. **Miraremos** cuáles son sus necesidades conforme con su discapacidad. **Habrá** que mirar el grado de discapacidad y luego **podremos** empezar a considerar las opciones para su escolarización. **Tendremos** en cuenta sus necesidades físicas y **buscaremos** el mejor centro educativo para él. Si decide ir a la universidad **haremos** un asesoramiento educativo más. Se **tendrá** en cuenta los mismos factores que cuando **era** pequeño, tanto de sus cualidades como de su discapacidad. También, **existirá** la opción del asesoramiento laboral desde los 16 años o después de la carrera. **Consultaremos** las posibilidades laborales conforme con sus capacidades. El PIA **tendrá** en cuenta el perfil físico tanto de su hijo como del puesto, quiero decir, la ubicación, etc. y nos **aseguraremos** de que encuentre el mejor trabajo que encaje bien con el perfil de su hijo. Para resumir, durante toda la vida **habrá** orientación a nivel social, teniendo en cuenta las dificultades a las que **podrá** enfrentarse su hijo en la

vida cotidiana. **Serán** dificultades físicas pero también emocionales; pero **estaremos** ahí y le **ayudaremos** en cada momento.

B D E C A.

7 **Transcripción:** ***Gente que trabaja* (GT):** Señor Hoyos, gracias por concederme su tiempo.

Jaime Hoyos (JH): Llámame Jaime, por favor. Me avisó Yolanda que me ibas a llamar. Hazme las preguntas que hagan falta.

GT: Le llamaba para hablar . . .

JH: Trátame de tú, ¡hombre!

GT: Bueno, te llamaba, Jaime, para hablar sobre el tema de la responsabilidad social corporativa y lo que implica para la contratación de empleados con discapacidad en EspaGas S.L.

JH: Nosotros, en EspaGas, somos una empresa repartida por el territorio nacional, que tenemos un gran compromiso con la sociedad española. No somos sólo proveedores de energía, sino también empleamos a más de 8.000 personas en toda España. La ONCE tiene una presencia parecida a la de EspaGas: somos de toda la vida . . . y representamos a nuestro país en el extranjero. Así que, como parte de nuestro compromiso social, decidimos trabajar con la ONCE para cumplir con nuestros objetivos de integración laboral de personas con discapacidad. Parte de nuestros objetivos de responsabilidad es cumplir con ese casi 9% de la población que tiene una discapacidad. Una manera de hacerlo es mediante el suministro de energía limpia y barata. Pero también queremos implicarnos a la hora de la integración laboral, ofreciendo puestos exclusivamente a personas con discapacidad.

GT: ¿Pero esas ofertas exclusivas no quitan el elemento de competencia que existe en el mercado de contratación laboral?

JH: En absoluto. Primero, el grupo social de las personas con discapacidad en España ha tenido siempre problemas para acceder al mundo laboral, igual que lo tuvo la mujer en su día. Ahora es el momento de rectificar, pero siempre teniendo en cuenta que una persona con discapacidad tiene ciertas necesidades especiales que se deben valorar. Nosotros no colocamos a la gente; no enchufamos a nadie y tampoco lo hacemos como un acto simbólico. Claro que la gente con discapacidad ahora puede acceder a mejores puestos de trabajo gracias a la política de responsabilidad social corporativa de grandes empresas en todo el mundo, pero le aseguro que su presencia no tiene ningún valor emblemático, en el sentido de que su contratación cumple porcentajes y poco más. El valor que añaden estos empleados va en función de su puesto, de las tareas que completan, como cualquier otro trabajador, pero también ayuda a que este grupo esté representado laboralmente, creando mayor concienciación a nivel social.

GT: Entonces ¿usted ayuda a que el colectivo discapacitado tenga acceso al mundo laboral?

JH: Así es. Junto con la ONCE abrimos una de las muchas puertas que ahora existen al mundo laboral. El proceso de búsqueda es riguroso. Los candidatos tienen que pasar una serie de entrevistas. Después de analizar su formación, y tomando en cuenta su discapacidad, tendrá que cumplir con un estándar general de EspaGas, que es un criterio uniforme, aplicado a todos los empleados de nuestra empresa. Todo esto se lleva a cabo en el Departamento de Recursos Humanos y con el asesoramiento de la ONCE.

GT: O sea que ¿recibe apoyo continuo para asegurar lo mejor para la empresa y el empleado?

JH: Exacto.

8 Abierto, Independencia, Grupo, Desarrollo, Educación, Asesorar, Ubicación, Necesario, Laboral, Emblemático

C

1 esperaremos, apruebe, será – sería, podrán – podrían, serán – serían, deberán – deberían, tendrán – tendrían, habrá – habría, examinará – examinaría, tratarán – tratarían, destacará – destacaría, adaptarán – adaptarían, facilitará – facilitaría, crearán – crearían, deberá – debería, incluirá – incluiría, dejará – dejaría, podrán – podrían, emplearán – emplearían
2 cabr, har, querr, satisfar, dir, podr, sabr, tendr, habr, pondr, saldr, valdr, vendr
4 A3, B4, C5, D1, E2, F6

D

1 discapacidad – capacidad, desempleadas – empleadas, realidad – fantasía, solidaridad – insolidaridad, ciegas – videntes, pobreza – riqueza, verdadero – falso, desigualdad – igualdad, corrupción – integridad, necesaria – superflua, impunidad – justicia, responsabilidad – irresponsabilidad, honestidad – deshonestidad, político – apolítico
ONCE: Organización Nacional de Ciegos Españoles, FOAL: Fundación Once para la Solidaridad con Personas Ciegas de América Latina, ONU: Organización de Naciones Unidas, CERMI: Comité Español de Representantes de Personas con Discapacidad, PIA: Plan Individual de Atención
2 1 tecnologías 2 ciegas 3 objetivo 4 ONCE I+D 5 lugar 6 Centro 7 Aplicación 8 visitantes 9 mano 10 novedades 11 empresas 12 países
3

EMPLEO Y FORMACIÓN
CURSOS DE FORMACIÓN REALIZADOS
BENEFICIARIOS DE CURSOS DE FORMACIÓN
EMPLEO TOTAL CREADO
EMPLEO PARA DISCAPACITADOS
DISCAPACITADOS DEMANDANTES DE EMPLEO EN BASE DE DATOS
TRABAJADORES DE EMPRESAS FILIALES DEL GRUPO FUNDOSA
TOTAL TRABAJADORES EN FILIALES Y PARTICIPADAS
ACCESIBILIDAD
NÚMERO DE OBRAS EN EDIFICIOS PÚBLICOS
NÚMERO DE RAMPAS
NÚMERO DE VADOS PEATONALES RESUELTOS
ASCENSORES, PLATAFORMAS Y ELEVADORES INSTALADOS
ADAPTACIÓN DE ASEOS Y CABINAS
SEMÁFOROS ACÚSTICOS Y MANDOS
PLANES DE ACCESIBILIDAD AL MEDIO FÍSICO REDACTADOS
NÚMERO DE LOCALIZACIONES DE LOS CONVENIOS FIRMADOS
EUROTAXIS IMPLANTADOS EN LA GEOGRAFÍA ESPAÑOLA

Unidad 7

A

3 Chipre, República Checa, Estonia, Hungría, Letonia, Lituania, Malta, Eslovaquia, Eslovenia, Bulgaria, Rumanía, Polonia

B

1 1 búsqueda 2 un buscador de Internet 3 actualmente 4 quince días 5 agencia 6 laboral 7 horario 8 9 a 5 9 10 hasta las 8 10 me costó 11 agotado 12 acostumbrarme 13 casi todo 14 gritar 15 practicas 16 mucho 17 lugares de trabajo 18 beneficios 19 más me gusta

3 **Transcripción: Sara (S):** John, tú viniste a Argentina para trabajar, mientras que Hilary está aquí de negocios. ¿Cómo os enfrentastéis al tema de tener que conseguir un visado en regla para poder trabajar aquí?

John (J): Como soy británico arreglé mis papeles en Londres antes de venir aquí. Si mi viaje hubiera sido para hacer negocios, para representar a mi antigua empresa, no me habría tenido que preocupar porque los británicos no necesitamos un visado de negocio para venir a Argentina. Sin embargo, yo había encontrado un trabajo en una empresa argentina, así que necesitaba una visa de trabajo. Tuve que ir al consulado en Londres; ahí me informaron de todo. Tuve que solicitar una visa, que se autoriza en Argentina por la Dirección Nacional de Migraciones. Luego te dan el permiso de ingreso y a continuación tienes que ir al consulado para terminar el proceso.

S: ¿Y tienes que llevar algún papel especial?

J: El pasaporte, una hoja del consulado rellenada por mí, el contrato de trabajo, unas fotos y varios documentos oficiales. Si no me acuerdo mal, entre ellos había una declaración sobre tus antecedentes criminales, o la falta de ellos ¡claro! Yo fui al consulado en Londres y después de la cita tuve que esperar, no sé, unas cuantas semanas para tener el visado. Tampoco fue demasiado difícil pero tienes que asegurarte de que todo se haga bien antes de planificar el viaje.

S: Y Hilary, ¿tú no trabajas aquí en Buenos Aires, sino que estás de viaje de negocios?

Hilary (H): Exacto. Vine para una conferencia la semana pasada. Esta semana voy a visitar a unos clientes míos argentinos y el sábado regresaré a Charlotte en Carolina del Sur.

S: Y ¿tienen los estadounidenses las mismas condiciones que los británicos respecto al visado de negocios?

H: No, nosotros sí que tenemos que conseguir un visado. No es un proceso demasiado difícil, pero hay que justificar el viaje. Tuve que entregar fotos, el pasaporte, el billete de avión y un pago de 50$. Me tuve que ir a Atlanta, al consulado, un mes antes de viajar.

S: Y ¿cómo justificas el viaje?

H: Con una carta de la empresa, confirmando la razón de la visita, cuánto tiempo me iba a quedar, los nombres y direcciones de las empresas que iba a visitar y los detalles de la conferencia, y el compromiso de mi empresa, que se responsabilizaría de mí económicamente durante el viaje. Y la carta tiene que ser en español.

S: Vaya, tampoco es fácil.

H: No, pero no es un proceso fuera de lo común.

4 hubo, han llegado, han contribuido, hay, son, propiciaron, duró, arreglaron, se consideraron, tenía, presentar, duraba, había vivido, son, juegan, sigue, llevan, son, tienen, han nacido

C

1 1 Infravalorado 2 Extraordinario 3 Antítesis 4 Cronológico 5 Ultramoderno 6 Descontento 7 Contracorriente 8 Superhombre 9 Vicepresidente 10 Rellenar.

2 1 El historial académico hay que presentarlo de forma **cronológica**. 2 Enrique se cree un **superhombre** porque dirige dos empresas. 3 Muchas veces, las mujeres se sienten **inferiores** en sus trabajos. 4 En las agencias de colocación hay que **rellenar** impresos con los datos actualizados. 5 El anuncio dice que hay dos pagas **extras** y un mes de vacaciones.

3 Queremos que **se** una a **nosotros** para ser líderes en el sector. **Nos** interesa una persona que **le** guste dirigir y tenga dotes de mando. Tiene que **sentirse** parte de la empresa. **Le** ofrecemos un sueldo de acuerdo a su categoría, **prometiéndole**, además, incentivos salariales. Los interesados deben **enviarnos** los currículum por correo electrónico. No **se** preocupe si no recibe noticias inmediatamente. **Le** tendremos informado en cada momento. No **se le** olvide poner un número de contacto. ¡No **se lo** piense dos veces y **póngase** en contacto con nosotros!

4 1 porqué 2 porque 3 Por qué 4 por qué 5 porque

D

2 directivos – ejecutivos, reticentes – evasivos, equipo educativo – material docente, multicultural – pluralidad, idiomas – lenguas, filial – sucursal, candidatos – aspirantes, lugar de procedencia – punto de origen, simultánea – paralela, datos – cifras, puesto – cargo, países – naciones, búsqueda internacional – internalización, Internacional – cosmopolita

5 1 Bolsas de trabajo 2 Internet 3 Boca a boca 4 Anuncios de periódicos 5 Agencias de colocación

6 **Entrevista de borrar contacto:** No tiene como objetivo profundizar. Se utiliza para contrastar información y evaluar el comportamiento del candidato. Normalmente se hace por teléfono. **Entrevista de selección:** Aquí se profundiza más en los rasgos del candidato, así como su trayectoria profesional. **Entrevista de contratación:** Se determina, se define y se propone la oferta de empleo.

8 1 última 2 impecable 3 hora 4 impresión 5 tradicional 6 chaqueta 7 prendas 8 anticuada 9 desenfadado 10 entrevista 11 maquillaje 12 atención 13 externos 14 bandera 15 solapa 16 entrevistadores 17 imagen 18 conocimientos 19 trabajo

Unidad 8

A

2 A3 B7 C1 D4 E9 F8 G10 H5 I2 J6

3 a 9 b 6 c 2 d 4 e 8 f 3 g 1 h 5 i 10 j 7

B

1 1 mucho tiempo 2 trabajo 3 sector bancario 4 industria 5 crecimiento 6 adquisiciones 7 Santander 8 carteles rojos 9 65 10 BBVA 11 segundo 12 presencia 13 35 14 México 15 mercado natural

4 **Transcripción: Locutora:** Buenas noches. Durante el programa de esta noche hablaremos de las cajas de ahorros. Estas entidades bancarias están presentes en más del 90% del territorio español, pero ¿realmente sabemos la diferencia entre un banco y una caja de ahorros? La primera caja de ahorros española se fundó en Madrid en 1838 y pronto se fundaron otras cajas de ahorros en ocho ciudades alrededor del país. El elemento local, que es definitivo y diferenciador para una caja de ahorros respecto a un banco, empezó con la identificación de la caja con su lugar de origen. Desde su creación, las cajas de ahorros han invertido fuertemente en la construcción de una red local de oficinas para atender a sus clientes. Hoy en día, sin embargo, la mayoría de las cajas de ahorros tienen presencia nacional, aunque son entidades financieras que se adhieren a las reglas del mercado. Otro factor diferenciador que ha habido entre bancos y cajas hasta hace poco ha sido el elemento social: a través de la "obra social" de la caja se reinvierte gran parte de sus beneficios. Esta obra social cubre la restauración de edificios de importancia cultural y social, promociona exposiciones y espacios culturales, hace campañas a favor de la integración de colectivos desfavorecidos y, hoy en día, lleva a cabo proyectos para el fomento de la tecnología para las personas con menos posibilidades de acceso a ordenadores e Internet. Según una encuesta realizada en 2007, dos de las cinco entidades mejor percibidas por su acción social fueron cajas de ahorros: las mayores de España, La Caixa y Caja Madrid. ¿Cuántos de ustedes tienen una cuenta en una caja de ahorros?

C

2 1 vaya – pueda 2 sepa – firme 3 deje – guste – guste – insistan – muestren – haya 4 reitere – digan 5 tenga – haga

3 1 c 2 e 3 a 4 b 5 d

D

3 **Transcripción**: Emilio Botín-Sanz de Sautuola y García de los Ríos es el presidente del Banco de Santander Central Hispano (BSCH) y uno de los banqueros más poderosos de España.

Nació en Santander, España, el 1 de octubre de 1934. Se licenció en Economía en la Universidad de Deusto y está casado con Paloma O'Shea. Se le define como un hombre austero, implacable, seguro de sí mismo y muy directo en las negociaciones.
El 19 de noviembre de 1986 fue nombrado presidente del Consejo del Banco de Santander, desempeñando al mismo tiempo las funciones de consejero delegado. Un año después de ser nombrado presidente, en noviembre de 1987, se lanzó al Mercado mundial firmando un acuerdo de colaboración y de intercambio de acciones con el Royal Bank of Scotland, de cuyo consejo de administración es miembro desde entonces.
Ha sido nombrado en varias ocasiones como el banquero más influyente de Latinoamérica ya que el banco de Santander ha invertido millones de euros en comprar bancos, de los que es vicepresidente, en Argentina, Chile, Perú, Colombia, Brasil, Venezuela y México.

La compra del Banesto en 1994 fue otra de sus grandes aventuras. Tuvo que pagar un precio muy elevado: 280.000 millones de pesetas. Tras la compra de Banesto, el número de sucursales del grupo pasó de 1.350 a cerca de 4.000. El número de empleados sobrepasó los 36.700 frente a los 21.470 de antes. Una de sus últimas adquisiciones de renombre, realizada el 2 de julio de 2004, fue la compra del banco británico Abbey National por 13.400 millones de euros.

En el 2006 tuvo beneficios de 6.220 millones y el número de accionistas creció hasta los 2,4 millones. Actualmente, ocupa el puesto 251 de la lista Forbes y El Santander es el octavo banco mayor del mundo en capitalización bursátil.

5 1 abrir 2 cuenta 3 residente 4 apertura 5 corriente 6 intereses 7 débito 8 cartilla 9 tarifas 10 crédito 11 depósito 12 moneda 13 fondos 14 euros

Unidad 9

A

1 a mercados emergentes b volatilidad c gestor d variable e análisis cuantitativos f Ciencias Empresariales g estilo y experiencia del gestor h capitalización bursátil

2 A 4, B 6, C 8, D 7, E 5, F 1, G 3, H 2

3 A título B acción C dividendo D corro E cartera de valores F efecto público

B

1 1 gestor 2 doce años 3 acciones 4 mercados de valores 5 sectores 6 telecomunicaciones 7 17% 8 empresas financieras 9 Santander 10 farmacéuticas y tecnológicas 11 inmobiliario 12 construcción 13 constructoras 14 OPVs 15 fuente de financiación 16 confianza 17 capital 18 expectativas favorables

2 A/B

5 **Transcripción: Eduardo (E):** Raúl, me dice Isabel que querías verme. Perdona el retraso, pero estaba hablando con unos gestores en Londres de un producto nuevo que tienen que nos podría interesar.

Raúl (R): Nada, Eduardo. Siéntate. Cuéntame, ¿qué te han dicho estos ingleses sobre el nuevo producto?

E: Ha sido interesante, la verdad. Me dijeron que querían citarse conmigo en Madrid la semana que viene para hablar de su nuevo fondo. Según el *Expansión*, es un producto interesante por ser parte de un nuevo sector de fondos, que llevan el nombre de fondos éticos.

R: Es verdad, me contó un amigo de la universidad, la semana pasada, que estos nuevos fondos éticos analizan cualitativamente el comportamiento ético de cada empresa, es decir, por ejemplo, su actuación en países en vías de desarrollo, su contribución al desarrollo social y medioambiental en esos países, o el nivel de sus productos en cuanto al efecto medioambiental de su producción.

E: Así es. Los gestores londinenses estaban muy contentos con el producto porque se adapta a los requisitos del índice FTSE 4 Good, que mide el comportamiento bursátil de empresas que cumplen los requisitos necesarios para ser consideradas socialmente responsables.

R: ¿Quieres decir que no se les compara con otras empresas de su sector, sino con otras empresas que tienen los mismos deseos de comportarse responsablemente?

E: Así me lo dijeron los gestores con quienes estuve hablando. Me dijeron que me lo presentarían con más detalles la semana que viene, pero comentándolo con Lorena, nos parece interesante contemplar este tipo de índice para el futuro.

R: Vale, pues cítales a ver qué nos cuentan. Gracias, Eduardo.

6 Chile, México, Brasil, México, Brasil, Venezuela, Bolivia

7 Venezuela, Bolivia, Chile, México, Brasil

C

2 Motu proprio = Voluntariamente, Sine qua non = Sin lo cual no, In fraganti = En el momento de cometer algo ilegal, Ipso facto = Inmediatamente, Sine die = Sin fecha fija,

Sub judice = Bajo resolución judicial, Grosso modo = Aproximadamente, A posteriori = Después

3 1 ipso facto 2 motu proprio 3 sub judice 4 grosso modo 5 in fraganti 6 sine die 7 sine qua non 8 a posteriori

6 1 No hay mal que por bien no venga. 2 Primero es la obligación y luego la devoción. 3 Poderoso caballero es don dinero. 4 Unos nacen con estrella y otros nacen estrellados. 5 Después de la tempestad viene la calma.

7 Repsol planea vender casi la mitad de sus acciones para cancelar las deudas contraídas y obtener 650 millones de euros para competir con Gas Natural. Los nuevos accionistas serán dueños del 49% del patrimonio de Repsol y el 83% de sus derechos de voto.

D

3 invierta, hágalo, vaya, ha demostrado, es, se deje, sea, asume, recomienda, se diversifique, adquiera, es – sería, cuenta, son, son

E

2

Capital		*Dividendos*		*Rentabilidad acumulada*	*Nombre de empresa*	
Número de acciones	*Capitalización (mill.)*	*Fecha*	*Eur. €*	*%*	*Código*	*Valor*
137.443.832	1.629	07/07/2006	0,12	7,89	SOS	SOS-Cuétara
4.921.130.397	64.270	07/05/2006	0,25	4,72	TEF	Telefónica

Unidad 11

A

2 Venezuela – Brasil, Ecuador – Perú, Mar Caribe, Brasil, Argentina – Perú, Cristóbal Colón

3 1 D, K 2 B, C, J 3 F, L 4 I, G, E 5 H, A

B

1 1 expectativas 2 circunstancias económicas 3 58 4 66 5 Ministerio de Protección Social 6 garantizar 7 fomentar 8 emergencias 9 se han visto afectados 10 8% del PIB 11 bastante alto 12 Caribe 13 2% menos que Canadá 14 1,35 médicos por 100 habitantes 15 una clara diferencia

C

1 La Organización Mundial de la Salud **fue creada** en 1948 con el fin de lograr que la salud estuviera al alcance de todos los individuos. Una de las primeras tareas que **fueron realizadas** con éxito fue combatir el cólera. **La salud, en la constitución de la OMS, es definida** como un estado de bienestar físico, mental y social y no solamente la ausencia de enfermedades. **Resultados sorprendentes fueron alcanzados por la OMS** en la lucha

contra la malaria y **la erradicación de raíz de la viruela fue conseguida**, enfermedad que diezmó poblaciones enteras. Después de una difícil campaña, en 1994 **la eliminación de Latinoamérica de la poliomielitis fue conseguida**. Esto ha significado un gran paso para la erradicación de esta enfermedad en todo el mundo.
Asimismo, **las siguientes prioridades son tomadas en cuenta por la OMS**:
1 Con ayuda del resto de los países, reducir enfermedades como el paludismo y la tuberculosis.
2 Aumentar la vigilancia y supervisión de las enfermedades propagadas a escala mundial.
3 Invertir en investigación y estrategias para utilizarlas en países en vía de desarrollo.

2 Se cree que la población total de Argentina es de 40.301.927.
Se lee que el ingreso nacional bruto per cápita (en dólares) es de 13.920.
Se dice que la esperanza de vida al nacer (en años) h/m está en 72/78.
Se cuenta que la probabilidad de morir antes de alcanzar los 5 años (por 1000 nacidos) es de 16.
Se señala que la probabilidad de morir entre los 15 y los 60 años h/m (por 1000 habit.) es de 62/86.
Se cuenta con que el gasto total en salud por habitante ($) es de 1.274.
Se calcula que el gasto total en salud, como porcentaje del PIB, es de 9,6.

3 satisfecho, manifiesto, impreso, escrito, dicho, despierto, vuelto, roto, transcrito, impreso, descubierto, suscrito, electo, abierto

D

3 **Pregunta:** Buenos días. Me llamo Tanya Galindo y mi pregunta es la siguiente: tengo un empleado que ha estado enfermo, pero no me ha entregado los partes de baja. ¿Qué puedo hacer? ¿Le puedo obligar a que me los entregue?
Respuesta: Lo primero que debería hacer es pedirle, por el medio mecánico más rápido, los partes de confirmación y una explicación. Si no lo hace, puede recurrir a imponerle una sanción disciplinaria ya que, según su Convenio Colectivo, está obligado a hacerlo.
Pregunta: Hola. Soy Enrique Fuensanta. ¿Podría aclararme una duda? He estado una semana de baja por enfermedad, y cuando he regresado, me encuentro con la sorpresa de que me han descontado varios días de mi nómina. ¿Debería demandar a la empresa?
Respuesta: Le aconsejo que no se precipite ya que la Seguridad Social establece muy claro las normativas:
Si ha tenido una enfermedad común o un accidente que no sea en el trabajo, empezará a recibir la prestación a partir del cuarto día de la fecha de la baja.
Si la enfermedad y/o el accidente es laboral, empezará a recibir la prestación a partir del día siguiente de la baja.
Y una cosa más para el futuro. Si hay una situación de huelga o la empresa cierra, no recibirá ningún tipo de subsidio.

4 1 c 2 e 3 f 4 a 5 d 6 b

E

3 1 f 2 d 3 h 4 e 5 b 6 i 7 c 8 a 9 j 10 g

4 1 triplicado 2 apartados 3 resguardo 4 garantía 5 sello

Unidad 12

A

2 a calma b diplomacia c agradar d simpático/a e buena calidad f cliente/a

4 denuncia, juicio, abogado/a, tribunales, condena

B

1 1 puedes ayudar 2 camiseta 3 Eso es imposible 4 no es normal 5 hilos descosidos 6 en seguida 7 por completo 8 defecto de fábrica 9 tan rápido 10 qué hacemos

2 CA, BE, FD

3 IAE: Impuesto de Actividades Económicas, CIF: Código de Identificación Fiscal, IVA: Impuesto sobre el Valor Añadido, OMIC: Oficina Municipal de Información al Consumidor, AC: Asociación de consumidores, FCS: Fuerzas y Cuerpos de Seguridad

C

1 Quéjese, insista, Analice – Tómese, Cerciórese, Reclame, tire, Salga, se fíe, pida, suplique – Recuerde, sea – haga

2 Alguna, algunas, algunos, algunas, cualquier, nunca, siempre, Tampoco, algo, todas, cualquiera, siempre

D

4 penal – procesal, enjuiciamiento – procedimiento, oral – verbal, vista – proceso, hechos – acciones, pruebas – alegaciones, conclusiones – resoluciones, sentencia – dictamen, querella – denuncia, abogado/a – letrado/a, indemnización – compensación, juez/a – magistrado/a, condenar – sentenciar, multa – sanción, inculpado/a – acusado/a, juicio – litigio, comparecer – asistir, dictar – impartir, denunciante – acusador/a, archivar – cerrar, recurrir – interponer, juzgado – tribunal, apelación – súplica

5 1 E 2 D 3 G 4 A 5 B 6 C 7 F

Unidad 13

A

2 Tecnología industrial: motores, aviones, tractores, cosechadoras
Industria química: petróleo, tintes, medicamentos, agroquímicos
Industria auxiliar de mecánica y de la construcción: ladrillos, uralita, azulejos, cemento

B

1 1 productos 2 lo mejor que pueda 3 fin de mes 4 arreglar 5 agente de aduanas 6 sería 7 productos químicos 8 seguridad 9 mercancía 10 este proceso 11 esté en regla 12 delicados

3 **Transcripción:** Para ser un buen comunicador es importante saber escuchar. Si cuando usted habla con sus clientes no les hace caso, los clientes son conscientes de ello y se pueden enfadar. Cuando hable con ellos, hábeles despacio, con claridad. No intente confundirles con tecnicismos o un lenguaje demasiado complicado. Lo importante es mantener al cliente al día en todo momento. Sin embargo, también hay que saber no poner nervioso al cliente, y eso, a veces, significa que tiene que saber guardar la información, y conocer el mejor momento para compartirla, para que no se estrese. Es importante conocer el idioma del cliente, para que se sienta cómodo. Y también es importante conocer los matices del idioma, y las formas de tratarse. Si existe la forma de usted, utilícela, hasta que el cliente le indique lo contrario. Un mal comunicador es una persona que intenta dominar la conversación. Hay que tener paciencia, una mente rápida y un tono claro, pero también firme, sobre todo cuando se habla de temas serios.

C

1 El dólar sorprendido **por** el euro
Desde que el euro empezó su andadura en el año 1999, ha pasado **por** malos momentos. En su etapa más baja, un euro se cambiaba **por** sólo 0,82 dólares, pero en 2003 la situación cambió **para** sorpresa de los mercados y se empezó a cotizar **por** encima de lo esperado. **Por** el mes de julio consiguió una cotización de 1,14, y sigue subiendo. Y todo esto, ¿**para** qué sirve? La mayoría de los usuarios del euro piensan que no sirve **para** nada. Pero se equivocan. Si el euro es más fuerte que el dólar, productos como el petróleo se podrán comprar **por** un precio más bajo. También las compras nos saldrán más baratas en países que están influidos **por** la moneda norteamericana como Ecuador, Panamá o Guatemala.

2 1 a favor de, 2 cerca de, 3 A raíz del, 4 A lo largo del, 5 en torno a, 6 al frente de, 7 al lado de, 8 a través de, 9 a pesar de, 10 en función de

3 **Admón.**: administración; **Ayto.**: ayuntamiento; **Bco.**: banco; **Cap.**: capital; **Cía.**: compañía; **Docum.**: documento; **Pdt/a.**: presidente/a; **Vd./Ud.** usted; **DNI:** Documento Nacional de Identidad; **OMC:** Organización Mundial del Comercio; **IPC:** Índice de Precios al Consumo; **IVA:** Impuesto sobre el Valor Añadido; **OPEP:** Organización de los Países Exportadores de Petróleo; **PIB:** Producto Interior Bruto; **RAE:** Real Academia Española; **UE:** Unión Europea; **Banesto:** Banco Español de Crédito; **Mercosur:** Mercado Común del Sur; **Ofimática:** oficina informática; **Ovni:** objeto volador no identificado; **Pyme:** pequenas y medianas empresas; **Renfe:** Red de Ferrocarriles Españoles; **Sida:** Síndrome de Inmunodeficiencia; **Unicef:** Fondo de las naciones unidas para la infancia

D

3 **ventas al exterior:** Productos exportados **sector alimentario:** parte de la economía relacionada con la comida **bienes de equipo:** objetos o servicios que producen otros objetos de consumo **márgenes comerciales:** diferencias entre el precio de venta y coste **recorte de beneficios** reducción de las ganancias **inflación:** aumento del índice de precios acompañado de una reducción del poder adquisitivo **competencia de precios:** Rivalidad entre el valor de los productos **concentración geográfica:** Países que están en la misma área **Dirección General de Aduanas:** Forma parte del Ministerio de Industria y Comercio y controla la entrada y salida de productos **crecimientos interanuales:** aumento del Producto Interior Bruto en un año

5 1 Unión 2 acuerdos 3 cruenta 4 naciones 5 continente 6 Berlín 7 división 8 Telón 9 económicas 10 políticas 11 miembros 12 intereses 13 millones 14 protagonismo

Unidad 14

A

2 acontecimiento, cadena, relevancia, colaborador/a, comunicación, reportero/a, redactor/a, investigación

B

1 1 estás en Perú 2 cómo trabajan 3 cómo funciona 4 situación difícil 5 escribir 6 cuestionar 7 aunque 8 compromiso 9 libertad de expresión 10 objetividad 11 saludable distancia 12 agresivas 13 los políticos 14 en representación del pueblo 15 el albañil de los ladrillos de la realidad

4 **Transcripción:** Existe una amplia gama de periódicos en lengua hispana, entre ellos periódicos que satisfacen las necesidades del lector interesado en el mundo de los negocios. *El Financiero,* ecuatoriano de origen, vende 10.000 ejemplares, siendo publicado sólo una vez a la semana. Mientras tanto el *Expansión* español vende un 500% más de copias que *El Financiero,* y eso a diario. *El Economista,* de México, también es un diario, y las copias vendidas llegan a los 33.000, mientras que las 40.000 copias diarias del venezolano *El Reporte de la Economía* es el segundo más vendido de nuestro estudio, pero el primero de los periódicos no peninsulares.

Publicación	*País*	*Circulación*	*Frecuencia*
El Economista	México	33.000 ejemplares	diaria
Expansión	España	50.000 ejemplares	diaria
El Reporte de la Economía	Venezuela	40.000 ejemplares	diaria
El Financiero	Ecuador	10.000 ejemplares	semanal

C

1 1 El FMI ha dejado claro que va a vigilar muy de cerca a los bancos estatales. 2 Hoy, el clima de las zonas turísticas cerca de Lima será mas caluroso. 3 Encuentran restos de maní de casi 8 mil años junto al valle de Nanchok. 4 Los bomberos apagaron rápida y eficazmente el tremendo incendio de ayer.

3 1 cada día más 2 de este modo 3 ahora mismo 4 de repente 5 en picado 6 hoy por hoy

4 en otro lugar, hasta un momento determinado, ante todo, en este momento, en todo momento, paso a paso, de esta manera, en el pasado, en ningún momento, una gran cantidad

D

2 **EBIT** = UAFIR: Utilidad antes de financiamiento e impuesto sobre la renta **EBITDA** = UAFIRDA: Utilidad antes de financiamiento e impuesto sobre la renta depreciación y amortización.

5 PRT, P, PRT, RT, RT, P, P, P, PRT, PRT, P, P, P, PRT, P, R, RT, T (orden vertical)

E

4 1 entrada, entrega, posteo, asiento 2 borrador 3 fotoblog 4 bloguero/a 5 comentarios 6 bloguear 7 blogosfera 8 plantilla 9 permalink 10 podcasting 11 blogalifóbica

Unidad 16

A

4 Cuba (español), Haití, Jamaica, Puerto Rico (español), República Dominicana (español)

B

1 1 búsqueda de nuevos clientes 2 nuestra buena reputación 3 buena comida 4 excursiones 5 los estadounidenses 6 un mes 7 poco tiempo 8 pagar 9 50.000 de España 10 10% 11 marketing 12 las excursiones 13 hablan español 14 crucero 15 una visita completa, pero corta.

5 **Transcripción:** El grupo Sol Meliá fue fundado en 1956 en la isla española de Mallorca, por Gabriel Escarrer Juliá. De todas las cadenas hoteleras del mundo, Sol Meliá ocupa el puesto numero 12. Con sus 350 hoteles alrededor del mundo, Sol Meliá tiene 85.000 habitaciones para sus huéspedes. Su presencia en Latinoamérica y el Caribe lo hace el mayor grupo de la zona, y ofrece tanto hoteles urbanos en medio de la ciudad como complejos turísticos al lado de la playa. La gama de hoteles es, como he dicho, amplia, y dos de las marcas que tiene nuestro grupo son los Sol Hotels, y ME by Meliá. Sol Hotels es una cadena de hoteles que se encuentran alrededor del mundo que dan servicios a familias con niños. Desde los Estados Unidos a Vietnam, hay más de 70 Sol Hotels en todo el mundo. En Sol Hotels, mientras los padres están relajándose con una buena comida, apta para muchos gustos diferentes e internacionales, los niños pueden estar haciendo actividades con sus nuevos amigos. Y los niños no son los únicos que juegan, porque los Sol Hotels ofrecen amplias oportunidades de practicar deportes, haciendo que las vacaciones sean activas para toda la familia. Por otro lado, ME by Meliá representa el lujo del grupo Sol Meliá. Nuestros tres hotels ME, en Madrid y México, proporcionan una experiencia hotelera de otro mundo. Tanto en nuestro hotel de Cabo San Lucas, como en Cancún o en la madrileña Plaza de Santa Ana, nuestros huéspedes saben que están alojados en el mejor lugar, tanto por servicios como por ambiente y localización. La música, el arte, la comida y el diseño: todo forma parte de la experiencia ME, haciendo que nuestros huéspedes olviden su rutina diaria para vivir una experiencia inolvidable. Los servicios de estos hoteles de 5 estrellas incluyen conexión inalámbrica a Internet en todas las habitaciones, televisiones de pantalla plana, conexión a MP3, restaurantes únicos, servicios de spa, bares y discotecas exclusivas.

C

2 C – 100, I – 1, M – 1000, X – 10, L – 50, D – 500, V – 5

5 a 105 = CV; 21 = XXI, b 2020 = MMXX; 500.000 = $\overline{D}$, c 16 = XVI; 5 = V, d 2007 = MMVII

D

3 **Sinónimos:** 5A 7B 8C 1D 6E 3F 4G 2H

4 **Inflación:** Desequilibrio económico debido al aumento generalizado del nivel de los precios de bienes y servicios. **Deflación:** Bajada continuada en los niveles de precios de bienes de consumo y servicios.

6 1 líneas 2 viajar 3 barata 4 cancelación 5 billete 6 compañía 7 vuelos 8 personal de tierra 9 maletas 10 puesto de facturación 11 aérea 12 destino 13 pasajeros 14 agencia de viajes 15 pasaje

E

4 1 Carreteras 2 División política 3 Referencias geográficas 4 Red hídrica 5 Altitud 6 Centros poblados 7 Plano urbano 8 Leyenda

Unidad 17

A

2 1 Miraflores es un distrito de la ciudad de Lima. 2 Asesoramiento en el ejercicio de pagar impuestos. 3 Lo que aprendes de los libros, los estudios, los planes de negocio cambian una vez que el negocio es una realidad. 4 Esta mala experiencia fue un ejemplo del que aprendió para no repetir los mismos errores en el futuro. 5 No trabajar directamente para una empresa ajena.

4 1 a 2 f 3 e 4 h 5 d 6 g 7 b 8 i 9 c

B

1 1 muebles importados 2 pequeña 3 provincia 4 mercado objetivo 5 amplio 6 que vendían lo mismo 7 compitiendo 8 alejarnos de eso 9 cuando hay mucha oferta, es más difícil 10 menor 11 poder adquisitivo 12 gente que vive en casas con más metros 13 aunque sí existía 14 muchos individuos y muchas empresas 15 arriesgada

3 **Transcripción:** 1 ¿Cuántos procesos hay que pasar como media en Latinoamérica y el Caribe para poder establecer un negocio? ¿Y en Puerto Rico?
2 ¿Qué países tienen el menor número de procedimientos a seguir?
3 ¿Cuánto cuesta, en tiempo y dinero, establecer un negocio en Perú? Apunte dos trámites que tiene que cumplir el futuro emprendedor.
4 ¿El establecimiento de nuevas empresas en países en vías de desarrollo es bueno para el crecimiento económico? ¿Por qué?
5 ¿Es usted una persona emprendedora? ¿Cómo se sentiría si se enfrentara a los procesos que existen para establecer su propia empresa en Perú?

C

1 1 c (acción realizada) 2 d (acción durativa) 3 b (expresa obligación) 4 a (acción acabada) 5 e (expresa comienzo)

3 Comunicado del Ministerio de Industria y Hacienda
El próximo 5 de julio, entrará en vigor una nueva ley llamada Ley de la Sociedad Limitada Nueva Empresa, que consistirá en fomentar la creación de pequeñas empresas haciendo más sencillo todo lo referente a los trámites. Su estructura será sencilla: tendrá cinco socios como máximo (podrán ser tanto españoles como extranjeros) y la denominación de la compañía será el nombre y apellido de uno de los socios. También, harán falta unas siglas, S.L., y un capital social entre 5.000 y 200.000 euros. Asimismo, las licenciaturas en Economía y Derecho no serán obligatorias, pero sí recomendables. Finalmente, se prevé en la ley la utilización de medios telemáticos para su inscripción en el Registro Mercantil.

D

3

Necesitar	La necesidad	Respaldar	El respaldo
Distribuir	La distribución	Lograr	El logro
Producir	La producción	Beneficiar	El beneficio
Formular	La fórmula	Existir	La existencia
Comenzar	El comienzo	Recortar	El recorte
Consolidar	La consolidación	Permitir	El permiso
Entregar	La entrega	Controlar	El control
Explotar	La explotación	Gestionar	La gestión
Contratar	El contrato	Proyectar	El proyecto
Adquirir	La adquisición	Acordar	El acuerdo

5 ganar negocio resultados balance enseña registrales capital beneficios Registro establecimiento estratégica mediana local superficie

E

4 Accionistas Consejo General Financiero Humanos Investigación Comercial Contabilidad Control Personal Ventas

Unidad 18

A

2 Piso – Departamento, Techo – Tejado, Piso – Suelo, Habitación – Pieza – Ambiente, Pared – Tabique, Salón – Living, Cuarto – Recámara, Cuarto de baño – Baño

B

1 1 soluciones 2 un buen momento 3 ha despertado 4 concurso de ideas 5 construcción innovadora 6 respetar el medio ambiente 7 interesantes e importantes 8 la especulación 9 el equilibrio 10 los edificios del futuro

3 **Transcripción:** Las torres Petronas en **Malasia** son unas de las más altas del mundo, con una altura de más de 450 metros. Sin embargo, todo puede cambiar con la propuesta de construcción de la torre Al Burj, que, según dicen, será la más alta del mundo. Situada en **Dubai**, en los **Emiratos Árabes**, es el símbolo de la revolución inmobiliaria que está teniendo lugar en muchos países empeñados en desarrollar sus economías a base de ladrillo.

Sin embargo, **Oriente Medio** y **Asia** no son las únicas zonas del mundo donde el desarrollo del sector inmobiliario señala la llegada de un nuevo miembro de la economía internacional; últimamente el diseño y la construcción tiene un sabor latino.

En medio del crecimiento asombroso en el precio de la vivienda en **España**, en 2006, el Real **Madrid** C.F. vendió sus terrenos en el cotizadísimo madrileño Paseo de la Castellana. En lugar de los campos de fútbol están ya las Torres Repsol, Cristal, Sacyr y Espacio, las más altas de la ciudad, símbolos de poder y desarrollo, y el precio del alquiler de sus metros cuadrados lo confirma.

En **Panamá** una serie de nuevas construcciones están contribuyendo al reclamo latino del cielo. Su famoso contorno, con los enormes rascacielos que pronto podría incluir la “Iron

Tower", edificio propuesto de 75 plantas, es símbolo del compromiso del gobierno panameño con el desarrollo de su país y el creciente interés de los inversores extranjeros en el nuevo "Dubai Latino".
Honduras, México, Panamá, Costa Rica y **Guatemala** son todos países **latinoamericanos** que han visto el poder adquisitivo de su vecino del norte y han apostado también por el desarrollo del sector inmobiliario. Ya sean casas o pisos que servirán de segunda residencia para estadounidenses o canadienses, o grandes rascacielos y complejos de ocio que se convertirán en símbolos del desarrollo, el crecimiento del sector inmobiliario, ya está llamando la atención y la imaginación de los inversores internacionales como nunca han podido hacerlo el petróleo y las telecomunicaciones.

C

1 cuanto, quienes, la cual, cuya, que, las cuales, que, las que
2 sino, entorno, a sí mismo, con qué, en torno, Conque, si no, Adondequiera, Asimismo, adonde, sino

D

1 a 4, b 1, c 6, d 2, e 5, f 3
3 a 3, b 5, c 6, d 2, e 1, f 4
4 Tenga, pagar, Impuesto, plusvalía, tasación, Documentados – Asegúrese, comisiones, Compruebe, contrato, escritura – Exija, propiedad – Saque, seguro, verifique, comunidad – dé, servicios

Unidad 19

A

2 Responsable: 1, 2, 5, 6, 8 No responsable: 3, 4, 7

B

1 1 sociedad civil, 2 sin ánimo de lucro, 3 una gran inversión, 4 el desarrollo de un nuevo producto, 5 varía, 6 las madres primerizas, 7 la comida sana, 8 con la droga, 9 la violencia intrafamiliar, 10 medio ambiente, 11 la educación, 12 prevenir, 13 Sudáfrica, 14 medicamentos gratuitos, 15 valor añadido
4 **Transcripción:** Señores: Hoy nos hemos reunido aquí para visitar la guardería establecida en nuestra empresa hace un año. Ver las caras de los niños nos convence, seguramente, de que nuestra decisión de poner una guardería fue buena, pero ¿cuáles son las consecuencias reales de esta idea? Primero, la presencia de esta guardería significa que muchas mujeres que trabajan con nosotros no toman la decisión de dejar la empresa cuando nacen sus niños. Muchas veces pagar una guardería privada es muy caro, y el sueldo no llega, entonces es casi más barato para la madre, por decirlo de alguna manera, quedarse en casa cuidando de sus hijos. Con la nueva guardería, la madre vuelve al trabajo y nosotros mantenemos a nuestros empleados más tiempo. Ahora, como la guardería es un servicio que financia la empresa, hay que tener en cuenta también que el dinero que entra en casa se queda en casa, en lugar de ir a una guardería privada. Y claro, el resultado más beneficioso para nuestras madres es que no se tengan que preocupar tanto porque sus hijos estén lejos y puedan visitarlos durante la jornada laboral. Nosotros, como empresa, nos beneficiamos a la par que la madre, porque esta situación fomenta la lealtad, haciendo que nuestra plantilla se estabilice. Y todos juntos,

como consecuencia, trabajamos mejor. Me gustaría pedir un aplauso por nuestra guardería y los niños que disfrutan de ella. ¡Enhorabuena a todos!

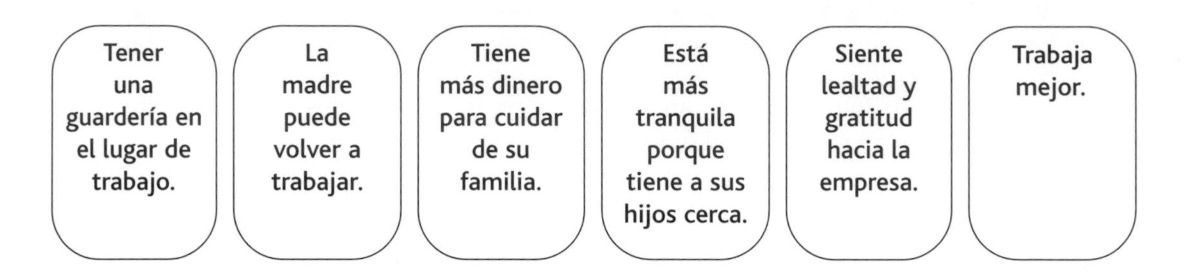

C

2 empresucha, calorazo, lagrimita, mujerona, ayudita

D

2 1 Fondos éticos y solidarios 2 Fondos solidarios 3 Fondos ecológicos

5 **Transcripción:** a Es el influjo abusivo de la banca en el estado. b Es el gobierno ejercido directamente por Dios. c Es el gobierno que ejercen los ciudadanos que tienen cierta renta. d Es el gobierno ejercido por las mujeres. e Es el gobierno de la muchedumbre o la plebe. f Es el predominio del pueblo en el gobierno político de un Estado.
f 1, b 2, e 3, a 4, c 5, d 6

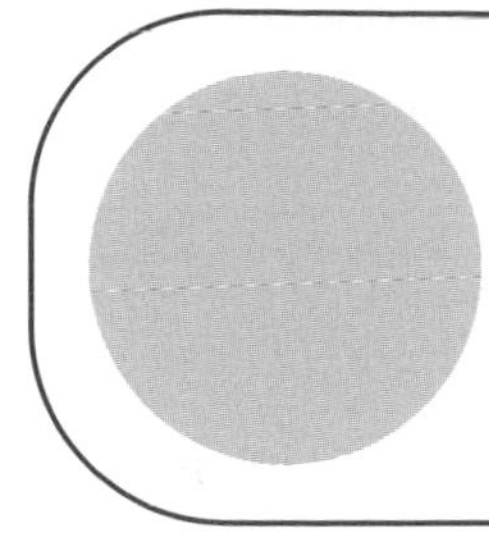

Bibliografía

Diccionarios

Caudet Yarza, Francisco (1995) *Diccionario de dudas e incorrecciones de la lengua*, Madrid: M.E. Editores SL.

Collin, P. H. (2000) *Business Spanish Dictionary: Spanish–English/ English–Spanish*, Middlesex: Peter Collin Publishing Ltd.

Colonna d'Istria, Pierre (1995) *Diccionario de términos jurídicos*, Madrid: Acento Editorial.

Elosúa, Marcelino (2003) *Diccionario LID Empresa y Economía*, Madrid: LID Editorial Empresarial.

Hubel, Alice (1994) *La gestión empresarial*, Madrid: Acento Editorial.

Jablanczy, Adrienne (1994) *La Bolsa*, Madrid: Acento Editorial.

Mateo, Francisco y Rojo Sastre, Antonio J. (1994) *El arte de conjugar en español, diccionario de 12.000 verbos*, Madrid: Edelsa Didascalia.

Molero, Antonio (2003) *El español de España y el español de América, Vocabulario comparado*, Madrid: Ediciones SM.

Ortega Cavero, David (1974) *Thesaurus. Gran Sopena de sinónimos, antónimos y asociación de ideas*, Barcelona: Editorial Ramón Sopena S.A.

Seco, Manuel, Andrés, Olimpia y Ramos, Gabino (1999) *Diccionario del Español Actual*, vol.1–2, Madrid: Editorial Grupo Santillana de Ediciones S.A. Aguilar.

Varios (1992) *Diccionario de la lengua española. Real Academia Española*, 1–2, Madrid: Espasa Calpe.

Varios (2003) *Spanish Dictionary*, Glasgow: Harper Collins Publishers.

Varios (2003) *Diccionario de uso del español de América y España*, Barcelona: Spes.

Gramáticas

Butt, John and Benjamín, Carmen (2000) *A New Reference Grammar of Modern Spanish*, London: Arnold.

de Bruyne, Jacques and Pountain, Christopher (1995) *A Comprehensive Spanish Grammar*, Oxford: Blackwell Publishers Ltd.

Gómez Torrego, Leonardo (1999) *Gramática didáctica del español*, Madrid: Ediciones SM.

González Hermoso, A., Cuento, J. R. y Sánchez Alfaro, M. (1994) *Gramática de español lengua extranjera,* Madrid: Edelsa S.A.
Matte Bon, Francisco (1992) *Gramática comunicativa del español, tomo 1 de la lengua a la idea,* Madrid: Difusión S.L.

Libros de referencia

Aguirre, Blanca y Hernández, Consuelo (1988) *El lenguaje administrativo y comercial,* Madrid: SGEL Sociedad General Española de Librería, S.A.
Gómez de Enterría, Josefa (1990) *Correspondencia comercial en español,* Madrid: SGEL Sociedad General Española de Librería, S.A.
Harvard, Joseph and Ariza, I. F. (1989) *Bilingual guide to business and professional correspondence, Guía bilingüe de correspondencia profesional y de negocios,* Oxford: Pergamon Press.
Malmberg, Bertil (1992) *La América hispanohablante: unidad y diferenciación del castellano,* Madrid: Istmo.
Manekeller, Wolfgang (2005) *Cómo escribir cartas eficaces a los clientes,* Bilbao: Ediciones Deusto S.A.
Martín Municio, Ángel (2000) *Diccionario de telefonía y comunicaciones móviles: con equivalencias en español de América y en inglés,* Madrid: Universidad Antonio de Nebrija.
Vaquero de Ramírez, María T. (2003) *El español de América,* Madrid: Arco Libros.

Páginas web

Academia Argentina de Letras: http://www.aal.edu.ar
Academia Boliviana de la Lengua: http://www.acbolen.org
Academia Chilena de la Lengua: http://www.uchile.cl/instituto/lengua
Academia Colombiana: http://www.oei.es/co10.htm
Academia Costarricense de la Lengua: http://www.acl.ucr.ac.cr
Academia Ecuatoriana de la Lengua: http://iech.tripod.com/lengua.htm
Academia Mexicana de la Lengua: http://www.academia.org.mx
Academia Nacional de Letras del Uruguay: http://www.mec.gub.uy/academiadeletras
Academia Norteamericana de la Lengua: http://www.georgetown.edu/academia
Academia Peruana de la Lengua: http://www.academiaperuanadelalengua.org
Academia Puertorriqueña de la Lengua: http://www.acaple.org
Asociación de Academias de la Lengua Española: http://asale.org/ASALE/Index
Diccionario de acrónimos y abreviaturas: http://www.acronymfinder.com
Diccionarios: http://www.wordreference.com
Diccionarios con audio: http://www.m-w.com
Diccionario terminológico: http://www.foreignword.con/es/Tools/transnow.htm?
Instituto Cervantes: http://www.cervantes.es
Los orígenes de las palabras: http://www.elcastellano.org/palabra.php
Portal de recursos para hispanohablantes: http://www.wikilengua.org
Real Academia Española de Letras: http://www.rae.es

Related titles from Routledge

Modern Spanish Grammar Workbook
Second Edition

Juan Kattán-Ibarra and Irene Wilkie

The *Modern Spanish Grammar Workbook* is an innovative book of exercises and language tasks for all learners of European or Latin American Spanish.

The book is divided into two sections:

- Section 1 provides exercises based on essential grammatical structures
- Section 2 practises everyday functions such as making introductions and expressing needs

A comprehensive answer key at the back of the book enables you to check on your progress.

The *Modern Spanish Grammar Workbook* is ideal for all learners of European or Latin American Spanish including undergraduates taking Spanish as a major or minor part of their studies, as well as intermediate and advanced students in schools and adult education. It can be used independently or alongside *Modern Spanish Grammar*, also published by Routledge.

ISBN13: 978–0–415–27306–0 (pbk)